U0736192

我国蔬菜市场流通与价格波动研究

孔繁涛 等 著

国家自然科学基金面上项目"蔬菜价格时空传导机理及异地关联预警研究"(71573263)成果

科 学 出 版 社

北 京

内 容 简 介

本书以蔬菜市场价格波动为研究主题，通过探究我国蔬菜价格波动规律和传导机制，分析蔬菜市场重点品种、年度运行特点，展望后市态势；在剖析我国蔬菜市场流通现状，借鉴国外鲜活农产品调控制度的基础上，设计我国蔬菜调控目录机制，凝练蔬菜价格调控"上海模式"；通过分析极端天气、节日效应、特殊政策对蔬菜市场运行的影响以及蔬菜滞销卖难的原因，研判特色重点蔬菜国内外市场竞争力；最后，解读《"菜篮子"市长负责制考核办法》，提出蔬菜产业发展政策建议。

本书适合蔬菜生产经营者、政府管理者、科学研究者等有关人员参考阅读。

图书在版编目(CIP)数据

我国蔬菜市场流通与价格波动研究 / 孔繁涛等著. —北京：科学出版社，2020.10
ISBN 978-7-03-063867-0

Ⅰ.①我⋯ Ⅱ.①孔⋯ Ⅲ.①蔬菜市场–市场流通–研究–中国 ②蔬菜市场–物价波动–研究–中国 Ⅳ.F323.7

中国版本图书馆 CIP 数据核字（2019）第 289655 号

责任编辑：王 倩 / 责任校对：郑金红
责任印制：吴兆东 / 封面设计：无极书装

科 学 出 版 社 出版
北京东黄城根北街 16 号
邮政编码：100717
http://www.sciencep.com

北京虎彩文化传播有限公司 印刷
科学出版社发行 各地新华书店经销

*

2020 年 10 月第 一 版 开本：787×1092 1/16
2020 年 10 月第一次印刷 印张：13 3/4
字数：330 000

定价：178.00 元
（如有印装质量问题，我社负责调换）

本书撰写委员会

主　笔　孔繁涛

副主笔　吴建寨　刘继芳　张　晶

成　员　沈　辰　周向阳　张建华　王雍涵

　　　　韩书庆　曹姗姗　孙　伟　朱孟帅

　　　　邢丽玮　程国栋　张洪宇　安　民

　　　　熊本海　丁娇娇

序

一棵蔬菜，情系民生。蔬菜价格的高低与波动，一头连接着菜农的钱袋子，一头连接着居民的菜篮子，是消费者和生产者共同关注的日常话题，是新闻媒体追逐报道的热点问题，是党中央国务院始终牵挂的民生大计。近年来，我国蔬菜生产供应取得了长足进步，据农业农村部种植业管理司统计，2009～2018 年，我国蔬菜播种面积从 2.76 亿亩（1 亩 ≈ 667m²）上升到 3.07 亿亩，年均增速 1.2%；蔬菜总产量从 6.18 亿 t 上升到 7.03 亿 t，年均增速 1.4%；我国蔬菜播种面积和产品产量连续多年居世界首位。目前，我国蔬菜市场实现了供给、需求的总量基本平衡，常年均衡供应，能够满足城乡居民膳食营养需要，与此同时，也会不时出现区域性、季节性、品种性过剩；蔬菜市场呈现区域生产、销区导向的"大市场、大流通"基本格局，长途贩运、区域联动成为蔬菜产销常态，地产地销比例较低；形成季节性波动、产地转换衔接、节日效应带动、异常天气震荡、种植意愿错位、个别市场炒作等基本属性，"蒜你狠""姜你军"等现象时有发生。

蔬菜价格波动是客观规律。主要原因如下：首先，现代市场经济学认为价格是由供给与需求之间的互相影响、平衡产生的，以 Alfred Marshall 为主要代表的供求均衡学派认为商品价格是由商品的供给和需求双方的均衡点决定的，因此，蔬菜价格波动是市场机制发挥作用的基本体现，是市场经济运行规律的表现形式；其次，蔬菜产业的本质特征是自然再生产与经济再生产相交织，是矛盾的统一体，既面临自然风险也面临社会风险，而且往往产生加和效应、非加和效应甚至蝴蝶效应，容易导致菜价忽高忽低、巨幅震荡；最后，蔬菜本身具有易腐败、难贮藏、损耗大、单位重量或单位体积价值低、时令性（季节、天气、降水诸多因素）强等自然属性，相对于人体营养需要的膳食均衡需求，难以实现实时的动态平衡，容易导致供不应求或供大于求。

　　蔬菜产业具有广阔发展前景。《中国居民膳食指南》显示，正常成年人每人每天蔬菜推荐摄入量为 300 ~ 500g；原国家卫生和计划生育委员会《中国居民营养与慢性病状况报告》显示，我国居民钙、铁、维生素 A、维生素 D 等部分营养元素缺乏现象依然存在。蔬菜是人体膳食纤维、维生素和矿物质等营养物质的重要来源，专家呼吁公众应该增加果蔬摄入量，做到每人每天食用"半斤水果一斤菜"，而且必须多种多样、合理搭配。根据咨询公司 Oliver Wyman《2018 柏林国际果蔬展趋势报告——果蔬分销的变数》显示，全球果蔬消费额将由 2015 年的 2.1 万亿欧元上升至 2030 年的 5 万亿欧元，而亚太地区 2030 年新鲜果蔬销售量预计将占全球份额的 56%。随着小康社会的全面建成、健康中国战略的深入推进，蔬菜的消费数量、消费种类、消费质量都需要进一步提升。

　　在国家自然科学基金面上项目"蔬菜价格时空传导机理及异地关联预警研究"（71573263）支持下，围绕我国蔬菜市场热点、难点和焦点，作者进行了潜心研究，重点探索了我国蔬菜市场波动及分析预警、蔬菜市场流通及调控研判、蔬菜市场运行及政策探究等一系列问题，取得了可喜可贺的成就，许多研究成果已经成为国家宏观决策的依据。该书的研究方法、技术路线和政策建议，具有重要的理论意义和实践意义。

　　学术研究永无止境，产业需求实时变化。希望作者继续深入开展蔬菜数量安全、质量安全、营养安全、可持续安全等领域的研究，构建我国蔬菜宏观调控的决策支撑体系，为实现蔬菜产业高质量发展做出新的更大贡献。

中国人民大学教授　李孟辉

二〇二〇年一月二十一日

前　　言

小小"菜篮子"，事关国计民生，情系城乡居民。在国家自然科学基金面上项目"蔬菜价格时空传导机理及异地关联预警研究"（71573263）支持下，携手农业农村部蔬菜市场分析预警团队、中国农业科学院农业物联网技术创新团队，历经 4 年艰苦攻关，完成了本书的撰写工作。

基于探究我国蔬菜价格波动规律和传导机制，分析蔬菜市场重点品种、年度运行特点，展望后市态势，是为本书第一篇"蔬菜市场波动与分析预警"；剖析我国蔬菜市场流通现状，借鉴国外鲜活农产品调控制度，设计我国蔬菜调控目录机制，凝练蔬菜价格调控"上海模式"，是为本书第二篇"蔬菜市场流通与调控研判"；探索极端天气、节日效应、特殊政策对蔬菜市场运行的影响以及蔬菜滞销卖难的原因，研判特色重点蔬菜国内外市场竞争力，解读《"菜篮子"市长负责制考核办法》，提出蔬菜产业发展政策建议，是为本书第三篇"蔬菜市场运行与政策探究"。本书研究的许多成果，为政府及其有关部门宏观决策提供了坚实的技术支撑。

本书相关研究工作得到了国家自然科学基金委员会、农业农村部、中国农业科学院的大力支持和精心指导，得到了同事们、朋友们、同学们的辛勤奉献和鼎力相助，在此一并表示衷心感谢。

新的时代，新的使命，"四个面向"为科技创新指明了方向。我将和团队同事共同奋斗，只争朝夕，不负韶华，为蔬菜产业持续健康发展贡献力量。由于水平有限，加之时间仓促，书中不当之处在所难免，恳请广大读者不吝赐教。

孔繁涛

2020 年 9 月 19 日 长春

目　　录

第二篇　蔬菜市场流通与调控研判

第三篇　蔬菜市场运行与政策探究

第一篇 蔬菜市场波动与分析预警

|第一章| 蔬菜产销价格波动规律与传导机制分析

蔬菜价格直接影响农民增收和居民消费。蔬菜供应与消费是民生的重要组成部分,其价格波动在一定程度上是民生的晴雨表。蔬菜需求和供给均缺乏弹性,导致价格非常易于波动。由于各种不确定因素的增加(Kong et al., 2012),如发展方式落后、生产结构失衡、区域间明显差异(吴建寨等,2016)、流通效率不高、产销信息不对称等,近年来,部分蔬菜市场价格呈现波动加剧趋势,涨跌转换速度明显加快。

据农业农村部监测,2009~2017年,全国28种蔬菜平均批发价格月度间最大波幅为29%,超过1/3的月份价格波幅不小于10%,平均波幅在8%左右;年度间的蔬菜价格波动,最高价差为2.18元/kg。针对蔬菜价格波动频繁、传导方式复杂、影响因素众多等问题,本章采用X-12季节调整法、HP滤波法以及Granger因果关系检验、ARDL-ECM模型等分析蔬菜产销价格波动规律,探究蔬菜产销价格的传导机理,深入挖掘蔬菜价格剧烈波动的原因,并提出可供参考的建议,以稳定蔬菜价格,缓解蔬菜供需矛盾。

第一节 国内外蔬菜价格传导机制研究现状

国外关于蔬菜价格传导的研究起步较早,Aguiar和Santan(2002)、Daniel和Michel(2002)分析了蔬菜产地价格与零售价格之间的传导关系,发现难以证实产地价格与零售价格之间的价格传递存在非对称性;Nicholas(1995)研究蔬菜产业链上游、中游、下游价格的传导关系,认为生产价格和批发价格的调整速度快于零售价格。

在国外研究的基础上,国内学者也纷纷展开了对蔬菜价格传导机理的研究。主要从以下两个方面展开:一方面是纵向传导机制研究,朱聪(2014)通过对马铃薯批发市场价格和田间收购价格间的传导展开研究,发现马铃薯田间收购价格与批发价格间存在长期均衡关系;沈辰和穆月英通过实证研究发现批发价格在蔬菜价格形成中具有主导作用;宋长鸣等(2013)从条件异方差角度分析了蔬菜生产与零售市场之间的关系,发现它们具有较高的整合程度;刘芳等(2012)运用PVAR模型研究发现我国蔬菜价格垂直传导存在正向顺畅、逆向受阻的现象;随学超和周应恒(2014)发现农贸市场价格和超市价格对上游销地批发市场价格变动的调整速度和幅度存在差异。另一方面是横向传导,王钊和姜松(2013)指出不同区域空间的蔬菜价格传导呈现异质性;赵翠萍(2012)指出城乡蔬菜价格存在一定的相互影响,但波动相互影响的传递速度呈现出明显的"非均衡性";刘瑞涵和赵安平(2015)认为北京芹菜价格向河北、天津有较强的传导作用,河北对北京芹菜价格变动呈同向反应且传导强度由强转弱,天津对北京芹菜价格冲击的反应更迅速;李伟伟(2017)基于复杂网络模型将30个蔬菜品种划分为3个社团,发现瓜果类蔬菜对整个网络的传导能力最强。

从已有文献看，目前关于蔬菜产销价格传导机理的研究较少，对于蔬菜产销价格短期动态关系的研究更少，基于此，本研究在分析蔬菜产销价格季节性波动和周期性波动的基础上，通过 VAR 模型、E-G 两步法（易丹辉，2017）等对产销价格长期传导关系、传导速度进行分析，并运用 ARDL-ECM 模型探究其短期动态关系。

第二节　蔬菜价格产销波动规律分析与研究

研究蔬菜生产价格和零售价格的波动规律，对剖析两种价格的相互作用和关系有重要的现实意义。本次研究采用 2002 年第 1 季度至 2018 年第 3 季度的全国蔬菜季度数据，包括蔬菜生产价格指数和蔬菜零售价格指数两个指标。这两个指标分别从生产和消费两个角度反映了蔬菜价格的波动变化情况。以 2002 年各季度为基期对两指数分别进行定基转换，以 Eviews9.0 为分析软件，运用 X-12 季节调整法和 HP 滤波法对蔬菜生产价格和零售价格进行分解，得到季节变动和循环波动序列，从而进行规律分析。

一、数据平稳性检验

在分析前需要对变量进行平稳性检验，利用 ADF 检验法对季节调整后的蔬菜生产价格（VPPI）和蔬菜零售价格（VRPI）进行单位根（ADF）检验，滞后期的长度依据赤池信息量准则（AIC）选择。由 ADF 检验结果可以看出：面板数据一阶差分后均可在 1% 的显著性水平下拒绝原假设，即两个序列是平稳的（表 1-1）。

表 1-1　ADF 检验

变量	检验形式	ADF 统计值	P 值	结果
VPPI	$(c, t, 0)$	−0.2078	0.6072	不平稳
ΔVPPI	$(c, t, 0)$	−5.0913	0.0000	平稳
VRPI	$(c, t, 0)$	−0.4569	0.5130	不平稳
ΔVRPI	$(c, t, 0)$	−7.4665	0.0000	平稳

注：括号内的 c 表示截距项，t 表示时间趋势项，0 代表都不含；ΔVPPI 表示一阶差分后的蔬菜生产价格序列；ΔVRPI 表示一阶差分后的蔬菜零售价格序列。

二、产销价格的季节性波动规律

为明确蔬菜生产价格与蔬菜零售价格季节性波动之间的关系、变化趋势，以及变化幅度是否有差距，运用 X-12 季节调整法将季节因素分离出来（图 1-1）。可以看出：

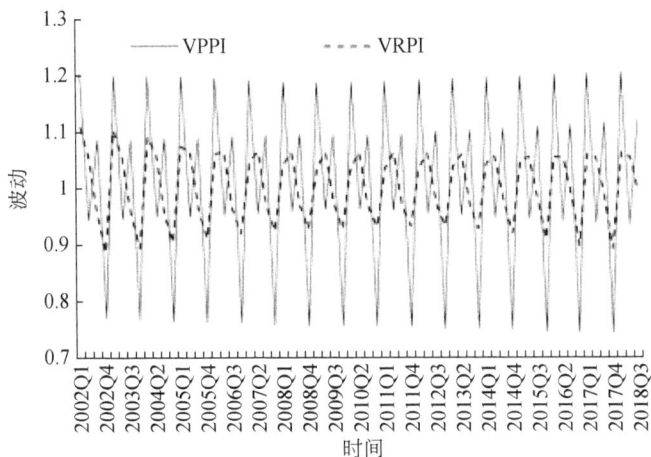

图 1-1　蔬菜产销价格季节波动

时间前 4 个数字代表年份，Q1、Q2、Q3、Q4 代表第 1、第 2、第 3、第 4 季度。后同

（1）蔬菜生产价格的季节性波动幅度远大于蔬菜零售价格的波动幅度，前者的季节性最大波动幅度约是后者的 2.09 倍，蔬菜生产价格和零售价格季节波动最高点分别为季节波动最低点的 1.62 倍和 1.25 倍。

（2）蔬菜生产价格的波动频率也快于蔬菜零售价格，一年内蔬菜生产价格的季节性波动在第 1 季度、第 3 季度达到波峰，在第 4 季度达到波谷；而蔬菜零售价格的季节性波动则在第 2 季度达到波峰，在第 4 季度达到波谷。

总的来说，蔬菜生产价格要比蔬菜零售价格更易受季节的影响，季节性波动程度要远大于零售价格，承担更大的季节性风险，这也表明蔬菜生产价格在传导过程中并没有将季节性风险传递过去，存在一定的阻滞。

三、产销价格的周期性波动

蔬菜生产价格和蔬菜零售价格的周期性波动具有两个特点：

（1）两者具有一致性，其一是时间上的一致性，两者周期性波动到达波峰和波谷的时间基本重合；其二是波动趋势的一致性，两者在波动频率和趋势上保持高度同步性，这可能是受蔬菜自身当季生产、当季消费特点的影响。

（2）两者具有差异性，蔬菜零售价格周期性波动幅度明显大于蔬菜生产价格的周期性波动幅度，前者波动幅度平均值为 7.51，后者为 5.41，前者是后者的 1.39 倍（图 1-2），这表明，当受到外部冲击时，相比蔬菜生产价格，蔬菜零售价格表现得更加敏感，更易受到影响。

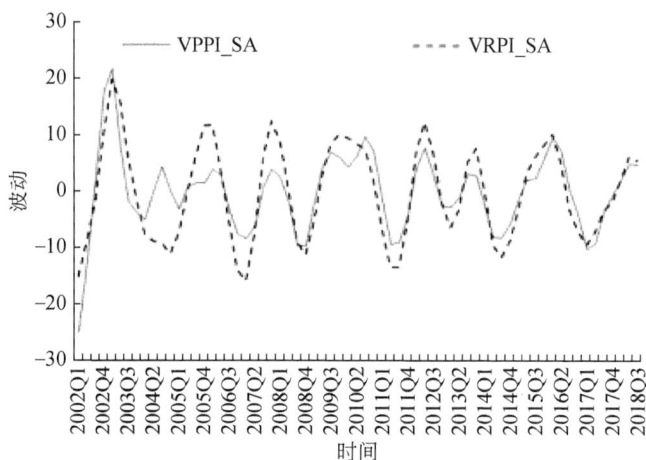

图 1-2　蔬菜产销价格周期性波动

VPPI_SA 指季节调整后的蔬菜生产价格；VRPI_SA 指季节调整后的蔬菜零售价格

第三节　蔬菜产销价格传导机理的实证分析

通过对蔬菜产销价格波动规律的分析发现，两者的季节性波动和周期性波动具有明显的差异，蔬菜生产价格的季节性波动并没有明显传递给蔬菜零售价格，蔬菜零售价格的周期性波动更加鲜明。从统计意义的角度出发，对蔬菜零售生产价格和蔬菜价格之间的传导路径、传导时滞和传导效率等传导机理展开研究。分析前对剥离季节性因素的价格序列进行单位根检验，一阶差分后均平稳。

一、蔬菜产销价格动态关系

E-G 协整检验是一种考察两个变量是否存在稳定均衡关系的方法，它要求所用变量为同阶单整，由表 1-1 中 ADF 检验的结果可知两序列为一阶单整，可以进行 E-G 协整检验。

从 E-G 协整检验结果可知：当蔬菜生产价格作为解释变量的时候，拒绝原假设，认为蔬菜产销价格间存在长期均衡关系，蔬菜生产价格的变化会受到零售价格的影响（表 1-2）。在此基础上，通过 ARDL-ECM 模型分析两者之间的短期动态关系，研究当短期偏离均衡状态时如何修复至均衡状态。

表 1-2　E-G 协整检验结果

被解释变量	Z 统计值	P 值
VRPI_SA	161.1903	0.9999
VPPI_SA	−180.7460	0.0000

从短期看，被解释变量的变动是由较稳定的长期趋势和短期波动所决定的，短期内系统对于均衡状态的偏离程度大小直接导致波动振幅的大小（高铁梅，2009）。通过 ARDL 确定误差修正模型的滞后阶数，结果为 ARDL（4，4），建立短期动态效应方程如下式，括号内为 t 值，式中差分项表示短期波动的影响。

$$\Delta\text{VPPI\_SA} = 0.14 - 0.04\Delta\text{VPPI\_SA}(-1) - 0.004\Delta\text{VPPI\_SA}(-2) - 0.034\Delta\text{VPPI\_SA}(-3) -$$
$$(0.3067) \quad (-0.3281) \quad\quad (-0.0311) \quad\quad\quad (-0.2208)$$
$$0.21\Delta\text{VPPI\_SA}(-4) + 0.64\Delta\text{VRPI\_SA} + 0.03\Delta\text{VRPI\_SA}(-1) -$$
$$(-2.050) \quad\quad (10.0706) \quad\quad (0.3243)$$
$$0.15\Delta\text{VRPI\_SA}(-2) - 0.06\Delta\text{VRPI\_SA}(-3) + 0.16\Delta\text{VRPI\_SA}(-4) -$$
$$(-1.80203) \quad\quad\quad (-0.5036) \quad\quad\quad (1.5106)$$
$$0.64\text{ECM}(-1) \quad\quad\quad\quad\quad\quad\quad\quad\quad\quad\quad\quad\quad\quad (1\text{-}1)$$
$$(-3.2781)$$
$$R^2 = 0.8531 \quad D.W = 2.04$$

蔬菜生产价格的短期波动可以分为三部分：一是短期零售价格波动影响；二是自身短期波动影响；三是整个系统短期波动偏离长期均衡的影响。误差修正项系数为−0.64，符合反向修正机制，当短期波动偏离均衡时，将以（−0.64）的调整力度将非均衡状态拉回到均衡状态。短期内，当期、滞后 1 期和滞后 4 期的零售价格系数为正，符合正向修正机制，修正幅度比生产价格自身明显，表明蔬菜零售价格和生产价格之间存在显著的动态关系。

二、蔬菜产销价格传导路径分析

由于选择不同的滞后阶数，格兰杰因果关系检验的结果可能会不同，所以选择滞后 1~5 阶来进行验证。首先对同期蔬菜生产价格和零售价格之间的格兰杰因果关系进行了检验，结果发现两者之间互不为因果关系，但实际上蔬菜生产价格是蔬菜零售价格的基础，得到的结果显然与事实不符。格兰杰因果关系检验实质上是检验一个变量的滞后变量是否可以引入其他变量方程中（高铁梅，2009），因此对当期蔬菜生产价格与滞后 1 期蔬菜零售价格，以及当期蔬菜零售价格与滞后 1 期蔬菜生产价格之间的格兰杰因果关系进行检验（表1-3、表1-4）。其中，VRPI_SA（−1）表示滞后 1 期的蔬菜零售价格，VPPI_SA 表示季节调整后的蔬菜生产价格。

表 1-3　蔬菜生产价格与滞后 1 期蔬菜零售价格的格兰杰因果关系检验结果

原假设	滞后阶数	F 统计量	P 值	结论
VPPI_SA 不能格兰杰引起 VRPI_SA（−1）	1	79.5775	0.0000	拒绝
VRPI_SA（−1）不能格兰杰引起 VPPI_SA	1	0.6738	0.4149	接受
VPPI_SA 不能格兰杰引起 VRPI_SA（−1）	2	37.2688	0.0000	拒绝
VRPI_SA（−1）不能格兰杰引起 VPPI_SA	2	0.3025	0.7401	接受

原假设	滞后阶数	F 统计量	P 值	结论
VPPI_SA 不能格兰杰引起 VRPI_SA(−1)	3	33.8972	0.0000	拒绝
VRPI_SA(−1)不能格兰杰引起 VPPI_SA	3	2.7835	0.0492	接受
VPPI_SA 不能格兰杰引起 VRPI_SA(−1)	4	31.0852	0.0000	拒绝
VRPI_SA(−1)不能格兰杰引起 VPPI_SA	4	1.2882	0.2864	接受
VPPI_SA 不能格兰杰引起 VRPI_SA(−1)	5	24.2848	0.0000	拒绝
VRPI_SA(−1)不能格兰杰引起 VPPI_SA	5	1.0717	0.3873	接受

表 1-4　蔬菜零售价格与滞后 1 期蔬菜生产价格的格兰杰因果关系检验结果

原假设	滞后阶数	F 统计量	P 值	结论
VRPI_SA 不能格兰杰引起 VPPI_SA(−1)	1	84.8559	0.0000	拒绝
VPPI_SA(−1)不能格兰杰引起 VRPI_SA	1	0.1593	0.6911	接受
VRPI_SA 不能格兰杰引起 VPPI_SA(−1)	2	40.5148	0.0000	拒绝
VPPI_SA(−1)不能格兰杰引起 VRPI_SA	2	0.2057	0.8146	接受
VRPI_SA 不能格兰杰引起 VPPI(−1)	3	35.7844	0.0000	拒绝
VPPI_SA(−1)不能格兰杰引起 VRPI_SA	3	3.0835	0.0345	拒绝
VRPI_SA 不能格兰杰引起 VPPI(−1)	4	27.7855	0.0000	拒绝
VPPI_SA(−1)不能格兰杰引起 VRPI_SA	4	0.8611	0.4934	接受
VRPI_SA 不能格兰杰引起 VPPI_SA(−1)	5	29.2477	0.0000	拒绝
VPPI_SA(−1)不能格兰杰引起 VRPI_SA	5	1.3082	0.2756	接受

表 1-3 显示了蔬菜生产价格与滞后 1 期的蔬菜零售价格的格兰杰因果关系检验的结果，原假设"蔬菜生产价格不能格兰杰引起滞后 1 期的蔬菜零售价格"都被拒绝，即蔬菜生产价格是滞后 1 期蔬菜零售价格的格兰杰原因，蔬菜零售价格的变化可以由预期蔬菜生产价格的变化来解释。蔬菜零售价格主要是受到供需关系的影响，而蔬菜是消费者生活的必需品，需求量变化较小，但是供给却受到很多因素的影响，如恶劣天气（孔繁涛等，2016）、种植面积等，供需关系的失衡直接表现在蔬菜零售价格上，而预期生产价格可以反映当期蔬菜供给情况，进而影响蔬菜零售价格。而原假设"滞后 1 期的蔬菜零售价格不能格兰杰引起蔬菜生产价格"均被接受，认为蔬菜零售价格对预期的生产价格不具有解释能力，零售价格的变化不会反映到下一期的生产价格上，生产价格主要受蔬菜供给的影响，而零售价格的变化并不会改变当期的供给情况。

表 1-4 显示了蔬菜零售价格与滞后 1 期蔬菜生产价格的格兰杰因果关系检验的结果，在滞后 1~5 期，原假设"蔬菜零售价格不能格兰杰引起滞后 1 期蔬菜生产价格"都被拒绝，预期零售价格是生产价格的原因，当预期供给远大于需求，预期蔬菜零售价格低于当

期时,批发商为了维持自身的利益,会压低蔬菜收购价格,而菜农的议价能力较弱,即使收购价格低于生产成本其仍然会选择出售蔬菜,以减少损失。当预期零售价格高于当期时,蔬菜批发商会大量进入市场,为了让自己更具有竞争力,会收购更多的蔬菜,他们会提高蔬菜收购价格,从而带动生产价格的上涨。因此,当预期蔬菜零售价格低于当期时,带动生产价格下降;当预期零售价格高于当期时,带动生产价格上升。

三、蔬菜产销价格传导效应

本研究采用 VAR 模型进行产销价格传导的效应分析。VAR 模型的主要目的是用于分析一个随机新变量的冲击对内生变量的动态冲击影响及其相对重要性,需用脉冲响应函数和方差分解对其进行进一步分析。

首先,确定滞后阶数(表1-5)。根据 LR、FPE、AIC、SC 和 HQ 五类原则,其中 LR、FPE、AIC 和 HQ 四类都选择 4 阶滞后为最优。稳定性检验结果表明,模型中所有的根均位于单位圆内,说明所建立的模型是稳定的。

表 1-5　VAR 模型滞后阶数的确定

lag	$\log L$	LR	FPE	AIC	SC	HQ
0	−419.26	NA	2203.33	13.37	13.44	13.40
1	−408.35	20.79	1769.39	13.15	13.36	13.23
2	−406.29	3.79	1882.97	13.22	13.56*	13.35
3	−402.08	7.50	1872.25	13.21	13.69	13.40
4	−384.94	29.38*	1236.28*	12.79*	13.40	13.03*

*代表最小值,对应的 lag 为最优滞后阶数,选择 * 最多的滞后阶数为最终的滞后阶数。

其次,运用脉冲响应函数分析当一个误差项发生变化时,或者模型受到某种冲击时对系统的动态影响。可以看出:当蔬菜生产价格受到一单位正向冲击时,生产价格本身迅速做出反应,在第 1 期就达到了高峰 6.85,第 2 期便跌至 3.24;蔬菜零售价格同样在第 1 期就做出响应,达到峰值 7.22,之后逐渐减弱(图1-3)。显然,在外部正向冲击作用下,蔬菜价格由生产环节向零售环节传递较为顺畅,传递效率达到 105.40%(刘玲和岳书铭,

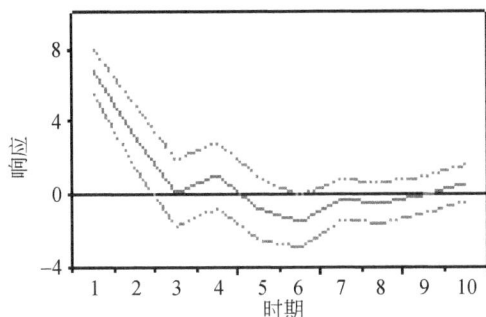

(a) VPPI_SA对VPPI_SA冲击的响应　　　　(b) VPPI_SA对VRPI_SA冲击的响应

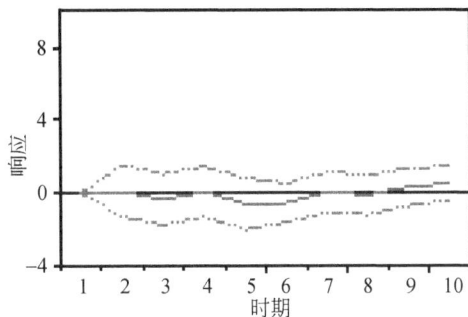

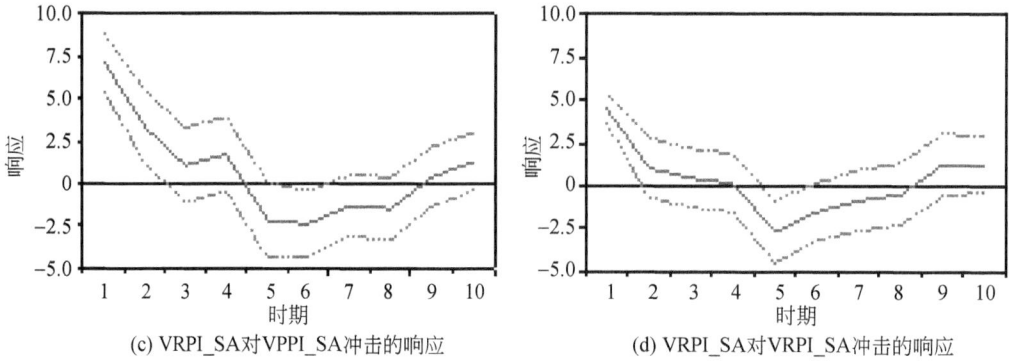

(c) VRPI_SA对VPPI_SA冲击的响应 (d) VRPI_SA对VRPI_SA冲击的响应

图 1-3 蔬菜产销价格的脉冲响应函数

2016），传递过程中存在一定的放大效应。当蔬菜零售价格受到一单位正向冲击时，生产价格没有迅速反应，存在 1 个季度的滞后，第 2 期达到最大值 0.10；零售价格在第 1 期达到高峰 4.49，第 2 期开始衰减。可知，蔬菜零售价格向生产价格的传导并不顺畅，传递效率仅为 2.23%，蔬菜零售价格对蔬菜生产价格的响应与蔬菜生产价格对零售价格的响应存在显著的差异，蔬菜产销价格间的传递存在非对称性。

最后，运用方差分解分析不同结构冲击的重要性。运用 Sims 在 1980 年提出的方差分解方法，定量地把握变量简单影响关系，分析每一结构冲击对内生变量变化的贡献度。方差分解的滞后期选择 $n=10$。

从分解结果看：第 1 期蔬菜生产价格自身贡献度是 100%，之后慢慢减弱，但变化幅度很小，到第 10 期自身贡献度仍为 98.12%，而蔬菜零售价格的贡献则由 0 不断增加至 1.87%，可见，生产价格的波动主要是由自身决定的（图 1-4、图 1-5）。而零售价格在第 1 期受自身预测方差的影响仅为 27.86%，之后不断下降，第 4 期时最低为 24.16%，而生产价格的贡献度由第 1 期的 72.15% 增至第 4 期的 75.83%，远大于蔬菜零售价格自身的影响，因此蔬菜零售价格的波动主要受生产价格的冲击。综上，无论是生产价格还是零售价格，它们受到来自生产价格的冲击要大于零售价格，显然生产环节在整个产业链中具有重要的地位。

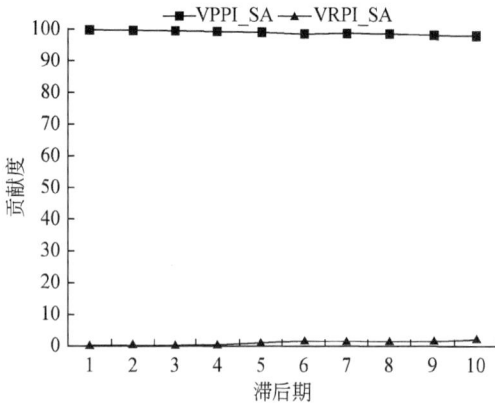

图 1-4 蔬菜生产价格方差分解结果

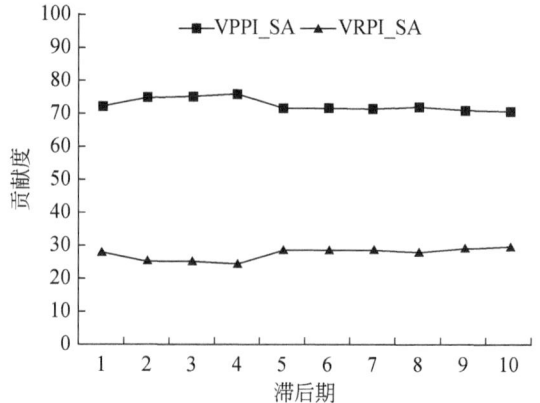

图 1-5 蔬菜零售价格方差分解结果

第四节　蔬菜价格波动规律研究结论与建议

一、研究结论

本研究选取 2002～2018 年蔬菜生产价格和零售价格的季度数据，通过 X-12 季节调整法、HP 滤波法分析了价格的波动规律，并在此基础上运用 Granger 因果检验、ARDL-ECM 模型等方法探寻蔬菜产销价格传递机理，得出以下结论：

（1）蔬菜生产价格和零售价格存在明显的季节性和周期性波动，无论是季节性波动还是周期性波动，蔬菜生产价格的波动幅度都大于零售价格，蔬菜生产价格要比蔬菜零售价格更加敏感，生产者承担更大的风险。

（2）当期蔬菜生产价格与零售价格互不为格兰杰因果关系，而蔬菜生产价格的形成受到预期零售价格的影响，蔬菜零售价格受到预期生产价格的影响。

（3）蔬菜生产价格与零售价格之间存在长期均衡关系和明显的短期动态效应，当短期波动偏离均衡时，将以 -0.64 的调整力度将非均衡状态拉回均衡状态。

（4）蔬菜产销价格间的传递存在非对称性，蔬菜价格由生产环节到零售环节较为顺畅，逆向存在 1 个季度的时滞；方差分解结果表明生产环节在整个产业链中具有重要的地位。

二、对策建议

（一）鼓励发展农民合作经济组织

蔬菜生产价格要比蔬菜零售价格更加敏感，且季节性波动程度远高于零售价格，相比蔬菜零售者，蔬菜生产者要承担更大的季节性风险。大力发展农民合作经济组织，有利于提高农民的市场地位，调动农民生产的积极性，增强其与经销商的议价能力，改善其对蔬菜价格的控制能力，有效抵御市场风险，从而保障农民利益不被损害；同时能够减少生产的盲目性，保障供给的稳定性，减缓蔬菜价格的波动。

（二）完善蔬菜价格保险的法律法规

目前，中国蔬菜保险行业专用的法律法规仍未建立，农业保险的补贴制度依旧不完善，因此可以借鉴国外蔬菜保险发达国家的经验，建立符合中国自身发展的配套法律体系。财政、税务等相关部门要构建相应的协调机制，主动落实对农民的补贴，加大资金投入，保障农民的合法权益，降低农民的种植风险。同时，加强对各部门的监管，保证资金的落实，规避价格保险补贴发放不到位。

（三）建立健全蔬菜价格监测预警体系

蔬菜价格传导存在不对称性，主要源于信息的不对称性，蔬菜生产价格的形成受到预期零售价格的影响，蔬菜零售价格受到预期生产价格的影响。中国现有市场信息纷繁复杂，且存在很多虚假信息，而虚假信息的传递不利于良好市场的形成。建立健全蔬菜价格监测预警体系，有利于帮助农民弥补在收集和整合信息方面存在的不足，有利于市场信息的及时发布，实现信息共享，为蔬菜产业链上的所有参与者提供准确有效的信息，促进蔬菜产销价格间的快速传递，从而稳定蔬菜价格。

第二章 | 大蒜价格波动规律及运行分析

大蒜作为日常生活重要的调味品，产地集中，易囤积，成为我国游资炒作的重点关注对象，其价格的剧烈波动直接影响着农民的增收和居民消费。2015年5月以来，大蒜价格持续上涨，各种因素的加和作用与非加和作用，加剧了波动的频率和幅度（孔繁涛等，2014）。2017年5月，蒜薹价格行情持续低迷运行，市场走货量小，大蒜再到低潮，关于大蒜价格的波动是否具有规律性受到许多专家和学者的关注。

目前，针对大蒜价格波动特征及原因的分析较多，但是关于大蒜价格不规则波动特征分析的研究较少。本章对大蒜2009年1月至2016年6月的价格波动规律进行研究，在对大蒜价格波动的季节性、周期性和趋势性特征分析的基础上，分析影响大蒜价格波动的不规则因素及波动原因，对大蒜的价格进行短期预测，并针对研究中发现的问题提出政策性建议，以期对我国大蒜的宏观调控提供参考。

第一节　大蒜价格波动规律研究

一、国内研究现状

国内关于大蒜价格波动问题研究主要有两个方面。

（一）大蒜价格的波动特征

通过运用ARCH类模型分析得出大蒜价格波动具有集聚性且大蒜市场中信息的作用是非对称的，大蒜价格降价消息相比于价格上涨消息引起的价格波动幅度会更大（姚升和周应恒，2012）。但是，有学者通过非对称模型TARCH实证研究得出，价格上涨信息引发的市场波动与价格下降信息引发的波动是相同的，并不存在非对称性（邱书钦，2013）。从长期来看，大蒜价格的波动具有周期性和趋势性特征，且各周期具有不可重复性的特征（李京栋和张吉国，2015）。农产品的价格波动还具有异质性、类聚性和黏性（淮建军和刘金昌，2016）。

（二）大蒜价格的波动原因

大蒜价格波动主要受种植面积，投机炒作和自然灾害的影响，受种植面积的影响较大（马海伟等，2012）。城乡人口结构变动、农业用地的减少、供需信息不对称、游资囤货、汇率变动也会影响大蒜价格的波动（陈楚天和雷娜，2012；李崇光和宋长鸣，2016；杨媛媛，2017；李京栋等，2017）。虽然游资对大蒜价格波动有一定的影响，但并非价格波动的主要原因（张利庠等，2010）。除此之外，市场的供需情况、大蒜生产成本和出口量的变化、流动资金进入、土地、运输成本、流通成本等都将导致大蒜价格的大幅度波动（郑新乾，2010；郭力野，2014；赵晓飞，2015）。

二、研究数据来源

本次研究针对 2009 年 1 月至 2016 年 6 月，共计 90 个月的大蒜月度价格，进行分析研究。

三、价格波动研究方法

（一）大蒜价格波动特征分析

张颖和杨兰英（2005）通过对所用时间序列图分析发现，大蒜价格序列的季节变动大致相等，且时间序列图随时间的推移等宽推进。虽然加法模型可能没有乘法模型调整出的曲线平滑，但它更加切合实际，更容易捕捉时间序列的短期变动情况，预测误差较小。

因此，选择 X-12 季节调整法加法模型对大蒜价格的时间序列进行分析，其中，季节调整可以将时间序列分解成趋势和周期变动（$T+C$）、季节变动（S）和不规则变动（I），其加法模型可以表示为 $Y=TC+S+I$。式中，Y 为大蒜价格序列，TC 为价格的长期变动规律和波动的周期性，S 为大蒜价格的月度时间序列受气候变化等影响在不同季节所呈现变化，不规则要素是指大蒜价格月度时间序列受一些不可抗力或偶然的因素，如区域异常事件、自然灾害如洪水、地震等影响所呈现的随机变化等。

运用 H-P 滤波法将季节调整后的趋势–循环要素分解，得到大蒜价格波动的趋势性成分（T_t）和周期性成分（C_t）。在从时间序列 TC_t 中分离出平滑序列 T_t 过程中，一般 T_t 通过解最小化获得：

$$\min\left\{\sum_{t=1}^{n}(TC_t-T_t)^2+\lambda\sum_{t=2}^{n-1}\left[(T_{t+1}-T_t)-(T_t-T_{t-1})^2\right]\right\}$$

根据一般经验，当时间序列为月度数据时，参数 λ 取值为 14 400，式中的 T_{t-1} 和 T_{t+1} 表示第 $t-1$ 和 $t+1$ 时期的趋势性，采用 EViews 8.0 软件进行分析（高铁梅，2009）。

（二）大蒜价格的短期预测

Holt-Winters 加法模型适用于处理存在趋势和加法季节变化的序列，y_t 平滑以后的序列 y_t' 由下式给出：

$$y_{t+k}'=a_t+b_t k+S_{t+k}\quad t=s+1,s+2,\cdots,T$$

式中，a_t 为截距；b_t 为斜率；$a_t+b_t k$ 为趋势；S_t 为加法模型的季节因子；s 表示季节周期长度，一年有 12 个月，故 $s=12$（高铁梅，2009）。

其模型基本方程中的 3 个系数由以下方程得到：

$$a_t = \alpha(y_t - S_{t-s}) + (1-a)(a_{t-1} + b_{t-1})$$
$$b_t = \beta(a_t - a_{t-1}) + (1-\beta)b_{t-1}$$
$$S_t = \gamma(y_t - a_t) + (1-\gamma)S_{t-s}$$

式中，$k>0$；α、β、γ 在 $0 \sim 1$ 之间，为阻尼因子；y_t 是原始序列，预测值由下式计算：

$$y'_{r+k} = \alpha_T + b_T k + S_{T+k-s}$$

式中，y'_{r+k} 为大蒜价格预测值；S_{T+k-s} 用样本数据最后 1 年的季节因子。

第二节　大蒜价格波动规律分析

一、大蒜价格的波动变化

近年来，大蒜价格波动幅度较大。从图 2-1 可知，从 2009 年 1 月到 2010 年 10 月大蒜价格处于震荡上涨趋势，最高达 11.42 元/kg。2011 年 8 月下降为 3.23 元/kg，同比下降 70.49%。2012 年 7 月，主产区种植面积大幅减少，再加上长期不利天气因素的影响使得大蒜价格迅速涨至 7.02 元/kg，同比增长 115.34%。到 2013 年 7 月大蒜价格下跌为 3.32 元/kg，下降的主要原因是市场人气不旺，很多客商持币观望，只有少数客商小量采购。2013 年 8 月至 2016 年 3 月大蒜价格持续上升，其中 2015 年 5 月至 2016 年 3 月大蒜的价格涨幅较大。大蒜的平均价格为 5.76 元/kg，标准差为 2.53，表明 2009 ~ 2016 年大蒜价格波动较为剧烈。

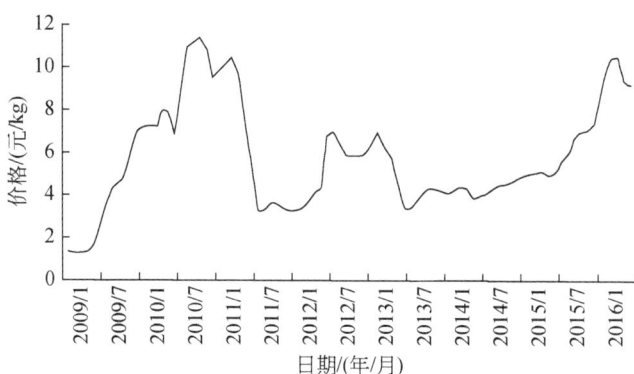

图 2-1　2009 年 1 月至 2016 年 6 月中国大蒜价格的波动变化

二、大蒜价格的趋势性波动

从图 2-2 可知，大蒜价格趋势性波动虽然有下跌阶段，但总体上呈波动上涨状态，可以将其分为 3 个阶段：第 1 个阶段为 2009 年 1 月至 2010 年 12 月，大蒜价格呈稳步上升趋势；第 2 个阶段为 2010 年 12 月至 2013 年 12 月，大蒜价格向低位运行；第 3 个阶段为 2013 年 12 月至 2016 年 6 月，大蒜价格再次回升。

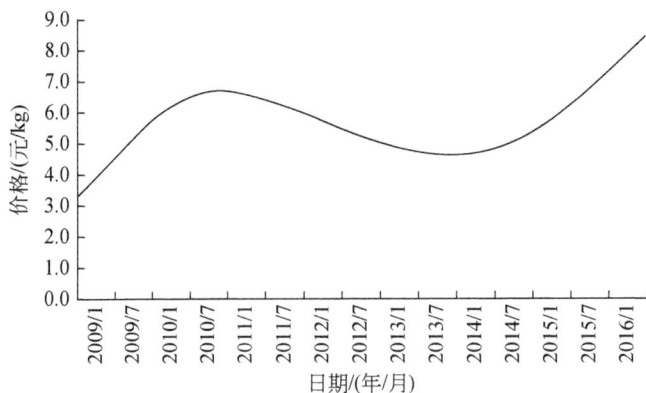

图 2-2　2009 年 1 月至 2016 年 6 月大蒜价格的趋势性波动

（一）第 1 阶段，大蒜价格稳步上升

受 2008 年蒜价暴跌影响，蒜农和经销商损失惨重，再加上国家提高粮食收购价格和种粮补贴等因素，许多蒜农改种其他农作物，2009 年大蒜总产量同比下降 42.5%。从宏观角度看，2009 年起国家为了刺激经济的发展，一直实施宽松的货币政策，货币供给量的不断增加导致农产品价格快速增长（李京栋等，2017）。

（二）第 2 阶段，大蒜价格处于缓慢下降阶段

2010 年 12 月至 2012 年 1 月下降的主要原因是 2010 年大蒜价格的高位运行，调动了农民种植的积极性，导致 2011 年大蒜的种植面积大幅度增加，供过于求（马海伟等，2012；陈楚天和雷娜，2012）。2012 年 1 月至 2013 年 12 月，虽然受 2011 年大蒜价格低迷的影响，蒜农种植的积极性有所减弱。但是由于单位面积的产量较高，大蒜的产量较 2011 年有所提高，而社会需求并没有发生明显的变化，因此价格继续下行。

（三）第 3 阶段，大蒜价格上涨的速度先慢后快

2013 年 12 月至 2015 年 1 月处于缓慢上涨的阶段，2015 年 1 月之后大蒜价格涨速加快。原因如下：①大蒜生产和流通成本增加。大蒜产业属于劳动密集型产业，难以进行机械化生产，只有依靠人工操作，而近几年人工成本在不断上涨，蒜种、化肥、薄膜等生产资料价格的提高，运输、包装、加工和收购费用及库存费等持续提高，使得成本大幅增加（郑新乾，2010；郭力野，2014）。②大蒜主产区受冻雨的影响，产量下降，大蒜种植模式和大蒜收获机械缺乏等，使得多数大蒜烂在地里，实际收获的大蒜减少，再次将大蒜价格推上高峰。

三、大蒜价格周期性波动

由图 2-3 可知，大蒜价格周期性波动特征明显，按照波谷–波谷的划分标准，将大蒜价格的波动周期划分为两个完整周期和两个不完整周期。从表 2-1 中可知，两个周期时间跨度加权平均后为 27.5 个月。产区集中的耐贮品种大蒜具有较明显的价格波动周期，季节性波动相对明显（郭力野，2014）。

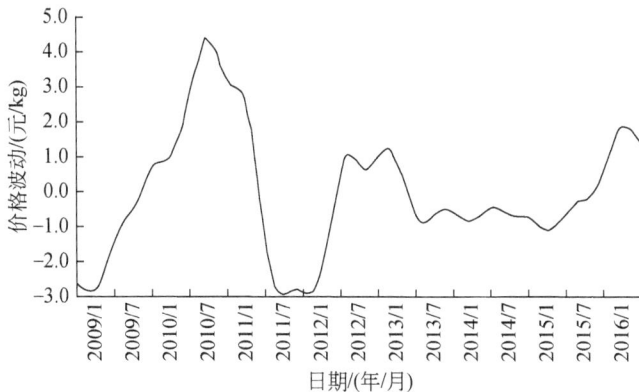

图 2-3　2009 年 1 月至 2016 年 6 月大蒜价格的周期性波动

表 2-1　大蒜价格周期性波动指标特征

项目	第 1 周期	第 2 周期	不完整周期
时间段/（年/月）	2009/3 ~ 2012/1	2012/1 ~ 2013/8	2013/8 ~ 2016/6
最大值	4.4	1.27	
最小值	−2.9	−2.9	
最高与最低差价	7.3	4.17	
均值	0.33	−0.13	
标准差	2.49	1.39	
最高价格时间/（年/月）	2010/9	2013/2	
最低价格时间/（年/月）	2012/1	2013/8	
时长跨度/月	35	20	
周期类型	陡升陡降	缓升缓降	

我国大蒜价格波动周期表现出不可重复性，每个周期价格升降幅度各不相同。

（一）第 1 周期

第 1 周期的时间跨度长达 35 个月，标准差为 2.49，升降较为剧烈，陡升陡降，受 2007 ~ 2008 年连续两年市场低迷的影响，很多农民认为无利可图，转向种植其他农作物。

2010 年 9 月至 2012 年 1 月大蒜价格开始回落，除受种植面积增加及产量提高的影响外，还受到部分企业为了维护自身的利益打压大蒜价格的影响，部分企业从外地采购大蒜，并以低于当地市场价格进行销售。

（二）第 2 周期

第 2 周期的时间跨度为 20 个月，标准差为 1.39，较第 1 周期波动升降不太剧烈。2012 年 1 月至 2013 年 2 月大蒜价格再次出现上涨的趋势。2012 年，由于受极端气候影响，主产区大蒜减产明显。据山东省济宁市金乡县农业局统计，与 2011 年大蒜平均产量相比，2012 年的平均产量下降 293kg/亩，创有统计记录以来金乡大蒜单产最低纪录。同时，2012 年全县大蒜种植面积减少 1300 余公顷①。受 2012 年大蒜价格上升的影响，2013 年大蒜的产量大幅度增加，大蒜价格有所下降。

2009 年 1～3 月可能存在于前一周期，2013 年之后的不完整周期可能是由于获得的数据有限所致。2013 年年底至 2014 年年底大蒜的周期性波动幅度很小，可能是因为大蒜产业处于生产恢复期。2015 年山东等大蒜主产地遭遇大雪天气，冷库大蒜价格持续上涨。一方面，大蒜存货量少，经销商惜售；另一方面，元旦春节市场需求量增加，助推了大蒜价格的上涨。

四、大蒜价格的季节波动特征

从图 2-4 可知，大蒜价格的季节性波动大体表现为倒"V"形波动（李辉尚等，2016），季节因子对大蒜价格的影响比较明显，变化的规律性很强，大蒜价格的季节性波动在年度内具有一定的周期性（邱书欣，2013），冬春季价格明显高于夏秋季（李建平，

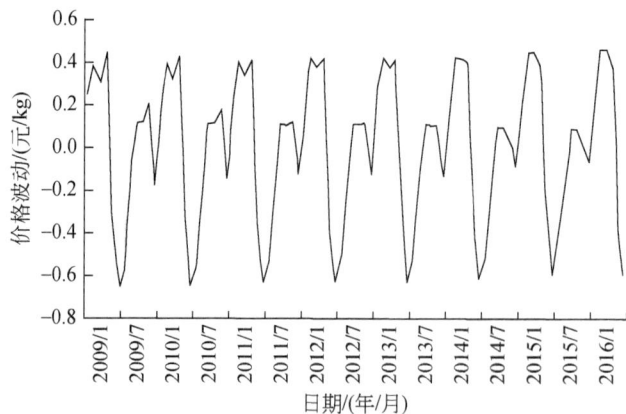

图 2-4　2009 年 1 月至 2016 年 6 月大蒜价格的季节性波动

① 暴涨暴跌揭秘"蒜周期"三宗罪. http://Finance. ifeng. com/a/20130613/8126909_0. shtml. 。

2017）。波谷大致出现在每年的 6 月，这是因为新蒜收获，大蒜供给快速增加，远大于市场需求，导致价格处于低位。波峰一般出现在每年的 4 月，4 月新蒜还未收获，市场上大蒜流通量减少，导致大蒜价格走高。波峰的最大值为 0.47，波谷的最小值为 -0.66，波峰最大值与波谷最小值的差值为 1.13。季节性波动周期为 12 个月，在 12 个月中出现 2 次波动，第 1 次波动出现在 6 ~ 12 月，波动幅度最大为 0.48，第 2 次是在 12 月至次年 6 月，波动幅度最大为 -0.47。

五、大蒜价格的不规则波动特征

大蒜价格易受外部自然环境、市场突发事件、宏观调控政策等不确定因素影响。从图 2-5 可知，大蒜价格波动在两个阶段受不规则因素影响比较明显。

图 2-5　2009 年 1 月至 2016 年 6 月大蒜价格的不规则波动

（一）第 1 个阶段（2009 年 10 月至 2010 年 12 月）

2010 年大蒜价格大幅上涨的原因，一方面，2009 年以来气候条件不利（胡延松，2010），中东部地区持续低温，大蒜供应受到较大影响（邵作昌，2011），最低点在 2010 年 6 月，最高点在 2009 年 12 月，震荡幅度为 2.47。另一方面，2009 年甲型流感爆发，同时关于大蒜能够预防甲型流感的谣言开始盛传，促使很多民众大量的购买大蒜，导致大蒜的需求量在全国范围内迅速上涨，推动大蒜价格的升高（郑新乾，2010）。2010 年由于大蒜出口量的减少促使大蒜价格有所回落。

（二）第 2 个阶段（2011 年 7 月至 2012 年 9 月）

最低点在 2011 年 7 月，最高点在 2012 年 6 月，震荡幅度为 2.07。这一阶段主要是受天气的影响，在大蒜成熟期低温阴雨偏多，不但导致大蒜主产区产量大幅度下降，且上市期推迟约半个月；此外，还受到大蒜出口量的增加和部分大蒜经纪人和部分大蒜经销商抓住了当前大蒜价格上涨的时机进入蒜市，进行短期炒作的影响（陈楚天和雷娜，2012）。2013 年后未出现明显的随机性波动特征。

第三节 保障大蒜市场平稳的对策建议

采用 X-12 季节调整法及 HP 滤波法，分离出大蒜价格的季节性、趋势性、周期性、不规则性等特性。结果表明，大蒜价格生产的季节性是价格季节性波动的主要原因；农户不能及时准确地获取市场信息，只是根据自己所在的"小环境"来决定种植意愿，很容易导致大蒜价格短时间内发生波动；各种成本包括人工、生产资料、流通成本的增加成为大蒜价格趋势性上涨的推动因素；外部自然环境、市场突发事件等不确定性因素是大蒜价格不规则性波动的主要影响因素。短期预测表明，总体上大蒜的价格不断上升，中间略有小幅下降。因此，为了促进市场平稳运行，确保大蒜市场供求关系的基本平衡，提出以下对策建议。

一、推进信息进村入户，建立信息发布平台

大力推进信息进村入户，用现代信息技术武装农民，有利于提高农民整体素质、激发农业农村经济发展活力。针对大蒜市场"供需信息不对称"的问题，政府可以通过建立大蒜信息发布平台，及时、全面、准确地发布大蒜生产信息，避免虚假信息的传播，避免产销不对称现象。蒜农可根据信息平台提供的往年大蒜种植面积、产量、国内和国际市场的需求及变化等信息来决定自己当年的种植情况；经销商可以根据大蒜库存量和市场需求等市场信息来决定何时将储存的大蒜出库，选择合适的时机开始再一次收购；批发商可通过已有的信息决定批发多少大蒜。

二、提高大蒜产业的组织化程度

目前我国大蒜产地比较集中，主要是小规模的生产经营，蒜农在信息和议价能力等诸多方面都处于弱势。大蒜产业的组织化能够为大蒜的快速流通提供基本保障，有利于改变蒜农在大蒜生产和交易中的弱势地位，让蒜农获得更高的利润。政府鼓励满足条件的农户自发成立农民专业合作社，组织合作社成员培训班，加大资金支持力度。

三、研发和推广大蒜种植和采收设施

成本的增加成为大蒜价格波动的重要原因之一，人工成本的增加最为明显。大蒜的种植和采收是需要人工最多的环节，虽然已经发明了大蒜采收机器并投入使用，但仅应用于部分地区，而目前采收机器不够完善，仍存在一定的弊端，容易损坏大蒜的表皮，因此应加大对大蒜采收设施的研发，并在全国推广，提高大蒜产业的机械化程度，以降低人工

成本。

四、合理规划大蒜主产区的种植面积

我国大蒜的主要种植区域集中在山东、江苏、河南和河北，其中，山东金乡县被称为"中国大蒜之乡"，大蒜年均种植面积达 3.3 万 hm^2，当发生自然灾害时，容易造成大蒜大面积受损，产量减少，最终导致大蒜价格大幅度波动。因此需要政府对大蒜相关资源进行优化整合，合理规划大蒜在主产区的种植面积，避免由于突发自然灾害导致大蒜产量的急剧下降，给大蒜市场带来威胁。

第三章 我国蔬菜市场 2015 年运行形势分析[①]

2015 年全国大部分地区的气象条件对蔬菜生长较为有利，蔬菜生产继续保持稳定发展态势，虽然在田面积略有缩减，但产量有所增加，总体供应充足。全年蔬菜价格总体运行平稳，略高于 2014 年同期水平。其中，叶菜类蔬菜、花菜类蔬菜、根菜类蔬菜价格上涨较为明显；果菜类蔬菜、食用菌类价格平稳运行；茎菜类蔬菜价格高位回落。

本章参照农业农村部全国农产品批发市场价格信息系统（http://pfscnew.agri.gov.cn）数据对蔬菜进行分类研究，叶菜类蔬菜包括菠菜、大白菜、甘蓝、普通白菜（小油菜）、生菜、芹菜、大葱和韭菜；花菜类蔬菜包括花椰菜和青花菜；根菜类蔬菜包括白萝卜和胡萝卜；果菜类蔬菜包括冬瓜、黄瓜、南瓜、西葫芦、茄子、青椒、番茄和菜豆；食用菌类包括平菇和香菇；茎菜类蔬菜包括洋葱、大蒜、生姜、莲藕、马铃薯和莴笋。

第一节 2015 年我国蔬菜生产形势

2015 年全国大部分地区的气象条件对蔬菜生长较为有利，蔬菜生产形势整体持续向好，供应较为充足。从当时农业部 580 个蔬菜重点县信息监测点的数据来看，2015 年 1～11 月蔬菜累计在田面积略有下降，总产量 1159.10 万 t，同比增加 8.56%（表 3-1）。

表 3-1 2015 年 1～11 月 580 个蔬菜重点县蔬菜生产情况

月份	月底在田面积/万 hm²（万亩）	与上年同期相比变化率/%	产量/万 t	与上年同期相比变化率/%
1	6.42（96.26）	2.1	79.80	−1.1
2	6.81（102.11）	0.8	79.97	4.1
3	7.82（117.28）	0.2	86.67	5.1
4	9.21（138.21）	1.6	94.90	1.8
5	9.83（147.43）	−0.2	131.23	1.0
6	9.49（142.37）	−1.5	124.15	1.7
7	8.67（130.01）	−1.8	100.56	−1.9
8	9.48（142.22）	−1.8	111.18	2.2
9	9.46（141.89）	−1.2	129.89	−0.6
10	9.12（136.93）	0.3	110.24	1.0
11	7.97（119.52）	−0.1	110.51	0.7

注：表中数据来源于农部蔬菜生产信息。

[①] 本章内容完成于 2016 年 1 月。

2015 年 1～2 月，全国大部分地区的气温比往年略偏高，光照条件总体有利，蔬菜生长形势较好，虽然 2 月中下旬长江中下游部分地区遭遇较强雨雪天气，但各地积极采取应对措施，春节前后蔬菜市场供应较为充足；5 月，逐步进入蔬菜生产旺季，供应量明显增加；进入夏季以后，受厄尔尼诺现象影响，南方多地出现较长时间的强降雨，北方地区则出现较为明显的旱情，蔬菜生产受到较大影响，供应量同比、环比均减少，"夏淡"供应略紧；随着秋菜进入采收旺季，蔬菜供给量总体有所增加；进入 11 月，中东部大部分地区遭受长时间、大范围的雾霾天气影响，江南、华南部分地区降水偏多且强度较大，造成秋冬蔬菜生长迟滞，个别品种供应偏紧。

总体来看，2014 年相对较低的蔬菜价格导致 2015 年蔬菜种植面积有所缩减（王盛威等，2015），同比小幅下降；但 2015 年整体气象条件较好，蔬菜长势良好，总产量不降反升。

第二节　2015 年蔬菜市场价格走势

蔬菜价格波动呈现显著的季节性和周期性。一般来讲，一年中蔬菜价格年初、年末高，年中低，呈现典型的"V"形波动，往往是第 1 季度上涨，第 2 季度逐渐回落，第 3 季度开始反弹，第 4 季度趋向稳定（孔繁涛等，2014）。从农业部监测的 28 种蔬菜的全国平均批发价来看，2015 年蔬菜价格总体运行平稳，略高于 2014 年同期水平。2015 年 1～12 月 28 种蔬菜平均批发价为 3.71 元/kg，同比上涨 1.0%。其中，4 月、6 月、7 月、8 月、9 月和 12 月的蔬菜价格高于 2014 年同期水平，5 月基本持平，其余月份均不同程度地低于 2014 年同期水平（图 3-1）。

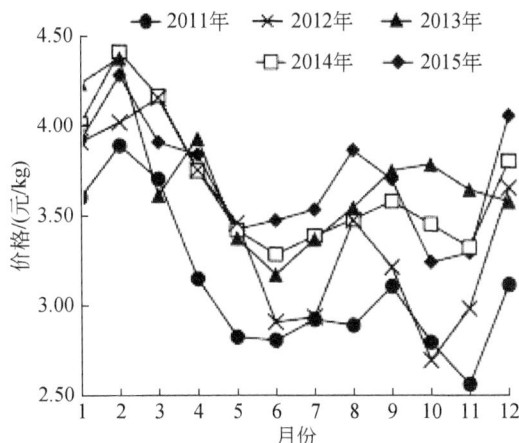

图 3-1　2011～2015 年 28 种蔬菜平均批发价格走势
数据来源：农业部全国农产品批发市场价格信息系统，本章图同

分月份来看，受元旦、春节消费拉动，2015 年 1 月蔬菜价格延续 2014 年年底的上涨

态势，并于 2 月达到年内最高的 4.28 元/kg；随着天气逐渐转暖，蔬菜生长速度加快，供给量不断增加，3 月出现明显的季节性回落，菜价进入下行通道，至 5 月累计下跌 12.5%；6～8 月，受南方地区强降雨和北方局部地区干旱及入夏以来的高温天气影响，6 月的菜价并未像往年一样继续下跌，而是呈稳中有涨的态势，上涨态势一直持续到 8 月，期间同比均高于 2014 年同期；9～10 月，随着秋菜进入采收旺季，蔬菜供给总量有所增加，总体价格小幅回落，10 月跌至年内最低价 3.24 元/kg；进入 11 月，随着气温继续下降，迈入蔬菜供应淡季，总体价格进入季节性上行通道，加之华北、东北等地遭受长时间雾霾、阴雪天气，设施蔬菜上市量受到影响，12 月菜价创近 6 年来同期最高水平，为 4.05 元/kg（图 3-1）。

一、叶菜类、花菜类、根菜类蔬菜价格上涨较为明显

2015 年 1～12 月叶菜类蔬菜价格变动基本符合季节性波动规律，重点监测的 8 种叶菜类蔬菜（菠菜、大白菜、甘蓝、小油菜、生菜、芹菜、大葱和韭菜）平均批发价为 2.78 元/kg，同比上涨 13.2%（图 3-2）。分月份来看，2015 年 1 月叶菜类蔬菜的价格延续了 2014 年的上涨趋势，为 3.0 元/kg；随后进入季节性下行通道，连续 4 个月下跌，至 5 月累计下跌 30.2%；6～8 月，叶菜类蔬菜生产受厄尔尼诺现象的不利影响，"夏淡"供应略紧，价格持续小幅上涨；9～11 月，随着秋菜进入采收旺季，蔬菜供给总量有所增加，叶菜类蔬菜价格持续回落，但总体高于 2014 年同期水平；进入 12 月，叶菜类蔬菜价格明显上涨，为 3.47 元/kg，环比上涨 44.0%，同比上涨 17.5%。2015 年大葱的平均批发价为 2.60 元/kg，同比上涨 9.1%。从全国范围来看，2015 年大葱种植面积有较为明显的减少趋势，1～11 月农业部 580 个蔬菜重点县信息监测点大葱当月产量有 7 个月低于 2014 年同期水平，加之 2015 年雨水天气频繁，大葱贮存和运输成本明显增加，供应链上的成本增加都转嫁到市场价格上，导致 2015 年大葱价格上涨明显。

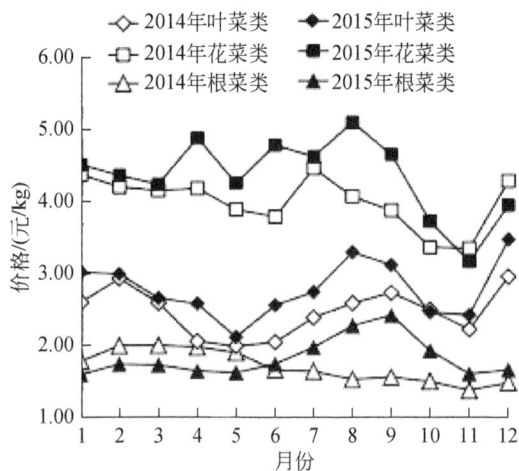

图 3-2 2014～2015 年叶菜类、花菜类、根菜类蔬菜平均批发价格走势

2015 年 1～12 月花菜类蔬菜（花椰菜和青花菜）价格波动频繁且较为剧烈，平均批发价为 4.36 元/kg，同比上涨 8.9%（图 3-2），但仍然低于 2013 年的平均批发价格。以花椰菜为例，2015 年花椰菜价格呈现先平稳高位运行后急速降低的趋势，1～10 月花椰菜批发价格基本在 3.30 元/kg 上下波动，其中 8 月价格高达 4.12 元/kg，创近 6 年来的最高值；进入 10 月以后，花椰菜价格急剧下跌，11 月跌至 1.97 元/kg。2015 年春夏季花椰菜价格较高，吸引了大批农户跟风种植，导致入秋后花椰菜价格十分低廉，个别地区甚至出现滞销现象。

2015 年 1～12 月根菜类蔬菜（白萝卜和胡萝卜）平均批发价为 1.81 元/kg，同比上涨 7.0%，上半年低位平稳运行，总体价格在 1.70 元/kg 上下浮动；下半年波动较为剧烈，呈现明显的倒"U"形（图 3-2）。具体来看，1～2 月，根菜类蔬菜价格微幅上涨；自 3 月起开始出现季节性回落，价格连续 3 个月呈现下跌态势；6～9 月，价格进入快速上升通道，9 月达到 2.41 元/kg，创近 7 年来的最高价，累计上涨 50.2%；10～11 月，价格又大幅下跌，与 9 月相比，11 月下跌 34.2%；12 月，价格小幅回升，为 1.64 元/kg，环比上涨 3.8%，同比上涨 12.5%。

二、果菜类蔬菜、食用菌类价格平稳运行

2015 年 1～12 月果菜类蔬菜（冬瓜、黄瓜、南瓜、西葫芦、茄子、青椒、番茄和菜豆）价格波动幅度较大，先快速攀升，随后大幅跌落，再缓慢爬升，1～12 月平均批发价为 3.40 元/kg，同比上涨 3.3%（图 3-3）。分月份来看，1～2 月，果菜类蔬菜价格上涨明显；自 3 月起价格开始大幅下跌，至 7 月跌幅才有所收窄，跌至 2.30 元/kg；8 月以后，受产地转变、雨水天气的影响，果菜类蔬菜价格结束了连续数月的下滑态势，进入季节性上行通道，12 月回升至 4.29 元/kg。

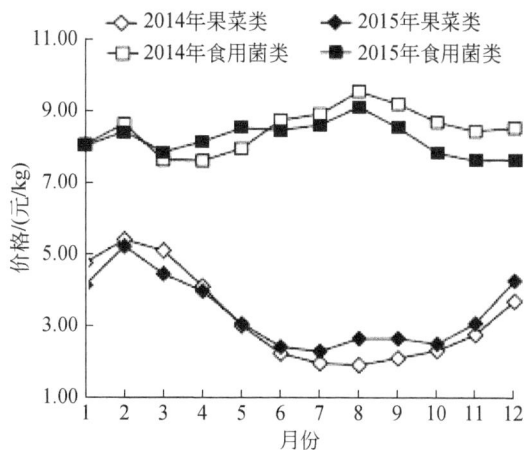

图 3-3 2014～2015 年果菜类蔬菜和食用菌类平均批发价格走势

2015 年 1~12 月食用菌类（平菇和香菇）价格高位小幅回落，平均批发价为 8.26 元/kg，同比下跌 3.1%（图 3-3）。价格变化趋势与 2014 年基本相同：1~2 月小幅上扬，3 月出现短暂下滑，4~9 月整体呈上升态势（8 月创 2009 年以来的次高水平），9 月以后企稳回落，持续上涨态势得以扭转，下跌趋势一直持续到 11 月，12 月小幅反弹，为 7.67 元/kg，同比、环比均低于 2014 年同期水平。

三、茎菜类蔬菜价格高位回落

2015 年 1~12 月茎菜类蔬菜（洋葱、大蒜、生姜、莲藕、马铃薯和莴笋）价格明显回落，重点监测的 6 种茎菜类蔬菜的平均批发价为 4.27 元/kg，同比下跌 9.3%，同比连续 12 个月呈下跌趋势。11 月，茎菜类蔬菜平均批发价格在近 25 个月首次跌破 4 元/kg，为 3.92 元/kg，环比下跌 2.6%，同比跌幅首次出现收窄，为 12.7%；12 月价格小幅回升，为 4.15 元/kg（图 3-4）。

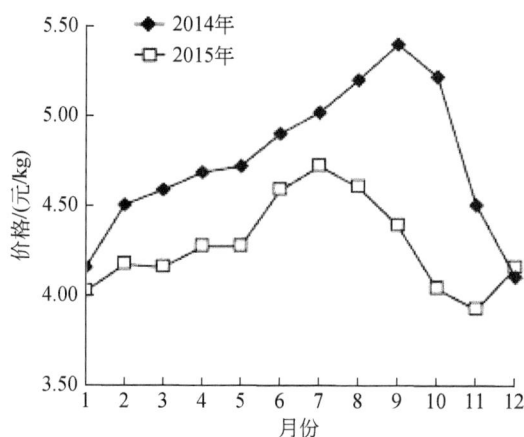

图 3-4　2014~2015 年茎菜类蔬菜平均批发价格走势

值得关注的是，2015 年生姜主产区单产总体下滑，潍坊、烟台、临沂、日照、莱芜等地单产下滑幅度在 10%~20%，而 2015 年生姜种植面积均有扩充（20%~30%），就幅度来看，种植面积扩充幅度较大，足以抵消生姜单产的减少幅度，因此山东地区 2015 年生姜整体产量较 2014 年稳中有升。从 2012 年至今的价格走势来看，2012~2015 年生姜价格处于一个完整的上涨周期，2013 年和 2014 年由于生姜整体供应量少，批发价格由 2012 年 1 月的 3.22 元/kg 上涨至 2014 年 9 月最高值 16.16 元/kg，涨幅高达 401.9%；而随后 2014 年鲜姜上市初期，由于上市量大，开秤价格较低，鲜姜价格出现大跳水，2015 年生姜价格整体处于偏低水平。

2015 年以来我国马铃薯生产继续稳定发展，但受疮痂病、灾害天气等影响，部分地区产量有所减少；9 月，主产区开秤收购价格呈高开低走再回升的趋势，之后价格整体处于基本稳定状态。

第三节 后市分析及政策建议

随着近年来我国蔬菜生产能力的持续增强，蔬菜供应量总体充足，菜价将稳中略涨。从生产上看，后市全国蔬菜种植面积仍将较为稳定，供应量较为充足，市场运行将呈总体平稳态势，蔬菜价格可能继续保持稳中略涨的走势，但需密切关注天气变化和部分地区、个别品种可能出现的价格异动（沈辰等，2015）。因此，应进一步增强蔬菜生产能力建设，切实提高市场均衡供给水平；畅通蔬菜流通渠道，打通消费终端的"最后一公里"；健全完善全产业链信息监测预警制度，及时研判市场供需形势，不断提高生产、经营、管理服务水平；及时发布生产供给和市场价格信息，有效引导市场走势（李辉尚和李理特，2012）。

一、夯实生产能力建设，保障蔬菜均衡供给

我国蔬菜生产从地域上看呈分散性分布，蔬菜品种结构和生长时期差异性较大。因此，应加强协调各地区之间的蔬菜生产格局，稳定种植品种及种植规模，加快推进品种结构调整和产业优化升级，同时扩大蔬菜标准园建设试点范围，强化南菜北运基地建设，稳定蔬菜供应，实现各地区间的均衡供应（孙倩和穆月英，2011）。

二、推动物流产业发展，畅通蔬菜流通渠道

蔬菜市场的稳定运行离不开畅通的流通渠道。因此，应进一步加强物流基础设施建设，推进物流基础设施的合理空间布局与功能完善，降低冷链物流成本，降低蔬菜流通损耗和成本，提高蔬菜流通效率。切实落实"绿色通道"的相关优惠政策，确保蔬菜在全国范围内的顺畅、便捷流通（李崇光和包玉泽，2010）；大力发展"互联网+"优势，积极推动蔬菜电子商务，鼓励有条件的家庭农场、专业合作社等新型经营主体优先发展蔬菜电商业务，加快蔬菜流通模式从传统的多环节、多链条向生产者与消费者直接对接的转变，有效减少流通环节，提高农户经济效益。

三、健全完善蔬菜全产业链信息监测预警制度，创新产业服务方式

2015 年以来，农业部在部分省市探索建立了蔬菜全产业链信息监测预警工作机制，涵盖了包括生产、加工、流通等多个环节的监测分析，开辟了蔬菜市场监测预警制度建设的新篇章。今后，应进一步健全完善蔬菜全产业链信息监测预警制度，逐步实现大宗蔬菜、特色蔬菜等主要蔬菜品种的主产区和消费区的全覆盖，以及预警内容由总体供求向产业链全过程监测扩展（徐磊等，2012）；同时，要建立健全面向蔬菜生产者、经营者和管理者的信息分析服务模式，开展定向和个性化服务，助力蔬菜产业可持续发展。

四、及时发布产业供需信息，有效引导市场走势

近年来，蔬菜市场上出现的部分地区、个别品种短期内价格大幅波动的现象，不仅给农户带来了滞销卖难的困扰，更给城市消费者带来了菜贵伤民的烦恼，这些主要是由于供需信息不对称等原因所造成的（李辉尚等，2016）。因此，应充分运用现代媒体传播工具，综合运用电视、广播、网络和自媒体等，及时发布生产、加工、消费、价格、贸易等重要数据信息，开展区域性、全国性蔬菜展销等多种形式的营销促销活动，促进供需信息交流对接，实现蔬菜等农产品供需的合理匹配，有效引导价格走势，促进市场平稳运行；同时，在蔬菜生产、采收、上市的关键时期，加强主产区和主销区的产销信息跟踪监测，全面掌握生产布局、品种结构、上市档期、上市量与价格等供求信息，积极疏通产销渠道，防止产地蔬菜积压滞销情况发生。

第四章 | 我国蔬菜市场 2016 年运行形势分析[①]

2016 年以来，蔬菜生产整体保持稳定发展态势，总体供应仍然充足，但由于先后遭受倒春寒、南方强降雨、雾霾和强寒流影响，蔬菜市场供应出现了阶段性、区域性偏紧状况。蔬菜价格总体符合常年波动规律，但呈大涨大跌态势：春季蔬菜受倒春寒影响价格明显高于近年同期水平，总体高位运行；进入夏季，由于北方产区夏季蔬菜的种植面积较大，价格又跌破去年同期的水平；秋季菜价由于夏秋季、秋冬季蔬菜供应断茬再次冲高。

第一节 2016 年蔬菜市场形势年度分析

一、蔬菜市场形势

（一）蔬菜市场价格总体高位运行

2016 年，全国蔬菜市场运行总体高位运行，价格走势基本符合常年波动规律。1~11 月，农业部重点监测的 28 种蔬菜平均批发价格为 4.12 元/kg，同比涨 11.8%。

从月度价格走势看（图4-1），2016 年上半年蔬菜整体价格呈现"N"形变动趋势。1 月，受"双节"消费拉动影响，蔬菜价格延续上年底的上涨态势，1 月中下旬全国大范围降温特别是 2 月中旬的再次降温和寒潮侵袭，严重影响南方冬季蔬菜生产，使得蔬菜生产供给受到影响，2 月菜价达到 2016 年以来的最高价 5.65 元/kg，也是 2010 年来首次突破 5 元/kg 的高位水平；3 月虽然菜价有所回落，但由于南方产区再次遭受低温阴雨的"倒春寒"天气，当期蔬菜生长与供应均受到不利影响，菜价仍然保持在近几年同期的最高点，为 5.49 元/kg；4~6 月，北方产区气象条件良好，新菜大量上市，蔬菜价格进入下降区间，5 月蔬菜 3.65 元/kg，环比跌 21.9%，创 2011 年以来最大月度跌幅，6 月蔬菜价格继续走低，同比跌破近 4 年同期的最低点；7~8 月，受南方地区持续性强降雨天气影响，蔬菜生产受到破坏，南北价格出现分化，部分地区价格波动幅度较大；进入 9 月，由于夏秋季蔬菜并没有完全衔接，加上适逢中秋且南方多省遭遇台风天气，导致蔬菜供应偏紧，价格出现明显走高；10 月随着秋菜大量上市，价格小幅回落；11 月，受强寒流天气影响，监测的 28 种蔬菜中有 22 种价格出现上涨，蔬菜平均批发价格再次突破 2010 年以来同期的最高点。

[①] 本章内容完成于 2017 年 1 月。

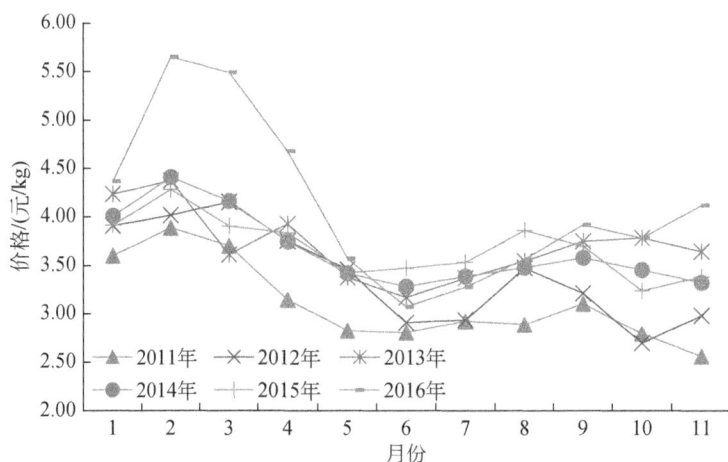

图 4-1　28 种蔬菜平均批发价格

数据来源：农业部全国农产品批发市场价格信息系统

（二）进出口贸易保持顺差格局

2016 年以来，蔬菜整体的进出口形势较好，进口额小幅度增加，蔬菜进出口继续保持顺差格局，但不同类别之间差异显著。1～10 月累计出口量达 821.43 万 t，同比增长 0.5%，出口额 118.33 亿美元，同比增长 10.9%；进口量 21.51 万 t，同比增长 5.8%，进口额达 4.35 亿美元，同比增长 1.3%；贸易顺差 12.26 亿美元，环比增长 4.9%，同比增长 13.1%。

从出口来看（表 4-1），1～10 月累计，我国蔬菜出口总量为 821.43 万 t，同比增长 0.5%，出口额 118.33 亿美元，同比增长 10.9%。其中，出口鲜冷冻蔬菜 505.95 万 t，同比减少 3.3%，出口额 50.92 亿美元，同比增长 19.6%；出口加工保藏蔬菜 271.84 万 t，同比增长 5.9%，出口额 36.51 亿美元，同比减少 1.4%；出口干蔬菜 42.85 万 t，同比增长 16.6%，出口额 30.03 亿美元，同比增长 16.1%。

表 4-1　2016 年 1～10 月我国蔬菜出口量值情况

项目	2016 年 1～10 月		2015 年 1～10 月		同比增长/%	
	数量/万 t	金额/亿美元	数量/万 t	金额/亿美元	数量	金额
鲜冷冻蔬菜	505.95	50.92	523.19	42.57	-3.3	19.6
加工保藏蔬菜	271.84	36.51	256.75	37.03	5.9	-1.4
干蔬菜	42.85	30.03	36.74	25.86	16.6	16.1
其他	0.79	0.87	0.37	1.25	113.5	-30.4
合计	821.43	118.33	817.05	106.71	0.5	10.9

注：数据来源于农业部。

从进口来看（表 4-2），2016 年 1～10 月，我国进口蔬菜 21.51 万 t，进口额为 4.35 亿美元，同比分别增长 5.8% 和 1.3%。其中，进口鲜冷冻蔬菜 3.55 万 t，进口额为 0.29 亿美元，同比分别增长 56.1% 和 4.9%；进口加工保藏蔬菜 15.81 万 t，进口额为 1.99 亿美元，同比分别增长 0.9% 和 3.2%；进口干蔬菜 0.69 万 t，进口额为 0.49 亿美元，同比分别减少 3.9%、4.9%。

表 4-2　2016 年 1~10 月蔬菜进口量值情况

项目	2016 年 1~10 月		2015 年 1~10 月		同比增长/%	
	数量/万 t	金额/亿美元	数量/万 t	金额/亿美元	数量	金额
鲜冷冻蔬菜	3.55	0.29	2.28	0.28	56.1	4.9
加工保藏蔬菜	15.81	1.99	15.66	1.93	0.9	3.2
干蔬菜	0.69	0.49	0.72	0.51	-3.9	-4.9
其他	1.46	1.58	1.67	1.58	-12.6	0
合计	21.51	4.35	20.33	4.30	5.8	1.3

注：数据来源于农业部。

二、主要问题

（一）气象灾害频发对蔬菜生产造成不利影响

蔬菜产业具有较大的自然风险，蔬菜生产供给受到自然条件变化的制约。2016 年以来，雨雪、寒潮、洪涝、雾霾等灾害天气对蔬菜生长生产产生极为严重的影响，导致生产的大幅波动，进而影响市场供应状况。2016 年 1~3 月，我国出现了两次倒春寒现象，对蔬菜生产种植及市场流通影响较为显著，持续的低温、阴雨天气造成蔬菜生长缓慢，秧苗受损比较严重，部分蔬菜有提前退市的趋势，产区蔬菜供应出现断茬，供应上市量下降。6 月南方地区频繁出现强降水天气过程，降水量较常年同期偏多 1~4 倍，7 月长江中下游等地仍维持暴雨天气，且强降水区域大部分与前期重叠，大范围、高强度的、持续性强降雨天气导致农田渍涝灾害偏重发生，露地蔬菜受淹、受渍或冲毁受损，设施大棚坍塌损毁，破坏了南方蔬菜生产，严重影响了北菜南运。11 月受北方强寒流天气和南方阴雨天气影响，加之全国大部分地区遭遇雾霾天气，长时间寡照导致设施蔬菜光合作用降低，生长缓慢，秋季蔬菜提前退市，冬季蔬菜上市期推迟，造成秋冬季蔬菜供应链在衔接过程中出现断茬现象。

（二）蔬菜价格呈大涨大跌宽幅震荡态势

2016 年，我国蔬菜供需总体平衡，但生产的结构性、季节性、区域性均衡供应问题矛盾仍然突出，菜价频繁出现大幅波动，波动幅度和频度近年罕见。第 1 季度，受寒潮影响，蔬菜价格暴涨，农业部监测的 28 种蔬菜全国平均批发价格 5.17 元/kg，同比涨 28.3%，创近 7 来最高水平。其中，2 月监测的 28 种蔬菜全部环比上涨，13 种蔬菜价格环比涨幅超过30%。进入第2季度，北方蔬菜受春季高菜价影响，夏季蔬菜的种植面积增加较大，产量明显增加，造成蔬菜大量积压，河北大葱，山东圆白菜，唐山马铃薯，承德的莴笋、芹菜、圆白菜、白萝卜都出现卖难现象，夏季菜价跌入谷底，一度跌至近5年同期的最低点。第3季度，蔬菜价格再次冲高，原因主要有两方面：一是夏季强降雨对秋季蔬菜生产造成的影响将有所显现，南方蔬菜生产受损严重，北菜南运通道受阻，市场出现阶段性供应趋紧；二是由于2016年夏季蔬菜上市期提前、退市期也同步提前，而秋季蔬菜还未形成批量上市，夏秋季蔬菜并没有完全衔接，蔬菜供应存在断茬现象。

（三）个别品种价格出现暴涨暴跌

由于部分地区蔬菜生产受到阶段性影响，个别品种价格出现异常波动，加之市场信息不对称，致使生产盲目性和市场灵敏性的矛盾加剧，菜价暴涨和滞销卖难现象交织屡发。2016年，胡萝卜价格暴涨后出现暴跌，价格大幅上涨的主要原因是本年春季福建种植的胡萝卜大面积受灾，冬储胡萝卜基本售罄，造成胡萝卜供应偏紧，随着7月、8月河北、山东胡萝卜的上市，价格快速下滑，并跌破上年同期价位。北京新发地市场上的胡萝卜价格一路下跌，由开春的7.0元/kg（创2009年以来的最高价）逐步跌至3.0元/kg，到7月的0.6元/kg也乏人问津。大葱价格也坐上"过山车"，1月大葱价格4.66元/kg，创2009年以来的最高水平，此后价格仍不断攀高，连续3个月突破7元/kg的高位（2015年年均价格为2.61元/kg），同比涨幅连续4个月超过200%。但是，随着露地种植的大葱的批量上市，大葱的价格出现明显的下降，仅为2.58元/kg，与本年最高价相比下跌了66.8%。冬瓜价格急剧上涨后也跌至谷底，年初海南遭遇强寒流天气影响，晚茬冬瓜遭受冻灾，导致晚茬冬瓜上市期推迟且产量大幅下降，3月、4月冬瓜批发价格分别为4.04元/kg和6.35元/kg，环比涨幅连续两个月超过50%，同比分别涨46.0%和181.2%，随着5月广西新冬瓜的大量上市，价格出现明显回落，跌至1.16元/kg，属近年来同期较低价位。下半年，大蒜价格呈"报复性"上涨，受主产区减产、成本上涨、蒜农惜售与社会游资涌入、过度的媒体宣传等因素影响，新蒜季以来，蒜价高开高走，屡破历史新高，预计大蒜供需紧张的局面会延续到来年4月，其间大蒜价格仍将保持高位运行，待来年新蒜上市后，大蒜供需有望恢复正常。

三、后市分析与政策建议

蔬菜供应总体充足，菜价将稳中略涨，整体贸易形势较好。从生产上看，后市蔬菜种植面积仍将较为稳定，蔬菜供应较为充足。市场运行将呈总体平稳态势，蔬菜价格将会保持基本稳定，但需密切关注后期天气变化和部分地区、个别品种可能出现的价格异动，如果天气正常且蔬菜生长状况良好，后市蔬菜价格或将继续保持稳中略涨的态势。

未来应进一步畅通蔬菜流通渠道，大力发展"互联网+"优势，积极推动蔬菜电子商务，鼓励有条件的家庭农场、专业合作社等新型经营主体优先发展蔬菜电商业务，加快蔬菜流通模式从传统的多环节、多链条向生产者与消费者直接对接的转变，有效减少流通环节，提高农户经济效益。要健全完善蔬菜价格保险制度，充分发挥价格保险制度在风险防控中的优势，积极推动地方试点，逐步建立国家、地方、企业、农户等多方共担的风险分散机制，扩大保险覆盖品种和范围，探索创新自然与市场相结合的保险产品，实现生产与市场保险联动。要强化市场监测预警服务，充分利用全球农业调查数据信息系统，构建权威、高效、统一的信息发布平台，定期开展市场供需形势研判，及时发布涵盖生产、价格、消费、贸易等多环节数据信息，稳定社会预期，提升经营主体决策参考的信息服务与支撑水平。

第二节　2016 年重点蔬菜品种市场运行分析

按照农业部市场与经济信息司安排，中国农业科学院农业信息研究所以番茄、黄瓜、茄子、辣椒、大蒜、生姜和马铃薯 7 个重点品种为对象，以研制年度供需平衡表为突破口，以摸清生产、消费、进出口、价格等方面的态势及走势为核心内容，于 2016 年年底，分 4 个小组对山东、河北、河南、辽宁、内蒙古、甘肃、四川、海南、湖南等 9 省（自治区）的 31 县（市、区）开展调研。调研采取重点抽样的方法，选择各品种主产省份，从中选取若干主产县，原则上 1 个主产县涉及两个以上乡镇，以规模化种植户、经纪人、企业为重点，采取实地调研、书面调研与电话访谈等相结合的方式，共调研 562 个农户、经纪人、企业。以调研结果为基础，结合主产区与批发市场的监测数据，分析 2016 年蔬菜供需状况。

回顾 2016 年，在生产方面，番茄、黄瓜、茄子和生姜产量均同比保持增长，而辣椒、大蒜和马铃薯则因主产区大范围受灾而减产；在消费方面，7 个重点品种国内市场需求都呈现出扩大趋势；在出口方面，除辣椒、生姜表现强劲之外，番茄、黄瓜、大蒜、马铃薯都有所收缩；在价格方面，除生姜之外，其他 6 个重点品种市场价格都同比明显上涨。建议种植户密切关注气象、市场行情等变化走势，地方部门加强信息引导，推动产品均衡上市，规避市场风险。

一、番茄 2016 年市场运行分析

中国是世界上番茄栽培面积最大、生产总量最多的国家。番茄原产于南美洲，大约在明朝传入我国，逐渐成为人们喜爱的食物之一，常年产量在 5000 万 t 以上，而且呈现增长态势。

我国番茄主产区主要是新疆、内蒙古、河北、山东、河南、江苏等地。目前，番茄已发展成为我国最重要的蔬菜品种之一，2015 年番茄产量 5594 万 t，占全国蔬菜总产量的 7.1%。2016 年，番茄种植面积小幅增加，产量稳中有升；消费需求略有扩大趋势，消费结构更加趋于合理化；在国际贸易方面，出口稳中有降，加工出口下降较为明显；全年批发均价先降后升，大体呈现"U"形分布。后市番茄露地种植面积或将缩减，设施种植面积有望扩大；消费量增长的态势将会延续，消费者对番茄品种、质量、

数量的期盼更为多元化;加工制品出口或将进一步继续下滑;价格水平稳中略降,波动幅度或将减缓(表4-3)。

表4-3　番茄供需平衡表

项目	单位	2016 年	2017 年
种植面积	万亩	1648	1627
单产	kg/亩	3450	3500
产量	万 t	5686	5695
总供给	万 t	5686	5695
总需求	万 t	5686	5695
消费量	万 t	4174	4208
出口量	万 t	119	120
损耗	万 t	1393	1367
批发市场均价	元/kg	3.11	3.0

注:①总供给=总产量,总需求=消费量+出口量+损耗,产量=单产×种植面积,损耗=产量×损耗率;②鲜食番茄不易保存,因此没有计算库存量;③我国番茄进口量非常小,以2015年为例,全年进口量1.36万t,仅占总产量的0.02%,因此忽略不计,出口数据采用海关统计中的"鲜或冷藏的番茄(HS 编码:0702)"及"番茄,用醋或醋酸以外的其他方法制作或保藏的(HS 编码:2002)"统计数据汇总;④损耗率考虑我国果蔬冷链流通现状及未来发展情况,结合番茄品种自身特性,估算2016年番茄损耗率为24.5%,2017年为24.0%;⑤本平衡表中的年度周期为日历年份。

(一)2016 年番茄市场供需形势分析

2016 年,因种植户积极性提高以及温室大棚补贴政策的推行,番茄种植面积小幅增加,产量稳中有升;消费量持续增加,水果番茄和番茄加工品的消费比重明显提升,消费结构更加趋于合理化;在国际贸易方面,番茄出口量增额减,加工制品量额均减;全年批发均价先降后升,大体呈现"U"形分布。

1. 种植面积小幅增加,产量稳中有升

番茄是我国栽培最为普遍的果菜之一。2016 年,预计全国番茄种植面积约1648 万亩,同比增2.7%,其持续增加主要有以下两个方面的原因:一是农户及基地种植积极性明显提高,自2015 年7 月开始,番茄市场价格涨势坚挺,农户亩均收益达到1 万元以上,高收益推动种植面积的增加;二是温室大棚补贴政策的推行,在一定程度上促进了北方主产区设施种植面积的增加。受低温、寒潮、雾霾等因素影响,番茄单产小幅下降,每亩约为3450kg,同比降1.1%;但总产量约5686 万t,同比增1.6%。

2. 消费需求略有扩大,消费结构趋于合理

番茄深受城乡居民的喜爱,近年来,人们充分认识到番茄的营养价值,消费量呈现逐年递增的趋势。番茄富含各种营养成分,被称为神奇的菜中之果,其中的"番茄素"有抑制细菌的作用,苹果酸、柠檬酸和糖类有助消化的功能。樱桃番茄,别称圣女果,更是被人们当作日常水果食用。番茄不易储藏,几乎没有库存。番茄主要用于鲜食,可生食、熟食,成为人们餐桌上的常见菜肴。加工需求日渐旺盛,番茄酱、番茄汁等番茄加工品也越

来越多地被消费者所接受，在很大程度上拉动了国内消费需求。

3. 番茄出口稳中有降，加工出口明显下降

番茄是我国最重要的出口优势农产品之一，其中番茄酱年均出口量约占世界贸易量的
1/3。出口国家主要集中在俄罗斯、越南、哈萨克斯坦、蒙古国等周边国家。近年来，我
国番茄制品出口出现小幅缩减趋势，主要原因有：一是番茄生产加工成本上升，"地板"、
"天花板"双重齐下；二是番茄加工出口企业产业规模盲目扩张，导致产能过剩；三是进
口国技术贸易壁垒的严格限制，出口难度越来越大。2016 年 1 ~ 11 月累计番茄出口量 105
万 t，同比增 0.2%，出口金额 8 亿美元，同比减 12.7%；其中，番茄制品出口量 86 万 t，
同比减 1.0%，出口金额 7 亿美元，同比减 17.8%。

4. 价格先降后升，大体呈"U"形分布

据农业部监测数据显示，2016 年番茄全年批发均价 3.11 元/kg，同比增长 16.5%。
整体来看，番茄价格季节性变化明显（图 4-2）。前 3 个月番茄批发均价高达 4.82 元/kg，
主要原因是延续了 2015 年设施番茄的有限供应；受高价位影响，露地番茄种植面积快速
扩张，4 月以后随着露地番茄大量上市，价格持续下跌，直至 9 月露地番茄退市、设施番
茄上市的换挡期，价格飙至 2.64 元/kg，环比涨 72.2%。番茄价格迎来了新一轮上涨，主
要原因有：一是番茄处于夏秋品种交接之际，露地番茄生产进入尾声，北方温室番茄处于
上市前期，市场供应量明显减少；二是主产区大范围的台风、降雨、雾霾及光照不足影响
产量，采摘不易，运输困难；三是番茄消费市场下游需求强劲，市场供不应求。至 12 月，
价格继续上涨至 4.10 元/kg。

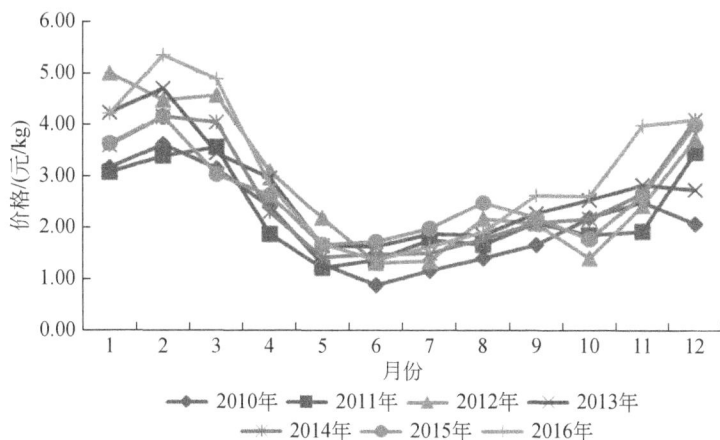

图 4-2　2010 ~ 2016 年番茄批发价格走势

（二）生产经营建议

市场价格是决定种植意向的风向标，生产者应密切关注市场行情，适时调整番茄种植
面积，根据消费者偏好，调整优化种植品种结构，同时提升田间管理技术水平，加强信息
技术在番茄种植中的应用，以实现保产增效，切实保障自身利益。

1. 关注市场行情，适时调整番茄种植面积

市场价格是决定种植意向的风向标。长期看，番茄年度内价格波动"U"形规律非常明显，产地转换一旦断档，市场价格大幅波动在所难免；短期看，番茄月度间环比规律存在不确定性，盈利机遇与挑战同时并存。番茄生产者要密切关注价格行情变化，通过拔苗换茬、移栽扩种等方式，适时增减播种面积，以期获得更多的经济收益。

2. 优化品种结构，适应消费市场需求

番茄品种多样，反映了消费者不同的需求。优化品种结构，也是蔬菜供给侧结构性改革的重要内容。樱桃番茄市场需求量越来越大，甚至供不应求，樱桃番茄中的千禧品系价高量少，其全年批发均价可高于普通番茄2倍，生产者可根据自身的实际情况，适当扩大种植规模，贴合消费者喜爱偏好，但是，切忌盲目跟风，一哄而上，防止因需求量有限而导致的价格大跌。

3. 加强田间管理，提高种植科技水平

目前，我国番茄生产以小规模分散经营方式为主，生产管理效率偏低，番茄生产难以实现高产量、好品质。田间管理贯穿番茄生产的整个周期，种植户应有效提升中耕、培土、浇水、施肥、病虫害防治等田间管理技术，提高番茄（尤其是露地番茄）的坐果率，实现增产增收；加强信息技术在番茄生产中的利用，如实时监测番茄生长态势、营养态势，自动控制设施环境温度，以实现设施番茄种植管理的自动化、智能化，提升种植科技水平。

二、黄瓜 2016 年市场运行分析

黄瓜，南方也称青瓜，是我国蔬菜消费的重要品种之一，2015 年全国种植面积为 1887 万亩，产量达 5938 万 t，分别占蔬菜种植总面积和总产量的 5.8% 和 7.8%。黄瓜种植区域分布广泛，主产区在河北、山东、河南、辽宁等北方省份，南方省份以四川、湖南、湖北种植较多；种植方式包括设施与露地两种，由于设施大棚在温湿度控制、病虫害预防、种植管理等方面的优势，单产水平明显高于露地。黄瓜需求以国内消费为主，出口比例很低，上市具有明显的季节性特点，每年 4~8 月是上市高峰期，能占到年度总上市量的 7 成左右。

2016 年，我国黄瓜种植面积有所扩大，产量稳中有增，市场价格同比小幅上涨，国内消费持续增加，出口下滑。后市黄瓜生产供应将保持基本稳定，国内消费或继续保持稳中有增，出口有望反弹，市场价格或将出现稳中有涨的态势，月度间依旧呈"V"形变化特征，年初、年末仍是价格高点（表4-4）。黄瓜种植户要密切关注天气变化与价格走势，防范自然灾害并合理安排上市节奏，主管部门应加强信息服务，以指导生产经营主体降低风险。

表 4-4　黄瓜供需平衡表

项目	单位	2016 年	2017 年
种植面积	万亩	1934	1903
单产	kg/亩	3123	3158
产量	万 t	6041	6010
总供给	万 t	6041	6010
总需求	万 t	6041	6010
消费量	万 t	4708	4740
出口量	万 t	7	8
损耗	万 t	1326	1262
批发市场均价	元/kg	3.52	3.7(3.6～3.9)

注：①由于几乎没有黄瓜库存、进口，因此，总供给＝产量＝单产×种植面积，总需求＝消费量+出口量+损耗；②消费量指年度国内消费量，包括家庭购买消费、在外消费、加工消费等；③损耗包括了生产损耗、运输损耗与销售损耗；④出口量为海关统计数据，包括冷藏鲜黄瓜与黄瓜片、醋或醋酸制作或保藏的黄瓜、盐渍黄瓜或咸黄瓜等的出口数量；⑤批发市场价格采用农业部信息中心监测数据；⑥平衡表中的年度周期为日历年份。

（一）2016 年黄瓜市场供需形势分析

2016 年全国黄瓜种植规模扩大，生产与消费均出现稳中略增态势，出口下滑，市场供需总体平稳，市场价格小幅上涨，且月度间波动加剧。

1. 种植规模扩大，产量稳中有增

2015 年黄瓜种植规模、市场价格"双增"行情增加了种植户的生产效益，提高了种植热情，2016 年黄瓜种植面积扩大至 1934 万亩，同比增 2.5%。2016 年在低温、寒潮等不良天气的影响下，黄瓜单产同比下降 0.7%，至 3123kg/亩，但在种植面积增长的推动下，总产量略增加 1.7%，达到 6041 万 t。

2. 需求依旧旺盛，消费稳定增加

黄瓜短期消费需求主要受到价格、质量安全事件等因素的影响。2016 年黄瓜批发价格虽然整体略涨，但在 4～8 月最为集中的上市季节，却同比明显下跌；质量安全方面，虽然在 4 月山东淄博黄瓜"神奇药水"事件在网上传播，但迅速被有关部门辟谣，对黄瓜整体消费基本没有造成大的负面影响。据估算，2016 年黄瓜消费稳中有增，总量达 4708 万 t，同比增 1.8%。

3. 出口下滑，损耗仍处较高水平

我国黄瓜几乎没有进口，出口主要包括冷藏鲜黄瓜与黄瓜片、醋或醋酸制作或保藏的黄瓜、盐渍黄瓜或咸黄瓜等类型，出口国家包括日本、韩国等。根据海关信息网数据，2016 年 1～11 月，我国黄瓜出口数量为 6 万 t，同比降 10%，估计全年出口量在 7 万 t 左右。黄瓜与叶类菜相比，损耗相对较少，尤其是运输过程损耗率低，损耗更多的是发生在采摘与销售环节。2016 年生产采摘、运输、加工、销售等综合损耗率在 22% 左右，仍处于较高水平。

4. 批发价格小幅上涨，且波动加剧

在国内生产、消费总体相对稳定的走势下，2016 年黄瓜市场总体运行平稳，年度平均价格为 3.52 元/kg，同比涨 2.8%，为 2010 年以来最小波幅；由去冬今春大范围的低温与寒潮、7~9 月南方部分主产地区的暴雨与洪涝，以及四季度北方主产区气温偏暖等天气因素引起的供给变化导致月度价格差异显著，年度内月度间最大价差由 2015 年的 3.82 元/kg 拉大至 5.51 元/kg，扩大了 44.2%，创 2009 年以来的最大值。

（二）生产经营建议

基于以上分析，后市黄瓜市场供需整体保持相对稳定，价格稳中有涨，有利于种植户收益的提高，但由一些不确定因素带来的生产风险以及近年来表现出来的市场风险需要引起种植户与地方管理部门注意。

1. 种植户要密切注意自然灾害带来的生产风险

近年来，我国虽然通过大力推进基本设施建设、加强灾害预报与预防指导等措施来减轻自然灾害对农业生产的影响，但实际中农业"靠天吃饭"的行业特点并没有得到根本性改变。在 2016 年，1 月中下旬至 2 月上旬、10 月之后的天气反常变化以及北方入冬后的雾霾天气，对正常生产节奏形成了较明显的影响，表明黄瓜生产对天气依赖仍旧较大。黄瓜种植户要密切关注天气变化，提前防范低温、寒潮、雾霾等自然灾害带来的生产风险。

2. 种植户要关注价格波动加剧带来的市场风险

近年来，年内黄瓜价格基本呈现出明显的"V"形变化特征，2016 年虽平均价格略涨，但波动明显加剧。第 1 季度批发市场价格同比大涨 25.1%，第 2 季度大幅回落，同比下跌 12.8%，第 3 季度相对稳定后，第 4 季度又同比大跌 15.5%；月度平均价格在 2 月和 6 月分别创 2013 年以来的最高值与最低值，5.5 元/kg 的月度价差创 2009 年以来的最大值。波动加剧导致由于上市季节不同，而收益差异显著。种植户应尽可能了解把握价格的走势变化，提前规划种植批次，合理安排上市节奏，推动产品"错峰上市"，避免因此带来的市场风险。

3. 地方部门要加强信息服务，指导主体科学决策

当地部门可通过与气象部门的联合，在本地区域及外地主产区开展针对黄瓜种植的短期、中期、长期的天气预测，特别是低温、雨雪、寒潮等自然灾害预报；加强本地市场信息及全国其他主产区市场信息的搜集与服务，尤其要形成融入知识附加值的、具有指导意义的信息产品；通过建设农业信息网站、手机短信、APP、广播、电视等多种信息推送方式，指导农户在规模调整、市场定价、灾害防范等方面的正确决策。

三、茄子 2016 年市场运行分析

茄子是我国居民日常消费的重要蔬菜，2015 年我国茄子种植面积 1209 万亩，产量 3068 万 t，分别占蔬菜种植总面积和总产量的 3.7% 和 3.9%。我国茄子种植分布广泛，山东、河南、河北、辽宁、江苏、四川等省份为主产区。自然条件下，我国北方地区只能在

无霜期开展种植，长江以南无霜地区可四季种植。随着设施生产的发展，我国茄子已经实现周年供应，生产大体可以划分为冬春、秋冬两个茬口，前者通常在 10 ~ 11 月播种，4 月上市；后者通常在 6 月播种，10 月上市。

2016 年我国茄子种植面积同比有所扩大，受年初寒潮、夏季持续降水及雾霾等天气影响，单产水平略有下降，总产量小幅增长，消费量较为稳定，价格同比明显上涨，达到 2009 年以来新高。后市茄子种植面积将继续增长，单产水平小幅提高，总产量进一步增加，消费量稳中有增，价格同比将稳中有降（表 4-5）。建议生产者密切关注天气变化，防止因严寒冻害造成重大损失；切实加强田间管理，避免因病虫害对生产造成严重冲击。

表 4-5　茄子供需平衡表

项目	单位	2016 年	2017 年
种植面积	万亩	1271	1286
单产	kg/亩	2498	2528
产量	万 t	3173	3252
总供给	万 t	3173	3252
总需求	万 t	3173	3252
消费量	万 t	2443	2525
损耗	万 t	730	727
批发市场均价	元/kg	3.85	3.65

注：①茄子鲜食为主，不存在库存；进出口量十分有限，可以忽略不计。因此，平衡表中未设置期初库存、期末库存和进出口量；②总供给＝产量，总需求＝消费量+损耗，产量＝单产×种植面积；③损耗指茄子在采摘、包装、运输和交易等过程中腐坏变质的数量；④本平衡表中的年度周期采用日历年份。

（一）2016 年茄子市场供需形势分析

1. 单产略有下降，总产量小幅增长

受寒潮天气影响，2016 年年初我国南北大面积降温，南方多省出现雨雪天气，对茄子生长造成不利影响，广东、福建、海南等地露地生产损失较大。夏季长江流域持续降水给相应地区造成一定损失。台风、雾霾天气也对局部地区茄子生产造成影响。

近年来，我国茄子种植规模总体保持增长（图 4-3），种植面积由 2010 年的 1124 万亩增长到 2015 年的 1209 万亩，年均增长 1.5%。随着我国农业供给侧结构性改革的持续推进，农业去库存、降成本、补短板的效果开始显现，玉米等作物价格形成机制逐渐理顺，茄子等蔬菜种植的比较效益有所凸显，进一步带动部分地区种植面积扩大。2016 年我国茄子种植延续增长态势，估计种植面积 1271 万亩，增长 5.1%。受面积扩大和单产减少影响，2016 年茄子总产量增长 3.4%，达到 3173 万 t。

2. 消费需求相对稳定，损耗量相对较大

作为常见的大路菜，茄子一直以来都是我国城乡居民日常消费的重要蔬菜品种，消费需求较为稳定。随着收入水平的持续提升和膳食结构的不断调整，茄子消费需求总体呈现

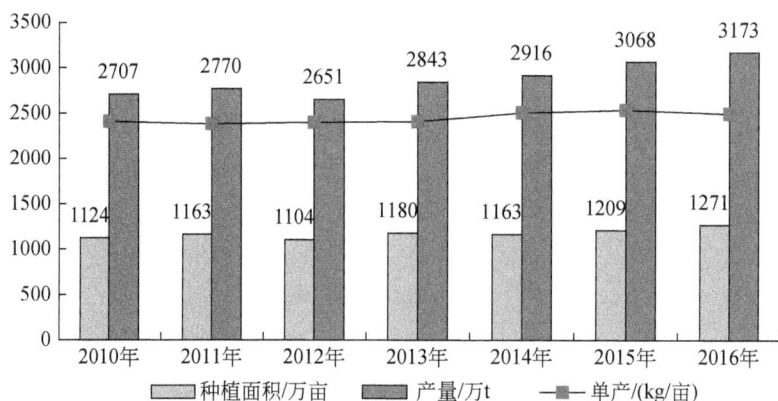

图 4-3　2010～2016 年茄子种植面积、产量与单产情况

小幅增长趋势。2016 年我国茄子消费量达到 2443 万 t。由于在采摘、筛选、运输和交易中容易变质腐坏，茄子的损耗量相对较大。据估算，2016 年茄子损耗量为 730 万 t，占总产量比例约为 23.0%。此外，2016 年我国茄子进出口总量约 0.7 万 t，占总产量比例约为 0.02%，占比十分有限。

3. 价格同比明显上涨，年内波动有所加强

受种植与上市季节性规律影响，茄子年内价格一般呈现"V"形波动。2016 年年初茄子价格大幅上涨，带动价格总体水平明显上升，全年平均批发价格达到 3.85 元/kg，为 2009 年以来最高值，同比上涨 7.0%。2016 年茄子年内月度间价格极差达到 5.1 元/kg，标准差达到 1.7 元/kg，波动幅度有所加强（图 4-4）。

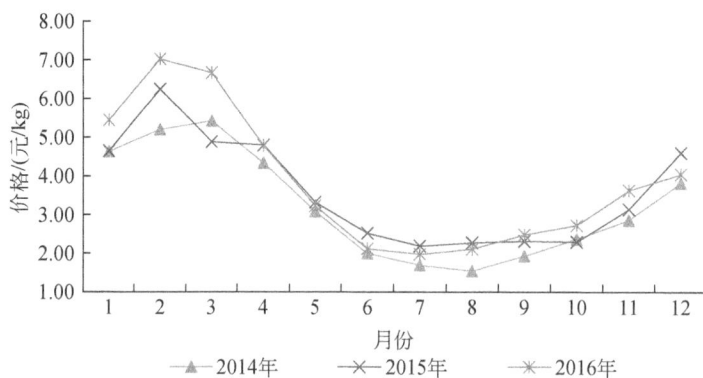

图 4-4　2014～2016 年茄子批发价格走势

从 2016 年月度走势看：受寒潮天气影响，1～3 月茄子批发价格同比涨幅均在 10% 以上，2 月批发价格突破 7 元/kg，达到 2009 年以来最高峰，3 月价格同比涨幅达到 36.7%。4～8 月随着气温回暖，茄子上市量明显增加，市场价格快速回落，同比均下跌，6 月价格同比跌幅最大，达 15.8%。9～11 月，天气转冷，露地生产减少，北方部分产区转入设施

生产，茄子供给逐渐减少，价格转为上涨，同比持续上涨。

（二）生产经营建议

1. 密切关注天气变化，防止因严寒冻害造成重大损失

低温冻害对茄子种植影响重大，不仅可能造成产量的大幅减少，还有可能造成上市时间的延迟，打乱市场上市节奏，引起价格剧烈波动。2016 年由于猝不及防，准备不足，寒潮天气给多地茄子生产带来严重损失。根据国家海洋环境预报中心的监测显示，2016 年 7 月中东太平洋海温迅速发生逆转，进入拉尼娜状态，并可能发展成为拉尼娜事件，使我国岁末年初出现冷冬的概率大大增加。建议密切关注冬春天气变化，提前维修维护生产设施，做好防寒膜、草苫子等御寒物资储备，遇有雨雪冰冻天气，及时喷洒药剂防病，补光增温，避免因低温冻害造成严重损失。

2. 切实加强田间管理，科学预防常见病虫害

茄子种植易发病虫害，田间管理对产出水平至关重要。近年来，绵疫病、黄萎病、灰霉病、白粉虱、蚜虫、红蜘蛛等病虫害时有发生，往往具有发展迅速、损失明显等特点，给生产造成不利影响。建议生产者在种植过程中切实加强田间管理，在常年种植地块积极实行轮作，种植前及时对种子和苗床消毒处理，采用砧木嫁接育苗，施足底肥，及时追肥，注意排水，及时清理杂草落叶，增设防虫网，减少虫源。遇到病虫害，做到对症下药、科学用药、精准施药，避免因病虫害造成较大损失。

四、辣椒 2016 年市场运行分析

辣椒是我国重要的"菜篮子"产品，是人们一日三餐的常见品种，同时也是国内最主要的经济作物之一，产业规模居蔬菜首位。辣椒从用途角度主要分为鲜食辣椒和干辣椒两大类，鲜食辣椒鲜活易腐，绝大部分用于直接食用消费，属于鲜食蔬菜品种。鲜食辣椒主要产区有海南、广东、云南、四川、重庆、山东、河南、辽宁等省（直辖市），夏秋季节生产以露地种植为主，冬季生产以设施种植为主；干辣椒则易于贮藏、运输，主要用作加工原料，属于调味品系列。干辣椒种植区域集中在山东、河南、河北、新疆、湖南、湖北、四川、重庆、贵州等省（自治区、直辖市），生产方式以露地种植为主。

2016 以来，我国辣椒价格波动较大，尤其是干辣椒价格出现大起大落，引发社会强烈关注。总的来看，2016 年我国辣椒产量同比显著下降，消费数量持平略涨，出口增长强劲，进口数量和金额双双降低，市场价格总体同比上涨，价格波动幅度加大；但 2016 年种植辣椒的比较效益高（表 4-6）。后市辣椒种植意愿将会提高，消费数量稳中略增，出口数量小幅提高（表 4-7）。如果不发生大面积自然灾害，辣椒产量有望同比增加，总体平均价格水平同比下跌，建议农户理性安排辣椒生产，切忌盲目跟风扩大种植面积。

表 4-6　2016 年同地区种植辣椒与种植其他作物利润对比　（单位：元/亩）

地区	鲜食辣椒	干辣椒	水稻	小麦	玉米	棉花
湖南	2400	—	411			
河北	2202	2012	—	420	390	651
河南	—	2451		427	411	681
四川	4397	—	480	—	—	—
山东	3956	3206	—		380	670
辽宁	4566	—	—	—	421	—

表 4-7　辣椒供需平衡表

项目	单位	2016 年	2017 年
种植面积	万亩	2320	2390
单产	kg/亩	1350	1404
期初库存	万 t	55	76
产量	万 t	3133	3356
进口量	万 t	0.21	0.19
总供给	万 t	3188	3432
总需求	万 t	3188	3432
消费量	万 t	2990	3150
出口量	万 t	28	32
损耗	万 t	94	100
期末库存	万 t	76	150
批发市场均价	元/kg	3.64	3.2

注：①总供给=期初库存+产量+进口量，总需求=消费量+出口量+损耗+期末库存，产量=种植面积×单产；②辣椒主要分为鲜食辣椒和干辣椒两大类，鲜食辣椒属于鲜食蔬菜品种，其产量是指田头收获的生产量；干辣椒属于调味品系列，其产量是指晒干或者烘干之后的生产量；③辣椒消费是指以鲜菜或者调味品形式的家庭消费和在外消费；④鲜食辣椒鲜活易腐，不易储存。辣椒库存量主要是指农户、经纪人、加工企业和贸易企业存储的干辣椒数量；⑤辣椒进出口主要包括我国与外国进行已磨辣椒（辣椒粉、辣椒碎、辣椒片、辣椒面）、未磨辣椒干、鲜或冷藏辣椒等的贸易数量；⑥损耗是指辣椒购买后在其消费、加工、烹饪过程中的一般性损失；⑦本平衡表中的年度周期为日历年份。

（一）2016 年辣椒市场供需形势分析

1. 主产区受灾范围广，产量水平显著下降

我国辣椒供应已形成"大生产、大流通"格局，一年之中辣椒开始上市的主产区按照纬度从南向北梯次转移（表 4-8）。2016 年全国辣椒种植面积约 2320 万亩，与上年相比稳中略降。全国辣椒主产区除了辽宁以外都不同程度地遭受高温、阴雨、洪涝等自然灾害，造成辣椒减产较大。7 月初高温天气较多，影响河南、河北等主产区干辣椒授粉；8 月强降雨导致河南、四川、湖南、山东等种植区域遭受渍涝灾害；10 月台风天气又造成海南

等辣椒产区严重受灾。一年之内屡次遭灾造成主产区大面积减产，2016 年辣椒单产估计为每亩 1350kg，同比减少 9.9%；总产量为 3133 万 t，同比降低 10.4%。

表 4-8 不同时间辣椒开始上市供应的主产区

开始上市时间	辣椒开始上市供应地区	持续上市时间
12 月至第二年 1 月	海南海口、琼海、文昌；广东徐闻	5 个月
2 月	云南文山州砚山县、砚山县，保山隆阳区	4 个月
5 月	四川攀枝花、西昌；重庆南川区、黔江区	4 个月
8 月	山东潍坊、临沂；河南商丘、周口	4 个月
10 月	辽宁锦州；河南漯河；山东金乡；河北邯郸	2 个月

2. 食辣风俗广泛传播，辣椒消费持平略涨

自明末清初引入辣椒以后，国内食辣区域不断拓展、食辣人群迅速扩大，辣椒消费日益普及。目前我国已成为世界上辣椒主要消费国，食辣人口总数超过 5 亿，占国内人口比重大约 40%。从需求结构上看，鲜椒需求占有绝对主导地位，鲜食辣椒消费量超过辣椒消费总量的 90%，主要品种为柿子椒、甜椒、泡椒、线椒、尖椒等；干辣椒是深加工的主要原料，市场需求呈上升趋势，在辣椒消费总量中的比例不断提高，主要品种为朝天椒、小米椒和板椒等。

3. 辣椒出口增长强劲，进口数量金额双降

我国是全球辣椒出口大国，出口量连续保持世界第一位，主要出口目的地为韩国、日本、墨西哥、澳大利亚、美国、东南亚等国家和地区，出口主要产品为冷藏鲜食辣椒、辣椒干、辣椒粉、辣椒酱、辣椒罐头等。2016 年前 11 个月我国辣椒出口数量和金额分别为 24 万 t 和 4.66 亿美元，分别同比大幅增加 42.0% 和 46.8%。我国辣椒进口国家主要为印度，品种为 S17 高辣度品种，2016 年前 11 个月辣椒进口数量和金额分别为 0.20 万 t 和 0.05 亿美元，分别同比下降 30.1% 和 10.4%。

4. 辣椒价格总体上涨，价格波动幅度加大

2016 年辣椒总体平均价格比 2015 年上涨 11.7%，主要原因有两个：一是 2016 年自然灾害偏多，辣椒减产，导致市场供应偏紧，经纪人抬价抢购；二是生产成本上涨，推动价格上升。2016 年辣椒平均生产成本同比增加 11.2%，主要由于雇工费用和租地费用上涨较快。

2016 年辣椒价格波动较大，以青椒为例（图 4-5），青椒批发市场年度内月度间最大价差为 7.99 元/kg，高于 2015 年的 7.19 元/kg 和 2014 年的 6.38 元/kg。值得一提的是，2016 年干辣椒价格波动尤为引人注目，"辣翻天"现象再次出现。以山东省济宁市三樱八号精品辣椒为例，2016 年辣椒大幅减产，导致 10 月底新辣椒上市后，价格直线上涨，从 11 月 1 日到 15 日半个月内暴涨 2 元/kg，达到 7.2 元/kg 的历史最高位，11 月 16 日之后又迅速回落至 6.8 元/kg，波动剧烈程度十分罕见。

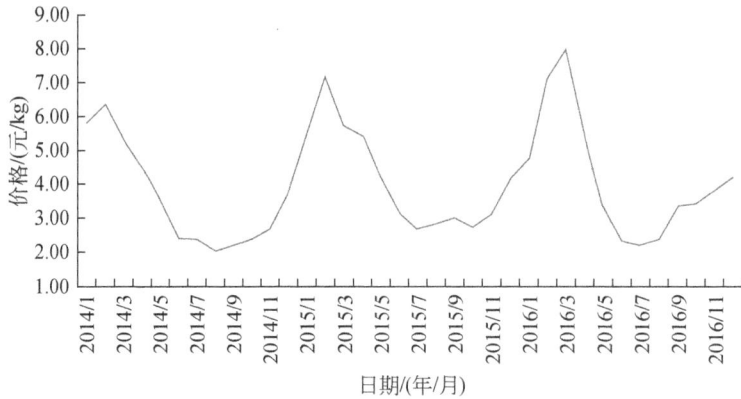

图 4-5 2014～2016 年青椒批发市场价格

（二）生产经营建议

1. 农户需理性安排辣椒生产

2016 年辣椒价格同比上涨，推高了农户 2017 年扩大辣椒种植的积极性。但是后市我国辣椒市场供大于求的趋势明显，总体平均价格可能会同比下降。建议农户理性安排种植计划，不要盲目跟风加大辣椒生产，防止价格下跌带来收入损失。

2. 农户需加强病虫害防治工作

近年来我国辣椒病虫害频发，给农户造成严重损失。辣椒种植户要采取选择抗病品种、种子消毒、药剂施用等措施，加强对疫病、病毒病、炭疽病、灰霉病、细菌性叶斑病等辣椒病害的防治工作。同时，也要采取生物防治、物理防治、药剂防治等措施，加大对辣椒棉铃虫、蚜虫、白粉虱、斑潜蝇等虫害的杀灭力度。

3. 农户需采取可持续种植模式

辣椒生产需要定期轮作和施用有机肥，才能够保持较高产量和优良品质，否则会逐渐退化。调研中发现，有些地方（例如四川省自贡市和河北省保定市）因长期种植辣椒和过度依靠化肥催产，导致单产同比减少、质量等级降低。建议农户定期轮作，增加有机肥施用量，以保障当地辣椒产业持续健康发展。

五、大蒜 2016 年市场运行形势分析

大蒜作为小宗农产品，种植门槛低、市场容量小，极易诱发跟风和投机等行为，近年来大蒜价格频繁出现剧烈波动，对蒜农、库存商、消费者均产生不利影响。2016 年新蒜季以来，受主产区减产、成本上涨、蒜农惜售与社会游资涌入等因素影响，蒜价高开高走，屡破历史新高。在此期间大蒜的种植面积将会大幅扩大，消费平稳增长，出口有所恢复，未来需利用大蒜出口大国优势，大幅度提高大蒜制品的出口附加值，实现由贸易大国向贸易强国的转变（表 4-9）。

表 4-9　大蒜供需平衡表

项目	单位	2016 年	2017 年
种植面积	万亩	1173	1280
单产	kg/亩	1450	1600
期初库存	万 t	240	190
产量	万 t	1701	2048
进口量	万 t	0.06	0.00
总供给	万 t	1941	2238
总需求	万 t	1941	2238
消费量	万 t	1338	1514
种用	万 t	192	188
出口量	万 t	170	195
损耗	万 t	51	61
期末库存	万 t	190	280
批发市场均价	元/kg	11.00	7.00

注：①总供给=期初库存+产量+进口量，总需求=消费量+种用+出口量+损耗+期末库存，产量=单产×种植面积；
②本平衡表中的年度周期为日历年份。

（一）2016 年大蒜市场供需形势分析

1. 春季极寒天气导致大蒜减产

近年来，大蒜种植面积基本稳定在 1170 万亩。2015～2016 年度种植面积估计为 1173 万亩，与上年度相比持平略减。但去冬今春受大寒潮及不稳定天气影响，山东、河南、河北等主产区大蒜生产均遭受严重冻害，对大蒜产量影响较大。其中，主产区山东遭遇极寒天气，部分蒜苗遭受冻灾，泰安、莱芜等产区尤为严重，个别地区蒜苗死亡率超过三分之二甚至绝收；河南杞县由于 2015 年种植大蒜时间提前，覆盖地膜早，温度高，造成烧根，使大蒜春节后死苗、弱苗形成减产，后期大雪进一步加剧了大蒜减产。2016 年大蒜单产约为 1450kg/亩，同比减 10.3%，总产量估计为 1701 万 t，同比降约一成。

2016～2017 年度大蒜受高蒜价刺激，蒜农种植积极性明显增强。一般年份种植面积波动幅度约为 5%，本季大蒜播种面积保守预计增长 10%，将达到 1280 万亩，其中山东大蒜种植面积为 360 万亩、河南 200 万亩、江苏 150 万亩、四川 56 万亩、云南 50 万亩。在大蒜生长过程中若无重大气象灾害影响，单产有望恢复至 1600kg/亩，总产量预计将达到 2048 万 t（图 4-6）。

2. 大蒜需求呈放大态势

2016 年大蒜消费量估计为 1338 万 t，种用量为 192 万 t。近几年来，随着人们对大蒜素的营养保健认识逐步提高，尤其是雾霾天气加重，一些城市居民可能选择增加大蒜购买量，此外人们对传统大蒜制品的饮食偏好有所增强，进一步促进了大蒜加工品消费的稳步增加，大蒜需求呈放大态势，甚至产生蝴蝶效应。但在大蒜减产、价格暴涨的情况下，受

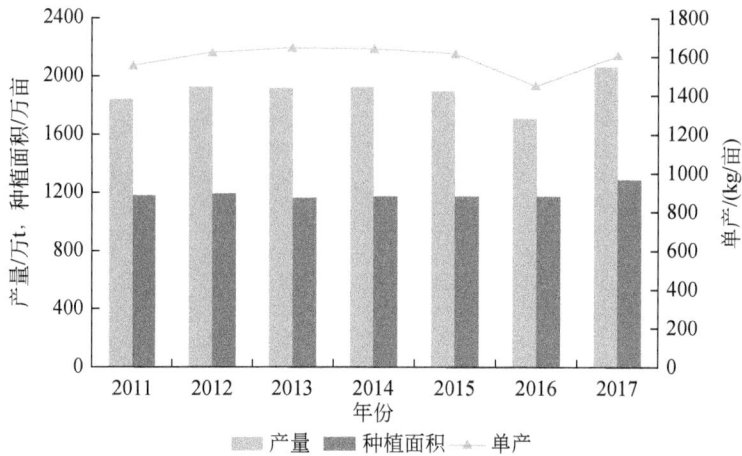

图 4-6   2011～2017 年大蒜生产情况

"卖落不卖涨"心态影响，许多农户盼涨心切，将大蒜囤积起来，商贩窝货不出，经纪人抬价收购且待价而沽。如果没有冷库储存，大蒜的储存期超过两个月就会生芽，因此小户囤积周期相对较短，主要集中在能够租赁冷库的大贸易商手中，导致社会游资进入大蒜市场进行囤货，市场有效供给减少，造成市场进一步供需不平衡。

3. 库存量较往年明显偏低

2016 年大蒜入库量明显降低。市场上供应的大蒜，分为鲜蒜和冷库蒜，一般来说，5～8 月约有 25% 的鲜蒜直接进入国内消费市场或出口，剩余大蒜基本由经纪人采购入库保存，作为冷库蒜在后期陆续上市。据会同大蒜主产县对库存量的会商了解到，2016 年大蒜入库量由上年同期的近 240 万 t 降至 190 万 t 左右，部分冷库出现闲置，山东金乡、莱芜和兰陵入库量分别为 120 万 t、12 万 t 和 10 万 t，河南杞县和中牟入库量分别为 18 万 t 和 13 万 t，江苏邳州入库量为 17 万 t。

4. 大蒜出口明显收缩

大蒜是我国重要的出口创汇产品，随着大蒜品种的不断改良以及加工、储藏、运输条件的逐渐完善，我国大蒜已经出口到全球 150 余个国家和地区，出口市场多元化格局已经形成。受国内高蒜价影响，2016 年大蒜出口受到一定抑制，进口明显增加，1～11 月大蒜出口量为 156 万 t，同比减 10.0%，进口量 566t，是上年同期的 10 倍。从国别看，印度尼西亚是我国大蒜出口主销市场，约占总出口量的 26%，对印度尼西亚的出口价格将直接影响到我国大蒜的整体出口价格，销往越南、马来西亚、美国和巴西的大蒜分别占总出口量的 9.1%、7.5%、7.1% 和 5.9%。

5. 价格陷入暴涨怪圈

据农业部监测数据显示，2016 年大蒜全年批发均价为 11.00 元/kg，同比涨 88.6%，比 2010 年历史高位（8.95 元/kg）涨 22.9%（图 4-7）。前 8 个月批发均价飙升至 9.90 元/kg，9 月蒜价（12.10 元/kg）突破 2010 年 11.42 元/kg 的历史高点后继续稳步上涨，10 月、11 月、12 月批发价格分别为 12.88 元/kg、13.48 元/kg 和 14.38 元/kg。

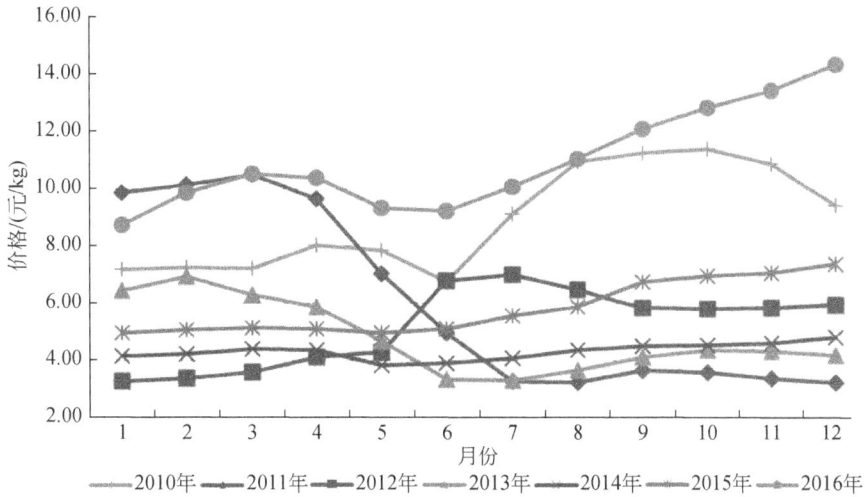

图 4-7　2010～2016 年大蒜批发价格走势

本轮大蒜价格暴涨主要有以下三方面原因：一是大蒜产量减少，纵观 2010 年、2012 年和 2016 年的三次蒜价暴涨，主要诱因都是大蒜减产引起市场供求关系变化，导致市场供应偏紧；二是成本有所增加，大蒜亩均成本为 4500～5000 元，比上年增长了约 10%，其中种子支出约占 20%、雇工费用占 15%～30%、租地费用占 10%～15%；三是社会游资涌入大蒜市场，大蒜易于囤积储存、可长期保鲜的特性以及大蒜产区存在大量的冷藏库，使大蒜投机更为便利。

（二）生产经营建议

1. 蒜农需提早防范种植风险

2006 年以来，我国大蒜种植出现典型的"价格上涨—跟风种植—价格下跌—种植减少"的恶性循环局面。以当前播种面积测算，后市大蒜产量将明显增加，蒜农可对已种植的大蒜进行及早处理，建议提前以蒜苗或蒜黄上市，既可缓解当前供应偏紧的局面，也可达到减少种植面积、减轻新蒜上市所承担的风险的目的。

2. 存储商需适度增加出库交易量

价格的杠杆作用表现在供求关系上是起反作用：当价格高时，会抑制消费；价格低时，又刺激消费。目前大蒜的高价位，必然对需求有一定的抑制作用，从而使供求关系得到调整，其结果是大蒜销量下降，供应期延长，甚至出现新蒜上市之前被迫降价的局面。因此，建议具有大量库存蒜的经销商，不要偏离价值规律过度抬高蒜价，也不要存有惜售心理观望待销，应适度增加出库交易量，使大蒜价格回归合理区间，降低自身经营风险。

3. 各地政府需加强大蒜信息发布

大蒜作为小宗鲜活农产品，是市场敏感性高的产品，因此信息对市场价格波动影响尤为明显。目前大蒜产业信息分散、滞后，且缺乏从国家到地方的市场预警和应急机制，不能有效防范和应对市场的大起大落。建议各大蒜主产地政府加强大蒜生产、加工、消费、库存、进出口等全产业链环节信息监测，实时发布大蒜市场供求变化及价格波动情况，引导蒜农、蒜商遵循市场规律，主动适应市场变化，适时、适价、分期、分批顺畅销售大蒜。

六、生姜 2016 年市场运行分析

我国是世界上生姜产量最多的国家，主产区包括山东、河北、辽宁、湖南、四川、贵州、广西、湖北等地，主要种植品种分为北方大姜和南方小黄姜。种植方式以露地栽培为主，设施栽培面积占 10%～15%，主要分布在山东产区。生姜是典型的一年生产、常年销售的农产品，一般于惊蛰后、清明前定植，随产地由北至南依次上市，辽宁、河北等地为 9 月中旬，山东及周边地区为 10 月中旬，南方产区则在立冬之后。相应地，全年生姜价格趋势会在当年新生姜上市前后表现出不同特点。作为小宗农产品，生姜市场容量小，农户分散库存量大，易引发跟风行为，诱发价格大幅波动，影响周期长，对姜农、贸易商、消费者均产生不利影响。

在 2014 年"姜你军"涨破历史高点之后，后三年生姜种植面积持续增加，年内均价持续低位徘徊。2016 年的情况是，全国生姜种植面积持续增加，单产略降，总产量小幅增加；受价格下降周期影响，老生姜年内均价持续低迷，虽然新生姜秋冬上市价格同比大幅上涨，市场整体仍处于低位运行。后市生姜整体生产规模缩减的可能性不大，而生姜价格继续保持整体低位运行的可能性较大；同时，价格波动的两个可能诱发点为，一是"双节"相对集中，新生姜价格在冬末春初继续坚挺，二是 3 月和 4 月种植季姜种需求旺盛，价格会小幅反弹，但其他时间价格回归低位，形成波动窄调局面（表 4-10）。

表 4-10　生姜供需平衡表

项目	单位	2016 年	2017 年
种植面积	万亩	349	383
单产	kg/亩	2688	2838
期初库存	万 t	716	816
产量	万 t	938	1087
总供给	万 t	1654	1903
总需求	万 t	1654	1903
消费量	万 t	784	933
种用消费量	万 t	139	153
加工消费量	万 t	131	163
食用消费量	万 t	380	400
损耗	万 t	132	217
出口量	万 t	54	72

项目	单位	2016 年	2017 年
期末库存	万 t	816	898
批发市场均价	元/kg	4.75	4.5

注：①总供给＝期初库存+产量，总需求＝消费量+出口量+期末库存，产量＝单产×种植面积，消费量＝种用消费量+加工消费量+食用消费量+损耗；②单产在充分考虑生姜不同产区品种的单产差异及提高潜力、科技发展趋势、主要限制条件等因素后做出估算，种植面积则充分考虑了生姜主产区及新型产区的发展等因素的影响；③生姜进口数量微小，本平衡表未计入；④出口量根据海关公布的 1～11 月数据，2016 年末市场形势以及由上年及历年当期情况估算的 12 月数据累计求得；⑤本平衡表中的年度周期为日历年份。

（一）2016 年生姜市场供需形势分析

2016 年，生姜种植面积稳中略增，供给充足，库存率补偿性增长，消费需求稳定，整体价格继续低位运行，新生姜价格低开高走，年末市场行情略有好转。

1. 种植面积稳中略增，局地减产对总产量增势影响不大

近年来，我国生姜种植稳定发展，常年种植面积 300 万亩左右，总产量 800 万 t 以上，其中北方主产区面积约占 35%，而产量占到 65%。根据调度数据，2016 年生姜种植面积继续增加，达 349 万亩，同比增长 8.0%；南方产区主要受夏季洪涝灾害影响，尤其是湖南、湖北、安徽等地，北方产区局地出现姜瘟，使得全国平均单产同比略降 5%，约 2692kg/亩；总产量持续增加，达 938 万 t，同比增长 2.6%。总体看来，2016 年开始，乃至随后两年，生姜市场供应总量仍然相对充足（图 4-8）。

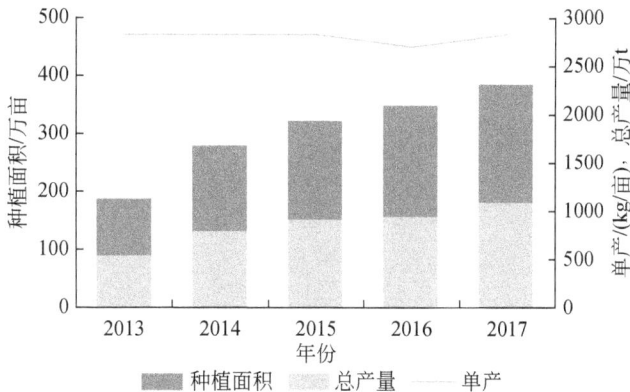

图 4-8　2013～2017 年生姜生产情况

2. 消费需求增幅有限，保持稳定发展

虽然生姜不是"当家菜"，但也是刚需，生姜的人均消费量很低，消费者对于价格的敏感程度远低于生产者，其涨跌对单个消费者的影响有限，在价格波动较大时，消费量可以保持相对稳定。但是近年整体经济下行，饮食业特别是饭店用量逐渐减少，成为影响消费的因素之一。此外，生姜制品虽然种类丰富，可用于制作姜油、姜粉、腌制食品等，但总体加工

消费比例并不高，约占当年产量的 10%～15%，即便近期价格低迷，但由于姜原料成本较低，对加工消费的带动作用并不明显。总的看来，生姜消费需求相对稳定，2016 年 1654 万 t，同比增长 8.4%，各类消费合计 838 万 t，其中食用消费 380 万 t，姜种消耗 139 万 t。

3. 出口持续稳定增长，但对国内行情带动作用有限

我国是重要的生姜出口国，出口地区包括中东、东南亚地区以及欧美、日本、韩国。2016 年各月姜出口量均呈现增加趋势。据海关监测数据显示，2016 年 1～11 月生姜累计出口量已达 48.97 万 t，较上年同期增加 12.73 万 t，同比涨幅 35%（2015 年全年出口量 40.8 万 t，估计全年出口量涨幅 33% 左右）。由于国内生姜价格与出口量价互为影响、互为制约，2016 年出口量同比增加，但出口价格却迟迟难涨。一方面，出口量占生产总量比例较低，约为 3%，对国内供需形势影响有限；另一方面，国外市场对中国生姜需求量占比较高多为发展中国家，对生姜质量和价格方面要求不高，带动国内价格上行的作用有限。

4. 期初库存紧张，期末库存明显增长

生姜贮存需要特殊环境条件，一般来说，生姜在 12℃、相对湿度 90% 的恒温高湿条件下，可以长期保存，超过 15℃ 就会发芽，低于 0℃ 会发生冻害。在正常情况下，鲜姜需要 2～3 个月的窖存才能够成为新生姜，在山东主产区几乎家家都有地窖，只要天气合适、储存妥当，可以在姜窖中存放两年以上，姜农可根据市场价格，择机出售，生姜入库年均比例约为当年新生姜产量的 85%。窖藏生姜一般可以维持 2～3 年，出库后也可长期保证质量，而冷库生姜存储期相对较短，出冷库后也不易保存。所以，大量生姜分散存储，其库存方面不易出现像大蒜那样因库存垄断而炒作价格的问题。由于 2014 年价格暴涨，市场行情好，生姜出货积极，加之 2015 年价格暴跌，市场普遍看跌，库存意愿降低，直接导致 2016 年期初库存量不足，期末库存意愿看涨，库存量 816 万 t，同比增长 14%。

5. 价格持续低位运行，新生姜价格低开高走

据农业部监测数据显示，2009～2012 年和 2013～2016 年基本可划分为两轮生姜周期，经历了平—暴涨—大跌—平的波动过程。2016 年国内生姜价格平多涨少，由于 2014 年之后生姜供应持续向好，整体均价为近三年（2014～2016 年）低位。截至 2016 年 12 月 26 日，批发市场均价 4.75 元/kg，较 2015 年下滑 2.11 元/kg，跌幅为 30.79%（图 4-9）。

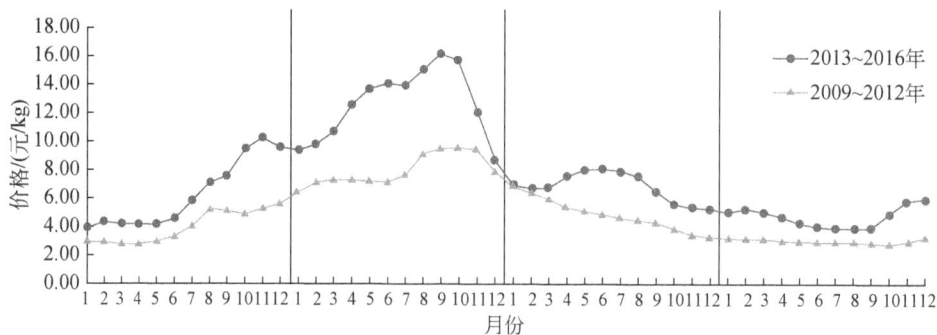

图 4-9　批发市场价格走势

生姜价格走势在新生姜上市前后呈现不同特点。老生姜交易阶段，交易均价 4.46 元/kg，同比跌幅为 39%，全年最低价为 3.64 元/kg，出现在 8 月 7 日。具体来看，2016 年年初生姜上市平稳，供应持续增加，价格稳中略降，往年姜价上涨的时期，如春节过后临近种植时期，姜种需求旺盛，又如农忙时节交易不活跃、市场短暂供应吃紧，在 2016 年都未出现，两个时期姜价均不涨反落，主要原因是 2016 年生姜供应面异常充足，而需求面持续低迷，且参市各方购销积极性均受打击，导致整个老生姜交易阶段的价格保持低位。新生姜上市之后，平均批发价格为 5.83 元/kg，比上年同期上涨 9%。具体来看，新黄姜上市之初，开秤价格并无优势，直到后续因积年库存吃紧和新老交替青黄不接的断口期出现，加之高种植成本下的连年低价使姜农惜售情绪见长，才逐渐抬升生姜市场行情。

（二）生产经营建议

1. 注意防范种植风险，不要盲目扩大种植面积

由于 2016 年末生姜价格涨幅较大，并在 2017 年初保持相对高位，可能会引起跟风种姜现象，导致后期姜价下跌，惜售的姜农将面临较大损失，需理性规划种植。同时，还需及时调节种植管理，降低不利气象条件和病虫害的影响，保障种植收益。

2. 重视库存损耗，注意有序出货

一方面，姜价走势多变，姜农出售时应认清并顺应大的趋势，使利益最大化，尤其是参市各方大都犹豫观望的时候，更应理性决策，分批出售，不可一味惜售。另一方面，2016 年生姜库存水分较大，要严防库存病害等损失，及时调整库存环境，注意通风，及时出货，尽量缩减损耗。

3. 规范农资使用，保障食品安全

近年来影响恶劣的"神农丹"事件、"假化肥"事件等对生姜生产打击极大，姜农损失惨重，也加剧了市场的不良波动，造成生姜价格暴涨暴跌，对生姜出口口碑也造成一定程度的损害，更是大幅提高了消费者对生姜食品安全问题的重视程度。2016 年底，农业部正式颁布实施了农药残留新国标，规定了 433 种农药在十三大类农产品中 4140 个残留限量，较 2014 版增加了 490 项，所以，尤其要注意生姜种植、加工和流通各个环节的食品安全问题。

七、马铃薯 2016 年市场运行分析

马铃薯作为重要食物资源之一，不仅在我国居民日常消费中占有重要地位，更在新时期农业结构调整和农民持续增收中有着重要作用。2016 年初，农业部发布了《关于推进马铃薯产业开发的指导意见》，明确了马铃薯产业在新时期国家粮食安全战略、农业供给侧结构性改革和农业发展方式转变中的作用、地位及其目标。

2016 年以来，我国马铃薯产业继续稳定发展，总的来看，全国种植面积稳中有增，局部产区受极端天气和疫病等影响大幅减产，总产量稳中略降；马铃薯消费需求潜力较大，消费结构略有变化；价格保持高位运行，呈明显的"N"形走势；马铃薯贸易顺差与马铃

薯淀粉贸易逆差同时存在，总体呈现双减少趋势。后市"镰刀弯"地区农业结构调整、加工主食化和精准扶贫战略将进一步增强马铃薯的生产供给能力（表4-11），而消费需求总体保持稳中略增态势；随着库存逐步消化，价格短期内仍将保持高位运行，在不出现严重自然灾害的情况下，后市价格大幅波动的可能性较大；随着"双反"政策到期，马铃薯淀粉国际贸易不确定性增大。与此同时，马铃薯供给增速远大于消费需求增速，价格波动风险不断积聚，局部地区、个别时段出现卖难的可能性有所增加；建议进一步密切关注市场行情变化，均衡上市、适时售薯，同时切勿盲目跟风种植，合理推进粮薯轮作。

表4-11　马铃薯供需平衡表

项目	单位	2014年	2015年	2016年	2017年
种植面积	万亩	8 360	8 277	8 526	8 696
总产量	万t	9 552	9 486	9 201	9 682
进口量	万t	36	48	33	30
期初库存	万t	2 095	1 928	1 936	2 103
总供给	万t	11 682	11 462	11 171	11 815
总需求	万t	11 682	11 462	11 171	11 815
食用消费量	万t	5 842	5 695	5 534	5 895
加工消费量	万t	865	854	736	823
种用消费量	万t	373	379	396	431
饲用消费量	万t	2 110	2 068	1 905	1 838
损耗	万t	478	455	427	445
其他用途	万t	22	22	21	24
出口量	万t	65	52	50	60
期末库存	万t	1 928	1 936	2 103	2 299

注：①总供给=期初库存+进口量+总产量，总需求=消费量+出口量+期末库存，消费量包括食用消费量、加工消费量、种用消费量、饲用消费量、损耗和其他用途；②产量预测在统筹考虑不同产区品种的单产差异及提高潜力、科技发展趋势、主要限制条件等影响因素后做出估算，种植面积则综合考虑主产区及新型产区等因素影响；③出口量根据海关公布的1~11月数据、2016年末市场形势以及由上年及历年当期情况估算的12月数据累计求得；④本平衡表中的年度周期为日历年份。

（一）2016年马铃薯市场形势回顾

1. 局部地区受灾严重，生产总体继续稳定发展

近年来，我国马铃薯生产快速发展，已初步形成了北方一作区、中原和南方二作区及西南一二季混作区的种植模式，覆盖我国大部分省区市，常年种植面积稳定在8500万亩左右，总产量保持在9000万t以上。

2016年，虽然个别地区受灾较重，但年内我国马铃薯生产总体继续保持稳定发展。从种植面积看，受农业结构调整和春季价格高位运行等因素影响，全国马铃薯种植积极性明显增加，加上"镰刀弯"地区种植结构调整和精准扶贫攻坚战略的加快推进，黑龙江、云南、贵州等地种植面积稳定增加，预计全国种植面积约 8526 万亩，同比增加 3.0%。随着脱毒种薯普及率和田间管理水平等的不断提高，马铃薯单产水平稳定提升，但 2016 年西北和东北主产区持续干旱天气、西南地区大范围晚疫病和南方秋冬作地区的低温冷害等的严重发生，致使全国平均单产有所下降。受此影响，预计全年马铃薯总产量约 9201 万 t，同比减少 3.0%。

2. 市场供给充足，消费结构稳中有变

从用途上看，马铃薯既可直接食用，也可作为原料，用于食品工业、医疗卫生等多个领域。但从消费情况看，我国马铃薯消费以食用为主，加工消费、种用消费和饲用消费等其他用途为辅。2016 年我国马铃薯市场供给总体充足，消费结构稳中有变。受宏观经济缓慢复苏、农民工返乡持续增加，加上北方主要加工产区原料供给量有所减少等因素影响，食用消费量略有减少，淀粉等加工消费量大幅下降，预计全年分别为 5534 万 t 和 736 万 t，同比分别减少 2.8% 和 13.8%；农户种植积极性增加拉动种用消费略有增加，预计全年消费量将达 396 万 t，同比增加约 4.3%；同时，饲用消费和损耗有所减少。

3. 价格高位运行，整体呈"N"形走势

2016 年我国马铃薯批发价格呈现先上升后下降再回升的"N"形走势，价格水平相对较高。从月度变化情况看，价格波动总体符合常年规律，即年初价格延续去年底的翘尾走势而继续上涨，春节后，受春季的"霸王级"倒春寒影响引起其他替代蔬菜供给短缺，马铃薯价格保持高位运行，于 5 月达到年度最高的 3.47 元/kg，同比上涨 53.3%；之后价格趋于回落，于 9 月回落至年内最低价位的 1.84 元/kg；10 月起，北方秋季马铃薯陆续上市，但甘肃等地夏季经历了近 60 年来最严重的持续高温天气，宁夏、内蒙古、黑龙江及西南地区也不同程度受灾，市场供给相对紧缺，推动马铃薯价格连续三个月回升，12 月平均价格为 2.35 元/kg，环比涨 7.9%，同比涨 15.2%。从年度价格变化情况看，2016 年马铃薯年平均价格为 2.40 元/kg，同比上涨 13.2%，是近五年第二高的水平（图 4-10）。

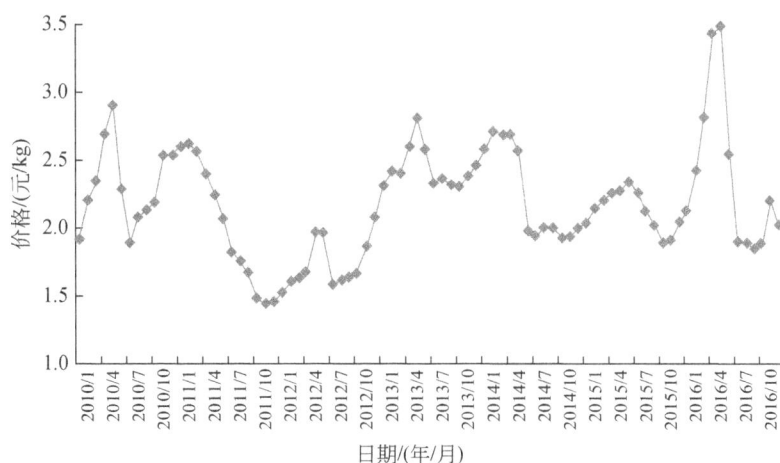

图 4-10 近年我国马铃薯价格走势图

数据来源：农业农村部全国农产品批发市场价格信息系统

4. 国际贸易顺差与逆差同时存在

受国内马铃薯价格相对较高等影响，2016 年马铃薯出口动力不足，出口量有所减少，出口额基本持平；同时，随着脱毒种薯普及率、种植技术和加工水平的不断提高，我国马铃薯及薯条等加工品品质持续提高，马铃薯进口有所减少。据海关数据，1～11 月全国累计出口量 39.60 万 t，同比减少 4.3%，出口额 2.38 亿美元，同比增加 0.6%；进口量 13.61 万 t，同比减少 2.0%，进口额 1.65 亿美元，同比减少 3.7%；贸易顺差 0.73 亿美元，同比增加 10.3%。同期，全国累计出口马铃薯淀粉 524.91t，出口额 58.86 万美元，同比分别减少 15.3%、17.7%；进口 3.72 万 t，进口额 0.28 亿美元，同比分别减少 38.6%、35.1%；贸易逆差为 2715.74 万美元，同比减少 35.4%。预计全年出口量约 50 万 t，同比减少 4.2%，进口量约 33 万 t，同比减少 31.5%（图 4-11、图 4-12）。

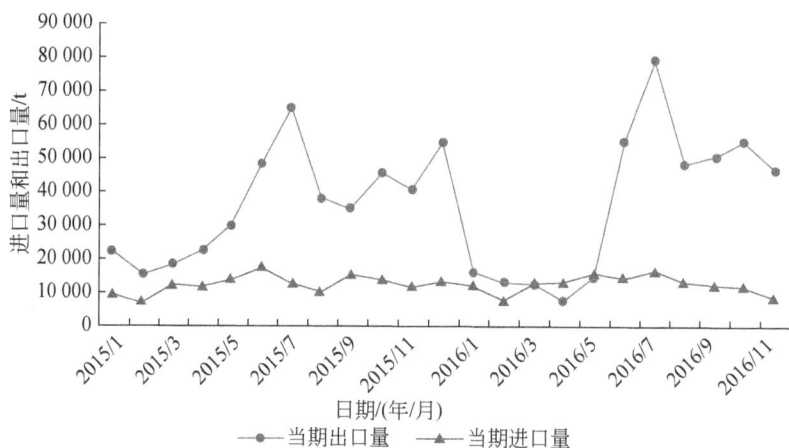

图 4-11　我国马铃薯进出口情况

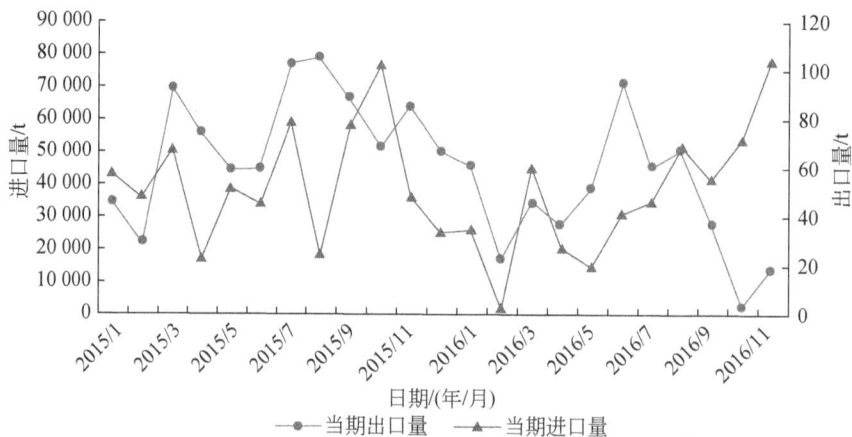

图 4-12　我国马铃薯淀粉进出口情况

（二）风险提示与相关建议

1. 后市马铃薯集中销售风险凸显

随着马铃薯市场需求的释放，加上 2017 年元旦、春节效应及其他蔬菜替代消费减少，短期内价格仍将继续缓慢回升；但市场普遍认为由于 2016 年灾害严重，商品马铃薯减少、货源不足，后期价格上涨预期增强，生产者和经销商囤货入库及惜售意愿较强，库存维持较高水平，而随着 2017 年春季马铃薯存储条件变化，集中销售可能性增大，价格也可能出现大幅震荡的情况。建议密切关注市场动态，均衡上市、适时售出，防止大量集中上市引起市场大幅波动和滞销卖难等现象再次发生。

2. 马铃薯供需失衡的风险日趋加大

2015 年以来，国家大力推进马铃薯加工主食化战略，并先后在北京、河北、甘肃等 10 个省区开展试点，大力推动了当地马铃薯生产发展；而马铃薯依然成为"镰刀弯"地区农业结构性调整和西部地区精准扶贫战略的不二选择，预计未来我国马铃薯生产面积将大幅增加，同时加上脱毒种薯普及率持续提高、灌溉等水肥条件和冷库冷链的基础设施不断完善，马铃薯生产能力大幅增强，市场供给将大幅增加，但消费增速相对缓慢，市场供需平衡状态被打破的可能性增大，价格大幅波动的风险凸显。建议农业结构调整中，有序推进粮薯轮作，引导农户合理布局、切勿盲目跟风种植，既可促进地力恢复和疫病防控，又可减缓市场波动。

|第五章| 我国蔬菜市场 2017 年上半年运行形势分析[①]

受 2016 年春节期间菜价高位运行影响，2017 年蔬菜春季种植面积扩大，加之上半年全国大部分农区气温偏高，光照正常，墒情适宜，利于作物播种、生长，蔬菜单产水平提高，市场供给总体较为宽松，价格同比明显下跌。后市蔬菜供给仍较为充足，菜价将季节性上涨，市场运行总体保持平稳，但仍需密切关注天气变化，有效应对北方旱情，防范夏秋季节强降雨、台风等天气影响，避免部分地区、个别品种出现市场异动。

第一节　2017 年上半年蔬菜市场形势

一、蔬菜市场价格同比明显下跌，低于常年同期水平

2017 年上半年，全国蔬菜市场价格总体低位运行。农业部重点监测的 28 种蔬菜平均批发价格为 3.77 元/kg，同比跌 15.8%，较 2014 年、2015 年同期价格分别下跌 1.0% 和 1.9%（图 5-1）。从月度价格走势看，1~6 月蔬菜批发市场价格呈连续下跌态势。1 月受"双节"消费拉动影响，蔬菜市场价格处于较高水平，为 4.42 元/kg。春节过后节日效应

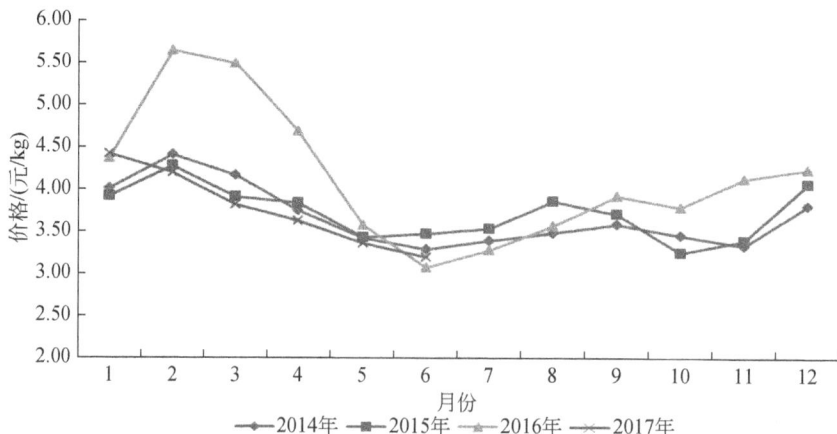

图 5-1　28 种蔬菜平均批发价格
数据来源：农业部农产品批发市场价格信息系统

---

① 本章内容完成于 2017 年 7 月。

消退，需求回归正常；天气逐渐转暖，蔬菜生长速度加快，供给不断增加，批发市场价格开始季节性回落，环比 5 个月连续下跌，同比则出现大幅下跌，2~4 月批发市场价格同比下跌均超过 20%，3 月价格同比下跌一度达到 30.6%。

二、品种间价格表现差异较大，个别品种出现滞销卖难

分种类看，2017 年上半年根类菜、叶类菜、花类菜和果类菜价格下跌明显，同比分别下跌 25.5%、31.8%、31.5% 和 17.7%；茎类菜、菌类菜价格不同程度上涨，茎类菜价格小幅上涨 0.4%，菌类菜价格小幅上涨 5.2%。重点监测的 28 种蔬菜中，大葱价格同比下跌超过 50%；冬瓜价格同比下跌超过 40%；菜花、葱头、莴笋、洋白菜、油菜价格同比下跌超过 30%；菠菜、大白菜、胡萝卜、莲藕、南瓜、茄子、芹菜价格同比下跌超过 20%。由于多种蔬菜价格持续走低，大幅下跌，个别品种出现滞销卖难现象。云南嵩明的油麦菜、意大利生菜、黄白菜、上海青，河南新野和山东章丘的大葱，广西横县的大白菜，河南杞县、山东金乡等地蒜薹等因价格过低，部分农户弃收。

三、1~5 月蔬菜出口量额同增，贸易顺差扩大

1~5 月，我国蔬菜出口量额同比均有所增长，进口量减少，进口额增加，贸易顺差扩大，进出口形势较好。据海关统计，1~5 月累计，我国蔬菜出口总量为 375.34 万 t，同比增长 3.8%，出口额 58.92 亿美元，同比增长 6.4%（表 5-1）；进口蔬菜 9.21 万 t，进口额 1.94 亿美元，同比分别减少 14.4%、增长 4.2%；贸易顺差为 56.97 亿美元，同比增长 6.5%（表 5-2）。其中，鲜冷冻蔬菜出口 228.39 万 t，同比增长 11.5%，出口额为 24.19 亿美元，同比增长 11.7%；鲜冷冻蔬菜进口 1.67 万 t，进口额 0.16 亿美元，同比分别减少 13.4%、增长 7.5%；鲜冷冻蔬菜贸易顺差 24.03 亿美元，同比增长 11.7%。加工保藏蔬菜出口 124.52 万 t，同比减少 6.5%，出口额为 17.50 亿美元，同比减少 2.5%；加工保藏蔬菜进口 6.26 万 t，进口额为 0.81 亿美元，同比分别减少 16.7%、14.3%；加工保藏蔬菜贸易顺差为 16.69 亿美元，同比减少 1.8%。出口干蔬菜 22.23 万 t，同比减少 3.5%，出口额为 16.80 亿美元，同比增长 9.8%；进口干蔬菜 0.49 万 t，进口额为 0.18 亿美元，同比分别增长 34.9%、减少 20.1%；干蔬菜贸易顺差 16.62 亿美元，同比增长 10.2%。

表 5-1 2017 年 1~5 月蔬菜出口量值情况

项目	2017 年 1~5 月		2016 年 1~5 月		同比增长/%	
	数量/万 t	金额/亿美元	数量/万 t	金额/亿美元	数量	金额
鲜冷冻蔬菜	228.39	24.19	204.84	21.65	11.5	11.7
加工保藏蔬菜	124.52	17.50	133.11	17.94	-6.5	-2.5
干蔬菜	22.23	16.80	23.03	15.30	-3.5	9.8

项目	2017 年 1~5 月		2016 年 1~5 月		同比增长/%	
	数量/万 t	金额/亿美元	数量/万 t	金额/亿美元	数量	金额
其他	0.20	0.43	0.48	0.47	−58.3	−8.5
合计	375.34	58.92	361.46	55.36	3.8	6.4

注：数据来源于农业部。

表 5-2　2017 年 1~5 月蔬菜进口量值情况

项目	2017 年 1~5 月		2016 年 1~5 月		同比增长/%	
	数量/万 t	金额/亿美元	数量/万 t	金额/亿美元	数量	金额
鲜冷冻蔬菜	1.67	0.16	1.93	0.15	−13.4	7.5
加工保藏蔬菜	6.26	0.81	7.51	0.94	−16.7	−14.3
干蔬菜	0.49	0.18	0.36	0.22	34.9	−20.1
其他	0.79	0.79	0.96	0.56	−17.7	29.1
合计	9.21	1.94	10.76	1.87	−14.4	4.2

注：数据来源于农业部。

第二节　后市分析及政策建议

一、后市分析

据农业部监测，2017 年 4 月底 580 个蔬菜重点县信息监测点在田面积 140.29 万亩，同比增长 2.1%。据蔬菜价格运行规律来看，常年价格大体呈 "V" 形季节性波动。1~2 月春节期间，蔬菜价格较高，之后开始季节性回落，6 月降至最低点，然后逐渐回升。2017 年蔬菜价格走势也保持了该规律，6 月下旬，价格开始回升。根据中央气象台监测，4 月至 5 月中旬我国东北地区西部、内蒙古东部和华北东北部降水量偏少 5 成以上，出现旱情。据不完全统计，内蒙古、辽宁及河北三省区农作物因旱受灾面积近 60 万 hm²。南方部分农区遭受洪涝灾害，湖北、湖南、重庆、四川、贵州、云南、广东、广西等地部分地区出现暴雨洪涝灾害，造成部分农田被淹，3.34 万 hm² 作物受灾。未来受异常天气影响，局部地区存在出现价格异常波动的可能性，须加强对强降雨、台风等异常天气的监测预报。

综合以上因素，后市蔬菜供给仍将较为充足，价格将稳中趋涨，但仍处于低位运行，同比跌幅在 15% 以内。

二、值得关注的问题

（一）种植热情持续上涨，滞销卖难时有发生

菜农种植行为是由 "上期" 蔬菜价格决定的，若 "上期" 价格居高不下，菜农 "下

期"将扩大种植面积，反之亦然。2016 年初多种蔬菜价格高涨，引起去冬今春蔬菜种植面积普遍扩大，加之天气偏暖，许多蔬菜单产提高，市场供给增加，导致价格下跌。根据农业部蔬菜生产信息网监测，1～4 月 580 个蔬菜重点县信息监测点月底蔬菜在田面积分别为 95.25 万亩、99.11 万亩、118.95 万亩和 140.29 万亩，同比分别增长 3.1%、0%、4.0% 和 2.1%。蔬菜总产量 364.8 万 t，同比增长 1.4%。大白菜、蕹菜、芥菜、姜、丝瓜、南瓜、苦瓜等蔬菜产量同比增长 15% 以上，普通白菜、结球甘蓝、花椰菜、菠菜、大葱、芋、莴苣等蔬菜产量同比增长 5% 以上。市场供给普遍增加，引起多种蔬菜价格显著下跌。据杞县大蒜行业联合会统计，2017 年全国蒜薹收获面积约 570 万亩，同比增长 20%，造成蒜薹价格大幅下跌，河南杞县、山东金乡等地出现扔弃现象。

（二）低端蔬菜供应过剩，中高端菜品供应不足

从蔬菜销售状态看，低价运行、滞销卖难的都是品质低、产量大的蔬菜品种，高品质的仍然处于高价运行，供不应求状态。2017 年云南省玉溪、红河等地洋葱亩产达 5t，上年仅为 3.5～4t，同比增长 20% 以上；杞县蒜薹亩产 500kg，金乡蒜薹亩产 600kg，同比增长 20% 以上；安丘大葱、生姜亩产均达 5000～6000kg，同比增长 30%，上述地区品种均出现供应过剩现象，价格一路走低。据调查，以上地区洋葱、蒜薹等蔬菜均为较低等级的品种，市场竞争力低。总的来说，我国蔬菜市场总体处于低端菜供应过剩、滞销卖难情况时有发生，中高端菜供应不足长期存在，无法满足不同层次消费者的需求，使得菜农增产不增收。

（三）上市时间易重叠交叉或脱节断档

在大市场、大流通背景下，我国蔬菜上市已形成相对稳定的产地转化规律，呈现按纬度供给的特征。但受天气等因素影响，产地转换时常出现重叠交叉或脱节断档。一般在春夏之交，若天气偏暖，各地蔬菜上市往往提前，上市节奏加快，易交叉重叠，价格下跌；若天气偏冷，各地上市往往推迟，上市节奏延缓，易脱节断档，价格上涨。以北京市场为例，北京春季蔬菜供应大体由南向北转换，2017 年产地衔接重叠现象比较普遍，大白菜、芹菜、黄瓜等多种蔬菜都出现了上市交叉现象，常常是前一个产地的蔬菜还没有退市，后一个产地的蔬菜就要上市，导致价格徘徊在近几年同期的低位。

三、有关政策建议

（一）优化品种结构，发展特色蔬菜

蔬菜种植存在大路货品种多、盲目跟风种植、竞争力不强、抗风险能力弱、中高端供给不足等情况，迫切需要加快优化蔬菜品种结构，发展特色蔬菜生产。一是优化品种结构。充分利用品种之间的替代效应和互补效应，在实现蔬菜总供给与总需求基本平衡的前提下，优化品种布局，推动品种维度上的产销匹配。二是优化品质结构。以市场需求为导向，各地区调整优化蔬菜品质结构，优先发展优质蔬菜、特色蔬菜和精细蔬菜，弥补中高

端市场供给不足，满足不同层次消费需求。三是优化区域结构。通过国家层面主产区建设的引导，各地区应因地制宜，科学规划，采用农业招商等形式，并开展标准化、无害化生产，建设区域特色蔬菜，实现蔬菜品种在空间上的合理布局，把握好上市节奏，推动蔬菜产业持续、健康发展。

（二）加强信息监测预警，积极引导蔬菜生产

充分提高规模化种植水平，提高市场竞争力；运用现代信息技术，采集发布蔬菜产销形式；加强社会化信息服务中介建设，提升信息服务效能。一是提高规模化种植水平。通过合作社、协会等多种形式，逐步改变蔬菜种植"小、散"局面，通过种植主体自身壮大来应对市场挑战。二是加强信息监测发布。各级部门强化蔬菜市场信息分析预警工作，探索利用"互联网+"等技术，构建覆盖各区域、各环节，实时反映供需变化的蔬菜产销大数据仓库，并做好市场形势预测与解读，及时发布蔬菜生产与消费信息，发挥信息对生产的引导作用。三是加强社会化信息服务中介。依靠市场力量，以市场化运作的方式，通过信息服务中介等形式实施信息服务，弥补当前政府等相关部门信息发布的不足，提升信息服务效能。

（三）完善扶持措施，构建风险分担机制

蔬菜价格波动是蔬菜供求规律的集中体现，实现菜价合理波动必须统筹兼顾、多措并举，其中蔬菜调控目录建设及蔬菜价格保险设立等政策措施需要加快实施。一是积极开展蔬菜调控目录制度建设。进一步推进蔬菜调控目录制度试点工作，科学选定蔬菜调控目录品种，明确目录品种价格波动警情，针对不同波动强度，各地设计建立起适宜政策工具组合，并构建触发响应机制，确保及时对蔬菜价格不正常波动进行调控。二是加快蔬菜价格保险、基金等的设立。各地针对本地实际情况，选择蔬菜价格保险、价格基金等适宜的政策措施，逐步建立国家、地方、企业、农户等多方共担的风险分散机制，并逐步扩大保险覆盖蔬菜品种和试点范围，防止蔬菜价格下跌损害菜农收益，影响种植行为，导致菜价"高了高了、低了低了"频繁、反复发生。

第六章 | 我国蔬菜市场 2018 年运行形势分析[①]

2018 年，随着乡村振兴战略全面实施，农业供给侧结构性改革进入关键期。在深入推进种植业结构调整的进程中，蔬菜产业因比较收益相对较高，成为各地推动扶贫攻坚和"产业兴旺"的重要抓手。总体来看，2018 年我国蔬菜市场价格运行总体平稳，价格波动符合常年季节性波动规律，但受夏季不利天气影响，秋冬蔬菜价格上涨期出现逆势大幅下行，冬季"翘尾"区间出现明显推迟。后市蔬菜市场整体运行平稳，蔬菜生产结构进一步优化，市场供应宽松的局面仍将保持，整体价格水平或稳中有降，但部分秋冬价格反季节性波动规律大跌的品种，后市存在大幅上涨的风险，需要密切关注。

第一节 2018 年我国蔬菜价格波动特征

2018 年我国蔬菜市场运行整体平稳，价格波动符合"V"形季节性规律（李崇光和包玉泽，2012），但秋冬出现逆势下行，"翘尾"推迟，上涨乏力。2018 年农业农村部重点监测的 28 种蔬菜全国年均批发价为 3.93 元/kg，同比上涨 5.1%，较近 5 年平均水平上涨 2.3%。

从月度走势来看（图 6-1），2018 年 1~2 月，受 2017 年蔬菜整体低价及"双节"消费拉动，蔬菜市场价格由较低水平大幅升至全年高点，2 月平均菜价 4.88 元/kg，较近 5 年同期均价上涨 3.0%；之后随天气逐渐转暖，蔬菜价格呈现季节性回落态势，环比连续

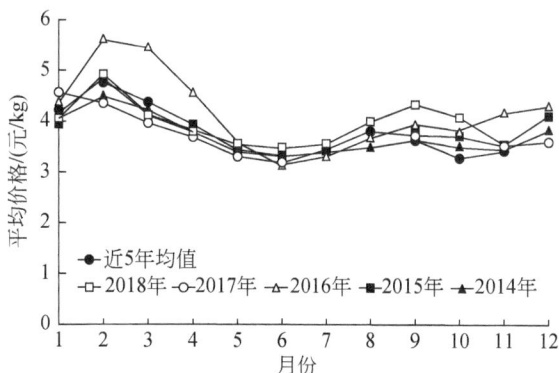

图 6-1　2014~2018 年我国蔬菜价格走势

数据来源：农业农村部信息中心

[①] 本章内容完成于 2018 年 12 月。

下跌，同比保持高位；入夏以后，受全国大范围高温多雨和台风、强降水等不利天气因素影响，蔬菜价格较常年偏高，连续5个月创近10年同期新高，成为2018年蔬菜产业市场价格运行的最大特点，其中9月蔬菜价格达全年次高。

一般来讲，秋冬蔬菜价格在短期小幅回落后将继续保持高位，然而2018年10月中下旬蔬菜价格回落速度骤然加快，至11月中下旬补偿性下行至近年较低水平，下跌持续时间长、下跌幅度大，呈现明显的反季节波动现象，成为2018年蔬菜产业市场价格运行的另一特点，11月平均菜价为3.52元/kg，环比下跌13.5%，跌幅较10月扩大了7.9个百分点，同比基本持平，比2016年下跌15.7%，比近5年同期均价下跌1.7%，除冬瓜、南瓜和韭菜等少数品种价格环比上涨外，各大类蔬菜价格均不同程度下跌，叶类菜和花类菜平均跌幅超过20%，根类菜和果类菜平均跌幅超过10%，菌类菜、茎类菜平均跌幅较小，分别为8.6%、5.9%；冬季上涨期相应推迟，且上涨空间有限。

第二节　2018年我国蔬菜市场波动分析

一、生产供应总体充足，不利天气引发逆势波动

（一）蔬菜生产规模稳定增长，并逐步向优势产区集中

2018年我国蔬菜生产规模稳定增长，市场供应充足。据农业农村部种植业司统计，2008~2017年我国蔬菜播种面积从1787.62万hm²（2.68亿亩）上升到2316.32万hm²（3.47亿亩），年均增速为2.9%；蔬菜总产量从5.92亿t上升到8.17亿t，年均增速为3.6%。我国蔬菜播种面积和产量连续多年居世界首位。

近年来，我国蔬菜生产逐步向优势产区集中，特别是华南与西南热区冬春蔬菜、长江流域冬春蔬菜、黄土高原夏秋蔬菜、云贵高原夏秋蔬菜、北部高纬度夏秋蔬菜、黄淮海与环渤海设施蔬菜等六大传统优势区域集中度进一步增强；蔬菜生产的安全性、生态性、标准化、规模化、设施化、集约化和品牌化水平进一步提高，生产能力进一步增强。据预测，未来10年我国蔬菜面积趋于稳定，产量增长逐步趋缓，蔬菜生产在一段时期内将保持平衡宽松状态（农业农村部市场预警专家委员会，2018）。

（二）蔬菜价格前期高位运行，后期逆势下跌

在蔬菜产能整体增加、供应充足的情况下，2018年蔬菜市场运行出现的逆势波动，主要是由天气引发的一系列影响，体现在以下两个方面。

1. 前期高价运行，刺激种植面积扩大

2018年春末夏初，全国多地出现持续高温多雨天气，部分主产区遭遇洪涝、地质灾害，对蔬菜生长、采摘和运输的影响比往年大，蔬菜价格处于高位运行态势。5月，28种蔬菜平均批发价格为3.54元/kg，是10年来仅次于2016年的同期历史高价；6月，虽然

季节性下跌，但 3.46 元/kg 的价格创 10 年来同期新高；7 月菜价开始季节性回升，8 月山东潍坊等蔬菜主产区遭受历史罕见的台风及暴雨洪涝灾害，蔬菜生产和流通受到一定影响，导致三季度蔬菜价格高位上涨。

在前期菜价较长时间处于较高价位的驱动下，菜农生产积极性普遍提高，再加上一些地方加大蔬菜生产支持力度，进一步激发了菜农种菜热情，蔬菜种植面积增加较多。全国"北运菜"生产大市广东省湛江市，北运主要品种辣椒 2018 年种植面积明显增加，据广东省农业信息监测体系数据，徐闻、雷州、遂溪、廉江 4 县（市、区）辣椒总种植面积达 3.4 万 hm^2，其中徐闻 0.7 万 hm^2，同比增加 3.1%；雷州 1.1 万 hm^2，同比增加 10.0%；遂溪 1.3 万 hm^2，同比增加 3.2%；廉江 0.4 万 hm^2，同比基本持平。据 10 月底 580 个蔬菜重点县信息监测点数据，青花菜、南瓜、冬瓜、花椰菜、洋葱、扁豆等蔬菜在田面积同比增加 15% 左右。

2. 入秋以后天气较好，提升了蔬菜单产水平，利于集中上市

入秋之后，天气状况总体向好，光热条件充足，没有发生大面积的自然灾害，整体有利于蔬菜生产、上市和跨区域流通。据中央气象台监测，2018 年 11 月全国大部分地区气温接近常年同期或偏高，其中长江以北大部分地区较常年同期偏高 1~4℃，仅新疆北部、四川和云南局部地区偏低 1~2℃，未出现明显异常天气情况，水热条件匹配良好，土壤墒情适宜，大幅度提高了蔬菜单产。

广东省监测数据显示，我国冬季蔬菜供应主产地广东粤西地区，以北运辣椒闻名的遂溪县 2018 年辣椒产量约 50 万 t，单产同比增加 35% 以上。同时，夏季高温强降雨推迟种植的秋季蔬菜在 11 月集中上市，比往年晚 1 个月左右，与部分提前上市的冬季蔬菜叠加，短期内增加了蔬菜市场供应量，加剧了价格下跌。

二、消费需求稳中略涨，产销对接更加活跃

（一）蔬菜消费数量呈现上升态势

近年来，由于农产品供给侧结构性改革、扶贫攻坚战推进以及乡村振兴战略实施，蔬菜生产供应量明显增加，其增加量远大于弹性较小的蔬菜需求增加量，所以蔬菜市场价格运行依然表现为供应宽松、价格低迷。

蔬菜在城乡居民饮食结构中占重要位置，是人体膳食纤维、维生素和矿物质等营养物质的重要来源，蔬菜消费量和消费种类的增长是人民生活水平提升的重要标志之一。根据《中国居民膳食指南（2016 版）》，正常成年人每人每天蔬菜推荐摄入量为 300~500g；《中国居民营养与慢性病状况报告（2015 年）》显示，我国居民钙、铁、维生素 A、维生素 D 等部分营养元素缺乏依然存在。食物营养领域的许多专家呼吁公众增加果蔬摄入，做到每人每天食用"半斤水果一斤菜"；各种水果和蔬菜的营养价值各有特点，不能互相替代，必须讲求种类搭配多样化、不宜太单一。基于消费引导和健康追求，城乡居民更加注重蔬菜、水果摄入量的增加，以及膳食结构的优化，由此在一定程度上推动了 2018 年蔬

菜消费数量的稳步上升。

蔬菜种类多、分布广，市场供给基本实现"大生产、大流通"格局（吴建寨等，2015；罗玲等，2017），需求整体呈现稳定发展态势。2018年随着乡村振兴战略全面提速，蔬菜生产与产业加速升级，同时推动农村生活水平的提升，进而拉动蔬菜消费。Oliver Wyman 管理咨询公司2018年发布《果蔬分销的变数》报告，预测了未来20年水果和蔬菜市场的发展趋势，报告认为快速崛起的中产阶层对健康食品的需求带动了果蔬消费，预计亚太、中东和非洲市场的消费份额将从2015年的60%增长到2030年的70%（Oliver，2018）。

（二）蔬菜销售路径日趋多元化，消费结构不断优化

电子商务与现代物流的快速发展，逐渐改变着不同人群，尤其是城市消费者的消费偏好，推动了蔬菜品种间互相替代、主流品类更替、商品形式升级，引起消费结构变化，进而改变消费格局。以上海市为例，随着经济社会的快速发展，新型蔬菜营销模式不断涌现，如"中央厨房""电子商务""生鲜超市"等销售模式发挥的作用越来越大，爆发出的活力越来越强（孙占刚，2018）。

以电子商务为代表的新兴蔬菜销售经营模式，虽然抬高了终端价格，但是能够满足不同消费人群的需要，可以增加城乡居民消费路径选择，以及对稀、特、优蔬菜品种的需求。从2018年浙江、上海的调研来看，蔬菜市场流通体系不断完善，新型农业经营主体作用明显，传统与新型流通业态融合促进，蔬菜流通基础设施持续改善，各部门多措并举全力推进（孔繁涛等，2018），有力地推进蔬菜产销对接，满足了蔬菜需求多样化、结构持续优化的需要。

鲜食消费是我国蔬菜消费的主要部分，占蔬菜消费总量的40%以上，外出就餐支出比重和净菜消费需求逐步提升，促进蔬菜鲜食消费需求整体向质量型转变，并推进了蔬菜初加工业发展，安全、优质、方便成为重要考量，消费结构多元化、多样化、营养化和保健化特征明显（吴建寨等，2018）。

蔬菜产后损耗仍然处于较高水平，自损率约35.3%，自损是指蔬菜从田头到最终购买阶段因收获、分拣、贮藏、运输、销售环节形成的弃收、失水、腐烂等蔬菜产品特有的损失，主要受采收处理不及时、贮运设施不完善、冷链物流不健全等影响，导致在采收、预处理、加工、贮藏、流通、销售等环节损耗较大。

（三）蔬菜产销对接活动日益活跃

多年来，蔬菜市场供给始终陷入"多了多了、少了少了"的怪圈，要么菜贱伤农，丰产不丰收；要么菜价高企，消费者难以承受，蔬菜市场供给与需求的尖锐矛盾不时显现。

针对供需不匹配和产销脱节问题，2013～2017年中央一号文件连续5年对构建公益性农产品市场体系、加强农产品产地市场建设提出明确要求；2014年2月出台《商务部等13部门关于进一步加强农产品市场体系建设的指导意见》，提出"在我国优势农产品产业带和集中生产基地，规划建设一批全国性、区域性和农村田头等产地市场"。2015年6月

农业部（现农业农村部）正式发布了《全国农产品产地市场发展纲要》，明确提出了建设全国性、区域性和田头三级农产品产地市场体系，为田头市场建设提供良好氛围。

2018 年中国农产品市场协会组织举办了 7 场产销对接活动，开展了 20 余场品牌推介活动，近 3000 名经销商、采购商参与对接采购，现场签约金额超过 190 亿元，有效推进了初级农产品的商品化转变，对提升田头加工率和降低自损率起到十分积极的作用。

此外，国家全面加强生态环境保护，进入污染防治攻坚期，对农产品初加工、深加工企业也产生了一定影响，如蔬菜加工过程中的清洗、腌制等环节产生的废物、废水受到严格控制，不达标则不能进行生产，企业开工率不足，虽然影响短期加工需求，但从长期来看，促进产业链下游行业整体升级，将进一步促进加工消费的增长。

三、进出口量增长明显，中美贸易摩擦后续影响尚不明朗

2015 年以来，蔬菜贸易顺差超过水产品，成为我国第一大出口优势农产品，蔬菜出口额占我国农产品出口总额的 20% 左右（孔繁涛等，2016）。蔬菜进口规模相对较低，进口额占农产品进口总额的 0.5% 左右，除辣椒、马铃薯（加工）和蔬菜种子等个别品类外，进口蔬菜对国内大市场局势影响有限。2018 年 1 ~ 10 月，我国蔬菜出口量累计 902.04 万 t，同比增加 3.3%，出口额 124.19 亿美元，同比减少 0.6%；蔬菜进口量累计 40.71 万 t，同比增加 105.0%，进口额 6.61 亿美元，同比增加 53.1%（图 6-2、图 6-3）。

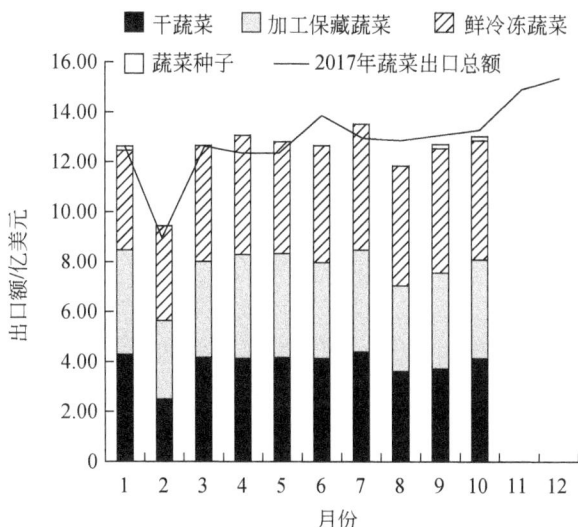

图 6-2　2018 年 1 ~ 10 月我国蔬菜出口额变化趋势

数据来源：中国海关

2012 ~ 2017 年我国蔬菜贸易额持续上升，贸易顺差持续扩大（王新华等，2018）；2018 年 1 ~ 10 月累计，贸易顺差 117.58 亿美元，同比减少 2.5%，预计 2018 年蔬菜贸易顺差将出现 2012 年以来第一次缩减，主要是优势品种出口偏弱和特色品种进口"抢跑"

两方面共同作用的结果。

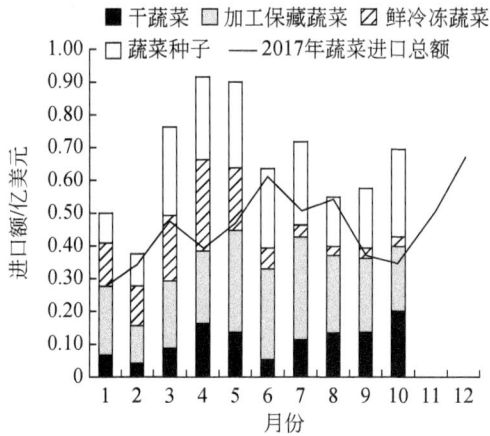

图 6-3 2018 年 1～10 月我国蔬菜进口额变化趋势

数据来源：中国海关

（一）出口品种格局基本不变，优势品种出口偏弱

我国蔬菜出口优势品种包括蘑菇、大蒜、木耳、番茄、辣椒、生姜、洋葱、胡萝卜及萝卜等。出口额前 10 位之和占 1～10 月蔬菜出口总额的比重约为 60%，前 2 位（蘑菇和大蒜）占比超过 30%。其中，蘑菇及其初级产品（干、加工）为出口额增长的主要动力，占蔬菜总出口额的 22.3%，同比增加 21.0%；2018 年大蒜供给十分宽松，国内市场价格一直低迷，并受国际贸易局势走低的影响，出口弱行，且出口以低价产品为主，1～10 月大蒜出口量同比减少 5.8%，出口额同比减少 58.0%。其他优势品种出口量涨跌互现、出口额同比整体略有上涨，但尚不能改变 2018 年传统优势品种出口整体偏弱的格局。

（二）进口"抢跑"增长明显

我国蔬菜进口规模较大的品类为蔬菜种子，其次为马铃薯、辣椒、甜玉米、胡椒和豌豆等，整体规模不大，主要用途是种用、特色品种调节和加工。2018 年，受国际经贸形势变化影响，蔬菜进口呈现明显的"抢跑"特点，贸易商备货、赶货意愿高涨，进口月度高峰前移约 2 个月，进口总量倍增。其中贸易形势变化最为突出的品种为辣椒，2018 年 1～10 月累计进口额达 2017 年全年进口额的 3 倍，进口月度高峰集中在上半年。因为印度辣椒辣度高、成本低廉，从 2017 年开始我国辣椒进口量便大幅增加，进口总量较 2016 年增加 19 倍、进口总额增加 8 倍，而 2018 年还出现大量印度辣椒通过转口越南进入我国的情况，对国内干辣椒市场形成一定冲击。

（三）中美贸易摩擦后续影响尚不明朗

2018 年（截至 10 月）中国蔬菜对美贸易额占贸易总额的 7.4%，较近 5 年同期平均占比高 1 个百分点，符合预期，中美贸易摩擦对蔬菜相关上下游产业的影响和后续变化仍不明朗。直观来看，对美优势出口品种如大蒜贸易规模明显缩减，1 ~ 10 月累计对美出口量同比减少 36.5%，出口额占对美蔬菜出口总额的比例由 2017 年的 47.0% 降至 10.0%，出口额从 2017 年的 3.63 亿美元降至 0.84 亿美元，同比下降 76.9%。

第三节　后市分析及政策建议

一、以问题为导向，及时有效应对

针对我国蔬菜市场波动频繁，天气因素影响明显的阶段性发展特点，短期的应对之策如下。

1. 加强监测预警

加强农业部门与气象部门的沟通会商，及时发布气象预警信息，明确防范重点；通过发布会、网站、微信等方式，适时发布蔬菜产销和价格信息，并组织专家解读，稳定市场预期。

2. 通过行政手段做好部署安排

通过行政要求，提高各地对两节期间蔬菜市场供应保障的重视，督促 36 个重点城市落实好"菜篮子"市长负责制，引导菜农合理安排蔬菜冬季生产，细化灾害性天气应急预案和应对措施，鼓励企业积极备货，防止出现重要蔬菜品种脱销断档或价格暴涨暴跌。

3. 大力开展产销对接服务

需要农业农村部会同国家发展和改革委员会、商务部等部门一起，密切跟踪蔬菜市场供求和价格变动情况，采取信息引导、产销对接措施，切实保障元旦、春节期间蔬菜供应和市场平稳运行。及时准确发布农产品供需信息，优化产销信息撮合，引导农民生产适销对路的产品。组织、举办各种形式的农产品展销推介活动，利用展会、交易会推动农产品营销促销。

4. 创新农产品流通方式

各地农业部门应做好蔬菜冬季田间管理、灾害性天气应对等技术指导和服务，组织开展全国性蔬菜产销对接活动，促进各主产区蔬菜生产基本稳定、上市均衡有序，根据市场情况及时投放冬贮蔬菜，有效保障节日供应。开展特色优质农产品电商促销月行动，加快线上线下融合销售，及时组织电商开展农产品应急促销。

二、建立长效机制，全产业链联动

从长远来看，多数大宗蔬菜品种直接面向大众消费市场，由于跨区域流通量大、产业链短、价格弹性小，一旦生产过量或运输不畅，发生滞销卖难、暴涨暴跌的风险大，亟须建立健全产销对接长效机制，从产地市场建设、冷链物流配套、产销信息服务等多方面入手，建立健全蔬菜从田头到餐桌的高效供给体系，逐步引导蔬菜供需实现时间和空间上的匹配，从根本上防止出现大面积卖难、买贵。

1. 强化市场体系建设

支持加快全国性、区域性和田头市场三级产地市场建设，对已有产地市场进行改造升级，完善冷链物流等配套设施。

2. 持续加强品牌创建

推进区域农产品公用品牌建设，支持地方以优势企业和行业协会为依托打造区域特色品牌，着力打造一批知名企业产品品牌。

3. 着力打通产销信息渠道

支持以种植意向、播种面积、作物长势等信息为重点，采用人工智能、物联网、大数据等现代信息技术，实时监测全国性主要蔬菜品种的生长发育、病虫害、温湿度等，完善蔬菜信息监测预警体系，并结合信息进村入户工程和 12316 平台建设，实现信息采集和推送服务与小农户的无缝对接。

4. 提升供应链组织化

加快提升农产品产销组织化程度，引导小农户与合作社、龙头企业形成利益协调一致的产销联合体，支持行业协会、电商平台等为小农户提供营销服务。

5. 探索保险产品体系

推广"菜篮子"产品天气指数保险、价格保险、收入保险等，形成多方共赢的保险产品体系，防范异常天气和市场波动给生产者带来的不利影响。

第七章 我国蔬菜市场 2019 年运行形势回顾及 2020 年展望[①]

随着供给侧结构性改革步入深水区，绿色高效高质量发展成为我国农业的必然选择，在推进种植结构调整的进程中，蔬菜种植的比较收益占优，依旧承担着 2020 年实现全面脱贫和乡村振兴"产业兴旺"的重要职责。面对国际经贸形势日益严峻的挑战，2019 年总体来看，我国蔬菜供需平衡有余，市场运行以稳为主，贸易顺差优势局面继续保持，价格波动符合常年季节性规律，但受 2018 年价格低迷和春季不利天气影响，3~8 月持续保持历史同期高位，秋季短暂下行后反弹明显。预计 2020 年蔬菜市场整体运行平稳，蔬菜生产积极性不减，品种结构进一步优化，市场供给宽松的局面仍将继续保持，整体价格水平或稳中有降；2019 年价格明显高于常年的个别蔬菜品种，要注意防范卖难情况发生，种植面积调整要小幅慢行，避免盲目减种扩种引发市场大幅波动风险。

第一节 2019 年蔬菜市场形势回顾

2019 年，蔬菜市场价格总体高位运行，虽然 5~7 月创历年价格新高，但基本符合常年季节性波动规律，呈现弱"W"形波动态势。农业农村部重点监测的 28 种蔬菜全国年均批发价 4.21 元/kg（至 2019 年 12 月 20 日），同比上涨 18.3%，呈现高价运行态势；较近 5 年平均水平上涨 12.5%，增长幅度较大。从历年蔬菜价格增幅来看，近 5 年的年均增幅为 3.0%，较上 5 年放缓 0.4 个百分点（图 7-1）。

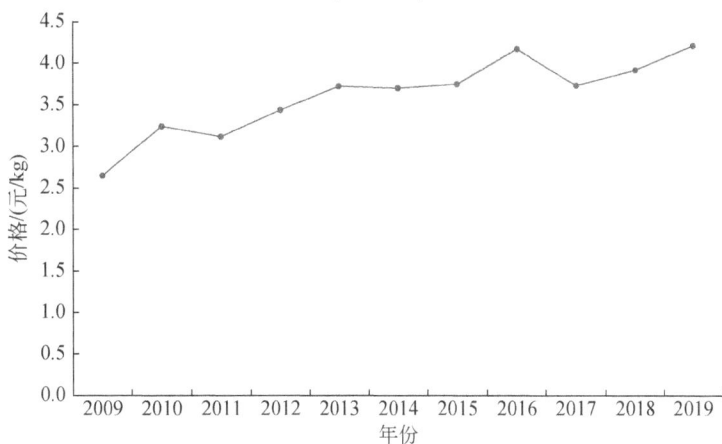

图 7-1　2009~2019 年蔬菜价格走势图
数据来源：农业农村部信息中心

---

① 本章内容完成于 2019 年 12 月。

一、蔬菜价格季节性波动

和往年相比，季节性波动规律依然呈现，但表现为弱"W"形，波动态势放缓，波幅收窄，波峰波谷压缩。从4个季度来看：

第1季度，由旺盛的"双节"消费拉动，节日效应呈现，蔬菜市场价格由年初的较低水平快速升至全年高点，3月菜价较近3年同期高出7.1%，主要原因是由于2月中后期全国范围的雨雪天气和"倒春寒"导致节后蔬菜生产进度的整体放缓，加之大范围雨雪影响蔬菜采收及运输流通，地产蔬菜和外调蔬菜供应同时趋紧；叠加春节后南方持续阴雨寡照，露地蔬菜定植晚于往年，北方设施蔬菜由于光照不足，产量偏低，品种产地转换不畅等因素，共同造成菜价居高不下。

第2季度，随着天气转暖，蔬菜价格呈季节性下行走势，价格回落呈"先慢后快"特征，价格水平明显高于往年同期。"先慢"的主要原因是北部高纬度夏秋蔬菜优势区入夏时间有所延后，部分茄果类蔬菜采收推迟，导致蔬菜品种产地转换不畅，菜价季节性回落趋势放缓。"后快"的主要原因是4月以后随着气温回升，蔬菜生产恢复较快，市场供应量加大、品种丰富，菜价开始出现显著下跌。但2季度菜价比常年同期总体偏高，主要原因是受2018年冬季菜价偏低影响，2019年春季蔬菜种植面积有所调减。据农业农村部580个蔬菜生产重点县信息监测，3月底在田蔬菜面积107万亩，同比减2.2%，产量74万t，同比减1.5%。

第3季度，全国7月高温多雨及强对流天气增多，部分蔬菜产区、部分蔬菜品种采收和运输受到短期不利因素影响，而菜价出现小幅上涨后较往年提前约1个月时间进入下行区间，主要是因为前期生产进度有所推迟的北方夏凉蔬菜大量上市，尤其是番茄等茄果类蔬菜保持低位运行；而从蔬菜主产省份供应量来看，北方产区夏秋露地蔬菜面积总体稳定，设施蔬菜小幅增加，尤其是内蒙古、甘肃、宁夏的高原夏菜，供给较为充足，"北菜南运"和"西菜东运"有效平抑了全国菜价；从主要批发市场蔬菜交易量看，2019年前30周累计交易量1183万t，与上年基本持平，但2019年夏季并没有遇到上年那样的大范围台风灾害，所以整体供应宽松，菜价下行。

第4季度，随着夏季高温天气结束，全国广大区域进入适宜蔬菜生产季节，黄淮、长江流域，以及陕南等中部区域的秋季蔬菜大量上市，广东等南方产区叶菜类蔬菜也会进入收获旺季，故每年11月底，产地价格整体处于低位运行；之后绝大部分露地蔬菜和以塑料大中棚为主的秋延后设施生产将陆续结束，蔬菜上市量大幅减少，越冬反季节设施生产成本增加，导致蔬菜价格进入上行通道。同时，冬季随南方各冬春蔬菜主产区成为蔬菜市场供应的中坚力量，市场价格话语权增强，加之这些地区上市的豆角类等品种价格偏高，带动蔬菜市场总体价格上涨；个别品种受前期价格低迷影响，种植结构调整后，减种造成后期价格反弹，如西葫芦和黄瓜等。受前期整体菜价偏高影响，冬春蔬菜种植意愿较强，蔬菜供应充足，但随着冬季生产、流通成本增加，菜价仍然保持季节性上扬（图7-2）。

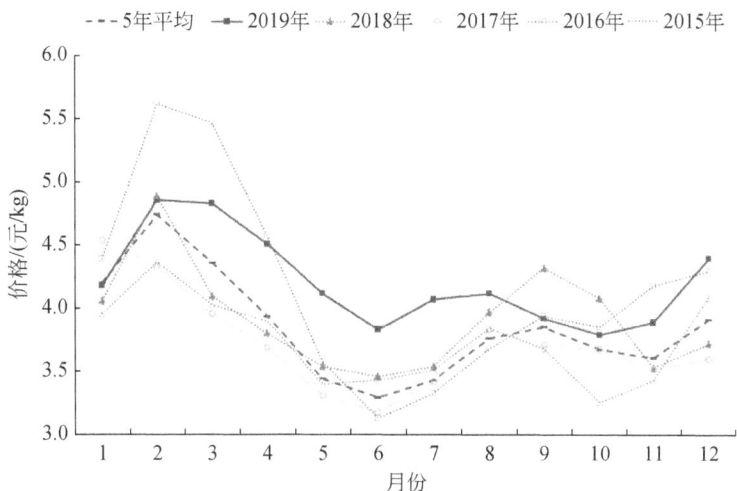

图 7-2　2015～2019 年蔬菜价格走势及周期性波动示意图

数据来源：农业农村部信息中心

二、生产供应总体充足，成本上升压缩菜农收益空间

（一）蔬菜生产规模趋稳，布局向优势产区集中

2018 年全国蔬菜（不含瓜果）播种面积约 2044 万 hm²，产量 70 346.72 万 t（图 7-3），人均占有量 504.14kg，保持常年总量平衡有余，而且品种丰富，全国批发市场进入批量交易

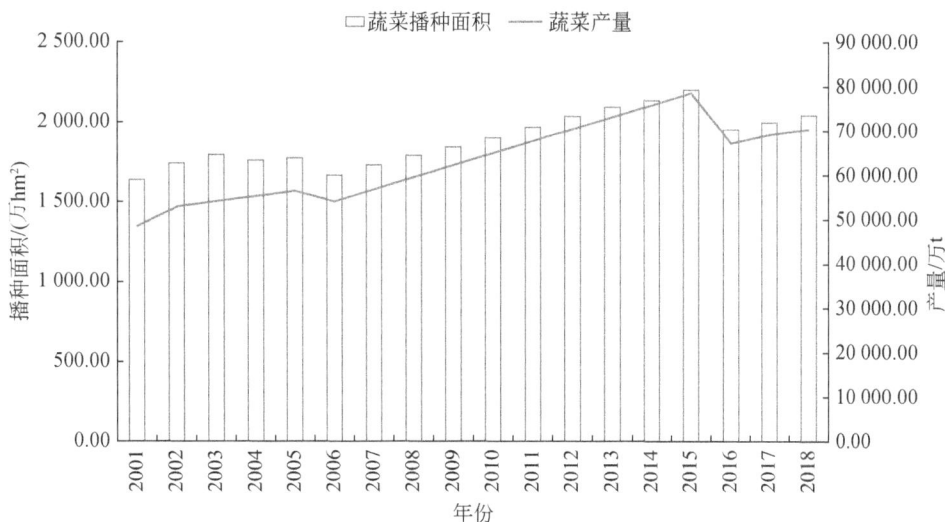

图 7-3　2001～2018 年蔬菜播种面积和产量图

根据第三次全国农业普查，对 2016 年全国蔬菜播种面积和产量分别调减 12.4% 和 15.5%

数据来源：国家统计局

价格统计的新鲜蔬菜瓜果食用菌商品多达 118 种，基本满足了城乡人民的生活需要。

据《中国蔬菜专业统计资料》和中国蔬菜生产信息监测网数据，1990～2018 年，中国蔬菜主要产区分布发生很大变化。1990 年中国蔬菜播种面积 7900 余万亩，按面积大小排序，四川、山东、河南、江苏、湖北、甘肃、陕西、河北、黑龙江、安徽分列全国前 10 名，其重点产区的地理分布与播种面积分布一致。按 2018 年蔬菜播种面积大小面积排序，前 10 位的省（区）跨越华东、华北、华中、华南、西南地区连为一体，形成反"Z"形的重点产区分布。与 1990 年相比，十大蔬菜主产省（区）及位次都发生重大变化，陕西、甘肃、安徽、黑龙江等 4 个省被挤出前 10 名，山东、江苏成为前两名，河南保持第 3 位，四川、湖北、河北分别退居第 6、第 8 和第 10 位；贵州、广西、广东、湖南等 4 个省（区）分列第 4、第 5、第 7 和第 9 位；前三甲（鲁苏豫）相连形成全国最大的蔬菜集中种植区。按蔬菜品种的播种面积大小排序，辣椒、大白菜、普通白菜、番茄、黄瓜、萝卜、大蒜、茄子、结球甘蓝、菜豆为前 10 位；按蔬菜品种的产量大小排序，大白菜、番茄、黄瓜、辣椒、萝卜、茄子、普通白菜、结球甘蓝、芹菜、大葱为前 10 位。

（二）部分大中城市蔬菜生产动力不足

近年来，随着极端天气时有发生，冬季雾霾和冰雪尤其受到广大菜农和消费者共同关心，"卖得好"和"吃得好"是蔬菜产销流通必须平衡的双向需求。2019 年年底的中央农村工作会议强调，要全面落实"菜篮子"市长负责制，启动农产品仓储保鲜冷链物流设施建设工程。然而，随着城市化进程深化发展，一些大中城市受耕地面积减少、人力成本不断攀升、环境保护压力加大的影响，蔬菜种植面积和产量不同程度出现下滑。调研发现，全国 36 个大中城市中有近 1/4 的城市蔬菜种植面积和产量下降较明显。

（三）蔬菜成本利润率继续收窄，产业发展亟须转型

蔬菜生产是劳动密集型行业，人工成本占蔬菜生产总成本近 60%，受种植成本特别是人工成本刚性上升的推动，我国蔬菜年均价总体呈上涨趋势，近 10 年（2010～2019 年）菜价年均增幅 3.0%。由于近年来生产持续较快发展，市场供给宽松，菜价徘徊不前，近 5 年（2014～2018 年）年均增幅降至 1.5%（比之前 5 年的年均增幅下降 7.5 个百分点）。2019 年以来菜价同比涨幅较大，在一定程度上也体现了是市场机制作用下的恢复性上涨。虽然蔬菜种植的比较收益仍处前列（图 7-4），但随着蔬菜成本利润率持续收窄（图 7-5），蔬菜生产行为出现以下几个特点：

从种植意愿看，越来越多的农民开始种植省工蔬菜。蔬菜种植用工价格虽然存在地区差异、工种差异，但基本上已经达到每人 100 元/d 的水平；随着劳动力价格上涨，越来越多的蔬菜生产者开始倾向于选择叶菜类、根茎类等省工蔬菜，而需要不定期定植、整枝打杈、震花授粉等的茄果类，以及需要嫁接、授粉、吊蔓等的瓜豆类等费工蔬菜的种植面积都有所调减。

从成本构成看，劳动力成本为蔬菜总成本的主要组成部分。劳动力成本上升和人口红利下降是我国正面临的两大社会问题，而蔬菜生产、加工与流通等全产业链条均属于劳动密集型产业，实地调研发现大部分蔬菜劳动力成本占总成本的比重超过 50%（不包括租

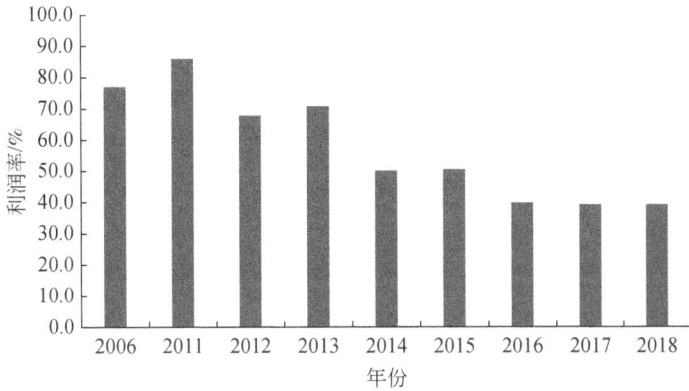

图 7-4　2006～2018 年主要农产品成本利润率比较图

数据来源：国家发展和改革委员会价格司《全国农产品成本收益资料汇编 2019》

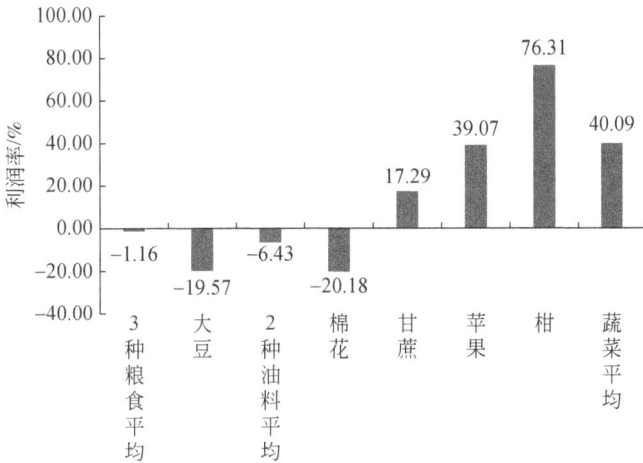

图 7-5　2006～2018 年蔬菜成本利润率变化图

数据来源：国家发展和改革委员会价格司《全国农产品成本收益资料汇编 2019》

地成本），且呈现不断走高的态势。辽宁省数据显示，人工成本占生产总成本的比例高达 83.3%。山东省肥城市种植大白菜投入肥料 100 元/亩、浇水 100 元/亩、农药 60～70 元/亩，而人工投入按每斤 5 分钱共计 400 元，在不计算地租的情况下，每亩总成本 660～670 元，其中劳动力成本占比达到 60% 以上。

从田间管理看，用工成本上涨是市场低迷期部分蔬菜弃收的重要原因。菜农是否弃收的标准一般不是由种植成本决定的，而是取决于采摘人工成本和田头收购价格的比较。当某种蔬菜的采摘人工成本大于田头收购价格时，往往出现弃收现象；当采摘人工成本小于田头收购价格时，菜农收获出售热情就会高涨。

三、消费需求稳中略涨，市场流通体系建设需加强

蔬菜消费数量呈上升态势。蔬菜种类多、分布广，市场供给基本实现"大生产、大流通"格局，需求整体呈现稳定发展态势。近年来，"菜篮子"产品市场流通体系日趋完善，城市零售网点密度增加，但也依旧存在"重销地、轻产地""重城市、轻乡村"的现象，产地市场数量不足、设施简陋、功能单一，特别是冷藏保鲜、分拣分级和商品化设施装备和技术应用滞后，农产品出村进城仍主要采用简单包装、整车运输、批发市场分拣销售的方式，流通损耗高，废弃物量大，也给销地环境保护带来压力，出村"最初一公里"成为制约"菜篮子"产品流通的短板。为此，2019 年 8 月，国家接连发布了《国务院办公厅关于加快发展流通促进商业消费的意见》（国办发〔2019〕42 号）和《交通运输部、国家发展改革委 财政部关于进一步优化鲜活农产品运输"绿色通道"政策的通知》（交公路发〔2019〕99 号），提出了"加快发展农村流通体系""扩大农产品流通"及具体的优化鲜活农产品"绿色通道"政策。

蔬菜的农残合格率总体保持良好。目前，我国已基本实现农产品检测体系地市全覆盖和县级基本覆盖，"菜篮子"产品质量安全水平持续向好。据农业农村部监测，2008 年以来，中国蔬菜农药残留的例行监测合格率已经连续 10 年稳定在 96% 以上。2019 年上半年共监测 31 个省（区、市）和 5 个计划单列市，共 235 个大中城市的 1027 个蔬菜、828 辆蔬菜运输车、2069 个农产品批发（农贸）市场，抽检蔬菜等五大类产品 108 个品种，抽检总体合格率为 97.2%，其中，蔬菜抽检合格率为 97.3%。从监测品种看，抽检的 82 种蔬菜中瓜类、甘蓝类、食用菌和根菜类蔬菜监测合格率较高，分别为 99.7%、99.6%、99.3% 和 98.9%，茄果类、白菜类、葱蒜类、绿叶菜类和薯芋类蔬菜抽检合格率分别为 97.7%、96.7%、96.2%、94.9% 和 94.4%。

四、进出口保持增长，贸易顺差小幅缩减

加入世界贸易组织（WTO）以来，我国蔬菜及其加工制品（含鲜冷冻蔬菜、加工保藏蔬菜和脱水蔬菜等）出口量保持稳定增长，依托蔬菜主要种植带，形成了特色产业发展格局，包括沿海冷冻、脱水、罐头、腌制蔬菜，西北浓缩浆、脱水蔬菜和西南腌制蔬菜三大集聚区，其中，山东、广东、江苏、福建等为主要蔬菜及加工产品出口省份，占我国蔬菜出口总量的 60% 以上；出口地主要集中在东盟、日本、韩国、俄罗斯、美国、欧盟等国家和地区。自 2015 年以来，蔬菜一直保持我国第一大出口优势农产品地位（以贸易顺差计），出口额占我国农产品出口总额的 20% 左右，进口占比相对较低，进口额占农产品进口总额的 0.6% 左右，除辣椒、马铃薯（加工）和蔬菜种子等个别品类外，进口蔬菜对国内大市场局势影响有限。2019 年 1~10 月累计，蔬菜出口量额均增，出口量累计 935.74 万 t，较上年同期增加 3.7%；出口额 124.43 亿美元，较上年同期微增 0.2%（图 7-6）；进口量额均增，进口量累计 43.96 万 t，较上年同期增加 8.0%；进口额 7.93 亿美元，较上年同期增加 19.9%（图 7-7）。

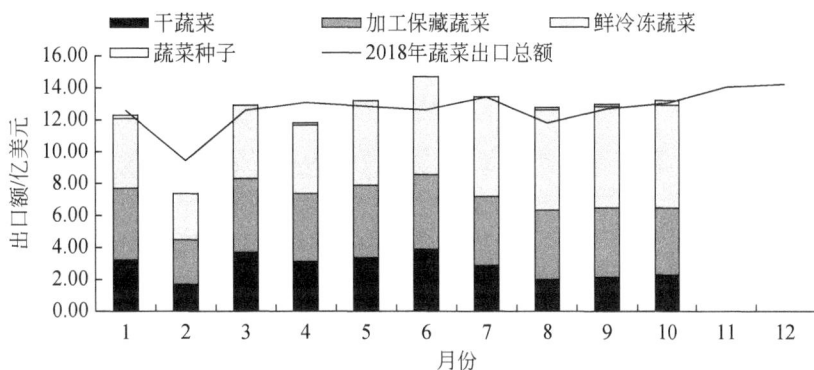

图 7-6 蔬菜出口额变化情况

数据来源：中国海关

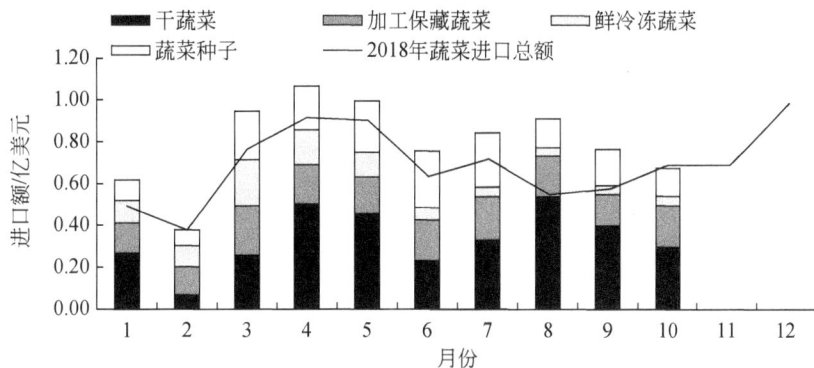

图 7-7 蔬菜进口额变化情况

数据来源：中国海关

2012～2017 年，蔬菜贸易额及贸易顺差均持续增长，2018 年开始，贸易顺差小幅下降；2019 年 1～10 月累计，贸易顺差 116.50 亿美元，较上年同期减 0.9%，收窄 1.6 个百分点；预计 2019 年贸易顺差将继续保持小幅减少态势，整体表现为出口弱稳，进口增加趋缓但仍较强劲的局面。

（一）出口品种格局基本不变，优势品种出口有所恢复

蔬菜出口优势品种包括蘑菇、大蒜、木耳、番茄、辣椒、生姜、洋葱、胡萝卜及萝卜等。出口额前 10 位之和占 1～10 月蔬菜出口总额的比重约 60%，前两位（蘑菇和大蒜）占比超过 30%。其中，2019 年 1～10 月，蘑菇及其初级产品（干、加工）出口额占蔬菜总出口额的 19.2%，较上年减少 2.7%，但较 2017 年增加 7.2%；新蒜季 2019 年大蒜产量预期偏紧，实际产量处于常年平均水平，受前期预期及市场"惜售"情绪影响，国内市场价格持续上涨，同时受国际贸易局势走低影响，出口继续保持弱行，出口量较上年减少 2.7%，出口额虽然较上年增加 14.7%，但较 2017 年减少 31.9%，尚未恢复至较好水平。

（二）进口保持增长，增速回落趋稳

我国蔬菜进口规模较大的品类为蔬菜种子，其次为马铃薯、辣椒、甜玉米、胡椒和豌豆等，整体规模不大，主要用途是种用、特色品种调节和加工。2019 年，蔬菜进口保持进口增长趋势，增速处正常范围。其中辣椒（干）在 2018 年度进口额增长了 3 倍的基础上，2019 年 1～10 月上年又增长 1.6 倍，主要进口来源国为印度和越南。印度以辣椒（干）为主，辣度高、成本低廉，从 2017 年开始我国辣椒进口量便大幅增加，越南主要是鲜冷冻辣椒近两年进口特别强劲，二者叠加，对国内干辣椒市场形成一定冲击。

（三）世界经贸格局变化产生延续性影响

我国对美主要出口蔬菜品目包括干大蒜、其他鲜或冷藏的大蒜、未磨的姜、已磨的辣椒、竹笋罐头、鲜或冷藏的蒜头、干香菇和蔬菜种子等 8 项，合计约占对美蔬菜出口额的 60%。2018 年以来，随着中美贸易摩擦不断升级，中美双方互相加征关税的清单中，涉及了越来越多的蔬菜品类，税率变化最大的品种主要集中在大蒜类、竹笋罐头、干香菇和蔬菜种子，一定程度上遏制了中美蔬菜双边贸易的扩大，虽然对我国国内蔬菜市场影响有限，但对出口加工企业及国内蔬菜产业加快绿色发展、提质增效、升级转型的需求更为迫切。随着世界经贸格局继续发生深刻变革，这种延续性影响将会引起蔬菜贸易规模和结构变化，甚至影响蔬菜贸易顺差局势，需要加强监测分析与研判预警。

第二节　2020 年蔬菜市场走势预测

一、2020 年"双节"蔬菜市场供应充足

2019 年冬季，南方产区的蔬菜总体生长良好，北方产区设施蔬菜除了个别品种因为天气的原因在秋季定植的时间有所推迟以外，大部分蔬菜的上市期与往年无二，蔬菜供应依然充足。根据国家气候中心预测，2019 年冬，我国东部地区气温偏暖，东北地区和云南气温明显偏高，其他地区为常年水平，新疆北部、内蒙古中西部、甘肃大部、宁夏、陕西大部气温偏低且降雪量偏大，其余地区气温接近常年。气候条件总体对北方设施蔬菜和南方露地越冬蔬菜生产有利，虽然进入 12 月中下旬，全国出现不同程度的大幅度降温、雨雪及雾霾，但只要不发生大范围持续 7 天以上的阴雨雪雾（霾）天气，2019 年冬季蔬菜产量将高于常年，市场供应有保障，价格会在正常范围内波动，温和上涨，对 CPI 上涨的拉动不明显，同往年类似，春节前后达到全年最高水平。预测 2020 年"双节"期间蔬菜能够有效供给，满足城乡居民基本需求，价格保持在合理波动范围，但不排除个别区域、个别品种的异常波动。

二、蔬菜市场后期展望

由于蔬菜市场运行一般遵循的规律是，当期种植面积受上期价格水平影响，上期菜价高企，则推动本期扩种；上期市场低迷，种植积极性下降，又会导致后期供不应求、价格上涨，如此循环。由于 2019 年菜价总体偏高，预计 2020 年蔬菜市场整体运行平稳，蔬菜生产积极性不减，品种结构进一步优化，市场供给宽松的局面仍将继续保持，整体价格水平或稳中有降；个别 2019 年价格明显高于常年的品种，要注意防范卖难情况发生，而对种植计划的调整要小幅慢行，避免盲目减种扩种引发市场大幅波动风险。

第三节　存在问题及政策建议

一、值得关注的问题

（一）蔬菜整体供应宽松，但种植面积增长动力强劲

近年来，蔬菜生产一直处于整体供应宽松的局面，甚至多次出现滞销卖难等情况，但由于蔬菜产业比较优势大，随着农业供给侧结构性改革、脱贫攻坚战、乡村振兴战略实施等国家大政方针的落地执行，蔬菜种植规模仍保持增长，给市场运行带来供过于求的风险。此外，近年来，因资本炒作造成耐储运蔬菜价格大起大落的情况还时有发生，如大蒜、生姜、大葱等都曾出现过因囤积炒作，造成市场价格大起大落，严重影响这些蔬菜的稳定产销。

（二）地域性、季节性、品种结构性供需不平衡

目前菜农和企业种植意向基本上依据上期市场行情，表现为当期种植面积受上期价格水平影响大，上期菜价高企，则推动本期扩种，反之亦然，导致同品种年度间面积和价格波动。如果不同产区上市时间稍有提前或延后，加上天气变化，往往几个因素一碰头，每年都有部分地区一些品种出现价格暴涨暴跌，农民收入受损的情况发生。

（三）蔬菜损耗率仍偏高

我国蔬菜损耗率高达 20% 以上。一是产地冷链设施缺乏，导致预冷不足。二是流通缺乏全程冷链，我国冷藏车保有量仅 18 万台，冷藏车人均保有量仅为日本的 1/11。三是人为造成运输断链，三线以上城市基本采取"一刀切"的限制货运车辆进城的交通管制措施，大大影响通行效率和配送质量，导致人为断链。

（四）新业态监管存在漏洞

虽然蔬菜农残合格率情况较好，但也存在部分城市快速检测覆盖比例偏低、个别产品

检测不合格、对流通新业态监管缺位等问题。一些大型批发市场交易量大，现有经费、人员、装备水平仅能覆盖有限批次。随着产地直销、微商营销等新业态快速发展，一些"菜篮子"产品可以不经过批发市场等节点，直接进入消费端，质量监管存在盲区。

二、有关政策建议

一是在强化"菜篮子"市长负责制的基础上，推动建立蔬菜主产区菜田生产能力建设"省长负责制"，形成省市长协调保障蔬菜生产供应的新机制。二是以建立基本蔬菜品种生产者价格补偿机制为抓手，稳定菜园子，保障"菜篮子"，提升基本蔬菜品种周年均衡供应水平。三是加大对超低能耗智能温室等性能优、产能高、效益好的节能环保型蔬菜生产设施的技术补贴，大幅提升蔬菜产业抗灾能力。四是加强以逆向统筹全产业链经营为主要途径的产销信息服务，扭转目前广大菜农由于信息不对称而盲目跟着市场价格跑的被动局面。五是加强市场监管，严厉打击利用社会资本蓄意囤积炒作耐储运蔬菜、制造加剧供求紧张关系、破坏蔬菜市场正常秩序的不法商贩。

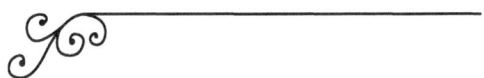

第二篇　蔬菜市场流通与调控研判

第八章 我国乡村流通发展的现状及分析

乡村流通是实施乡村振兴战略的重要内容，是推动产业兴旺的关键措施，是促进农民增收的"关键一跃"。2018年9月，在国家自然科学基金面上项目"蔬菜价格时空传导机理及异地关联预警研究"（71573263）的支持下，课题组赴浙江、上海对乡村流通开展调研。期间，听取了两地有关部门关于乡村流通的情况汇报，深入浙江嘉兴与安吉、上海松江与浦东等地实地考察了农产品批发市场与零售网点建设、新型农业经营主体培育、农产品电商发展等情况，并与相关人员进行了座谈交流。本章主要从消费品和农业生产资料流通以及农产品流通两个方面，阐述长三角地区乡村农产品市场流通的发展现状，总结归纳我国乡村流通存在的问题，并提出我国乡村流通发展的工作思路建议。

第一节 长三角地区乡村流通发展现状

一、消费品和农业生产资料流通情况

多年来，浙江、上海农村水电路网等基础设施持续改善，除少数山区外，乡村消费品流通体系逐步完善，实体零售终端发展迅速，目前形成了百货商店、农贸市场、夫妻店并存的多渠道流通模式。近年来，两地快递业迅速发展，淘宝、京东等电商平台业务不断向乡村"下沉"，成为消费品实体零售的有益补充。两地商务、供销、邮政等部门积极利用各自的网点优势，积极推进乡村消费品销售网络体系建设，在促进乡村消费品流通中发挥了重要作用。2017年，浙江省农村社会消费品零售总额达9317亿元，占全省社会消费品零售总额的38.3%，其中乡村4140.4亿元，同比增长12.2%。

生产资料流通方面，基本形成了"农资生产（进口）企业—分公司—县级经销商—乡镇零售网点—广大农户"的经销网络。供销系统在农业生产资料流通的主渠道作用持续发挥。浙江供销系统共发展农资企业139家、农资配送中心142个、连锁配送网点8976个，1~6月销售化肥140万t、农药3.3万t、农膜1.58万t，分别占全省的70%、20%、50%。上海市供销系统2017年建有农资经营网点近300家，农业生产资料销售额45.12亿元。由于农业生产资料本身的特殊性，其电商发展势头迅猛，但总体上落后于消费品电商。

二、农产品流通情况

（一）农产品市场流通体系不断完善

经过多年发展，两地已基本形成以销地批发市场为枢纽、产地批发市场为基础、集散型批发市场为补充的农产品批发网络。农产品现代物流配送中心发展势头迅猛，构建了从中心批发市场到零售网点的农产品营销网络，覆盖城乡的农产品流通体系不断完善（张成铭和王富邦，2012）。浙江省依托区位和消费优势，不断加大农产品市场建设力度，截至2017年，建有农产品专业（批发）市场443个，年交易额1739亿元，全省60%以上的农产品通过批发市场销售，市场辐射带动作用明显。上海构建了"中心批发市场–区域批发市场、专业批发市场–标准化菜市场"的三级食用农产品批发和零售体系，全市共有农产品批发市场25家，包括中心批发市场2家（已建1家，规划建设1家），区域性批发市场15家，专业批发市场8家，年交易量1200万t，交易额约1000亿元。

（二）新型农业经营主体作用明显

发展现代农业，农民是主体。发展现代流通，新型经营主体是关键（韩旭东等，2018）。近年来，两地加快推进新型农业经营主体建设，一批"既懂生产，又懂市场"的新型农业经营主体快速发展，对促进"小农户"与"大市场"的有效联结发挥了重要作用。浙江省桐乡市董家茭白专业合作社，常年联结茭农2800余户，联结基地面积900hm^2，冷库规模3000t，合作社通过设施栽培向前延长销售期，通过保鲜库等基础设施向后调节销售期，自建营销队伍，产品直销上海市场，避开了二三级批发，实现了茭白错峰上市，平均收入超15万元/hm^2，在促进农产品上行、带动农民增收方面效果明显。松江区作为上海市重要的农产品基地，近年来在财政补贴、土地流转等方面不断创新思路，大力促进以家庭农场为代表的新型农业经营主体健康发展。全区家庭农场达900余家，占全区农业生产主体的92%。据"全国十佳农民"李春风介绍，其通过土地流转获得28.4hm^{2}农地经营权，带动周围80hm^{2}以上农地开展种养一体化经营，已探索出持续稳定的盈利模式。

（三）传统与新型流通业态融合促进

"互联网+"现代流通理念，在浙江和上海的农产品流通中得到践行，多元化农产品流通格局逐步显现。在传统批发市场方面，积极探索全产业链发展，推动与电商合作共赢。嘉兴水果批发市场积极探索全产业链经营，无论是主办方还是水果经营者，向产业链上游发展，向基地种植、品牌包装发展；产业链下游，做配送、零售终端。嘉兴市场本身也建设了嘉禾五星连锁配送店。上海农产品批发市场开始探索建立加盟基地，建设自己的"产地仓"，并建立生鲜电商孵化基地，入驻电商企业41家，年网上交易额超过3亿元。在农产品电子商务发展方面，浙江省积极支持和引导各地采取自建服务平台与借力阿里巴巴、京东"两条腿走路"的方式，不断强化电子商务对农产品流通的支撑作用，2017年全省活跃的农产品网店近 2 万家，农产品网络销售达 506.2 亿元，同比增加 27.8%。

（四）流通基础设施持续改善

农产品流通涉及从"田头"至"餐桌"全链条，基础设施涉及水电路网、市场、加工、冷链、物流等多个方面，目前两地乡村路网、通信等基础设施已较为完备，加工、仓储、冷链、检测、信息追溯等流通基础设施升级改造持续进行。浙江省目前有冷链物流企业约 305 家，冷库规模约 654 万 t，冷藏运输车 3810 辆。企业也看到了市场潜力，加大了仓储冷链投资力度，如嘉善景明果品有限公司建有完整的冷链流通设施条件，在实现温控的场内可开展催熟、加工、包装、存储等工作环节，为其水果有序、保质上市提供了重要保障。上海近几年提供补贴约 6 亿元用于批发市场交易厅（棚）、冷藏保鲜等设施建设，投入 4 亿元支持肉菜等食品流通信息追溯系统建设，在屠宰加工、批发配送、零售终端等环节建立基本覆盖全市的肉菜流通安全信息追溯系统，先后投入 550 万元支持企业开展食用农产品冷链建设。

（五）各部门多措并举全力推进

近年来，农业农村部、国家发展和改革委员会、商务部、中国供销合作社、国家邮政局等多部门依据自身职责，不断加大政策创设，加大资金投入，取得了显著成效。农业部门重在抓好市场建设和运行、培育新型主体、营造政策环境、提供市场信息服务；商务部门重点建设农产品销售、配送终端，构建农村商贸网点体系，积极发展农村电商。供销社积极参与农产品批发市场建设和经营，并推进"供销E家"，其中浙江供销社参与打造了杭州果品市场、嘉兴水果市场、金华农产品批发市场等销地龙头市场；上海市供销社建成农贸市场（菜场）57 家、农副产品专柜 100 余个，积极领办和参办农民合作社，推进优质农产品城乡对接、农超对接。邮政部门依托自身网络体系，线上基于"邮乐网"和"邮掌柜"系统，线下依托邮政农村窗口资源、农村"邮乐购"店等实体渠道和物流配送网络，成为农产品流通体系的重要补充。

三、长三角地区乡村流通存在的问题

通过调研结果来看，两地积极推进乡村流通工作，其中农村消费品和农业生产资料流通发展状况较好，物流配送便捷，下行渠道顺畅；农产品流通在产地市场发展、冷链物流配送、新型农业经营主体培育、新型业态涌现等方面成效明显，具有一定的前瞻性，但在市场布局、基础设施投入等方面仍与现实需求存在一定差距，未来要作为提升乡村流通工作的重点。

（一）流通体系不够完善

浙江、上海是我国经济最发达地区，也是重要的农产品销地，集散地市场和销地市场的硬件投入和政策支持力度较大，但产地市场多属自发形成，主要以露天交易为主，物流配送仍处于自发阶段，仅有个别大型一级批发市场提供仓储、冷藏等服务，农产品流通"最初一公里"建设任重道远。

（二）基础设施建设不足

从浙江和上海的实际情况来看，流通基础设施需求主要聚焦在仓储、冷链、物流等领域，对农产品起到提质保质作用的基础设施建设与现实需求存在较大差距。

（三）流通渠道重复建设

从调研来看，如农业"益农信息社"、商务"乡村电商服务站"、供销"基层社"、邮政"邮政乐"等存在功能雷同、重复建设、自成体系等问题，且有场无市、有市无场、无序竞争、买难卖难等问题时有发生。

（四）流通标准化和产品品牌化建设亟待提升

浙江、上海是全国精致农业的代表，也是重要的销地市场，但由于我国农产品标准化、品牌化相对落后，产品高度同质化造成了产销不畅，也出现了"优质卖不上优价"与"优价买不到优质"现象并存。其中，农产品生产流通过程的标准缺失，各环节对标困难，农产品分等分级往往凭借经营主体自身经验，造成了产品标准化水平低，这已成为发展农产品电子商务、推动农产品消费提档升级的重要瓶颈（张晶等，2018）。在品牌建设方面，各方建设热情很高，投入力度不断加大，但是仍处于品牌建设的初级阶段，热闹搞营销的多、扎实做品质的少，做表面功夫的多、精雕细节的少，导致有牌无品、有品无牌、产品同质化问题比较突出，难以满足日益增长的消费需求，也制约了与销地市场的有效对接。

（五）国家土地政策的制约

调研发现，上海、浙江两地基本农田占农用地比例很高，如浙江基本农田占比超过90%，而目前各地基本农田基本禁止开展设施农业，这使得两地设施农业、田头市场等的建设受到很大的限制。

第二节　我国乡村流通存在的问题

农产品流通作为农民生产和市民消费的中间环节，在实施乡村振兴战略、推动城乡融合发展中起着重要作用。通过多地的调查研究发现，在当前的农产品流通领域，农民"卖得难"、市民"买得贵"问题仍较为突出。具体表现在以下5个方面。

一、流通体系建设总体滞后

由于长期受城乡二元结构影响和农村生产消费能力较低的制约，一直以来，我国商品流通体系建设始终存在"重城镇、轻乡村""重销地、轻产地"的问题，导致乡村商品特别是农产品流通体系建设相对滞后，特别是在规划布局、要素配置、产业支撑、公共服务等方面投入严重不足，整体发展迟缓，造成区域之间、城乡之间不平衡（刘雨枫，2014）。从全国来看，东部和中西部市场建设水平差距明显；从产地和销地来看，多年来社会资本和财政投入多集中于城市销地市场，产地市场数量不足、分布不均、设施简陋、功能单一等问题日益凸显，与销地市场相比明显处于弱势，是当前乡村流通体系中最为薄弱的环节。

二、流通基础设施仍有较大差距

一是产地初加工设施普遍缺乏。当前大多数农产品依然以原始形态直接进入流通，不符合消费者最终需求标准，直接导致农产品田头收购价与零售价之间的价差不断扩大。其重要原因在于，清洗、分等分级、预冷、初加工等基础设施严重不足，导致本应在田头和产地开展的工序未能进行，从而难以实现由初级农产品到商品的顺利转变，降低了农户在产业链中的价值分享比重。二是仓储、周转场地等设施匮乏，直接影响到农产品品质保障与流通效率。部分批发市场初建时前瞻性不够，在规模、设施、功能设计等方面无法满足后期发展需求，受土地审批等限制使得再扩张受限。三是冷链物流设施存在结构性短缺，特别是鲜活农产品的冷链仓储、冷链运输车等设施不足，影响农产品品质与货架期（叶亚丽，2016）。

三、流通渠道分散难以形成合力

农产品流通体系建设，涉及国家发展和改革委员会、商务部、农业农村部、中国供销合作社、国家邮政局等多部门和单位，名义上各部门齐抓共管，但由于职能分工不明确，职能交叉重复，客观上造成政出多门、连接断档等问题，难以形成良好的合作、互动与协同机制。行政管理体制的横向多头交叉重复管理也影响了市场纵向流通体系的健康发展，既增加管理成本，也造成责任主体不明，资源无法共享。目前，到乡村一级，农业、商务、供销、邮政等分别建设了各自的流通网络体系，在乡村流通中存在功能雷同、重复建设、自成体系等问题，导致中央政府针对农产品流通出台的政策在基层难以落实，政策资金投向分散，工业品下行和农产品上行双向通道难以打通，造成资源的严重浪费，最终导致行政管理效能与市场经营效率的双重损失。

四、流通主体实力偏弱，专业人才严重匮乏

虽然我国新型农业经营主体发展迅速，营销意识和能力有了明显提升，但总体来看销售渠道单一，营销能力较弱，特别是在人才、经验、物流等方面存在障碍。同时，长期以来，由于管理部门更偏重于农业生产和科技领域的政策研究和人才培育，对流通领域的研

究储备不足，专项课题和培训计划较少且不连贯，导致乡村流通领域研究缺乏系统性、深入性和及时性，难以适应新时代城乡流通的发展需求，导致了农业经营管理、市场分析等领域专业人才总体匮乏。

五、流通政策环境有待改善

国家现有的土地、绿色通道等政策，在一定程度上已经制约了乡村流通特别是农产品流通的发展。在土地政策方面，在国家土地用途管制的环境下，地方建设用地指标紧张，农产品市场建设往往以商业用地通过招拍挂形式供地，自身土地面积需求大，加上行业收益难以与房地产等行业相比，在实际中用地落实十分困难。此外，目前各地基本农田禁止开展设施农业，这对设施农业、田头市场等建设限制很大。在"绿色通道"政策方面，执行过程中存在"整车""载重超5t"等限制条件，且在省域之间标准不一，造成农产品在长途运输中"绿色通道"政策效果打折。在税收方面，财政部、国家税务局的财税〔2016〕1号文件规定，对农产品批发市场、农贸市场给予房产税和城镇土地使用税优惠到2021年年底，这对于减轻批发市场负担、降低流通成本发挥了一定作用。根据财政部、税务总局2019年1月9日发布的财税〔2019〕12号文件，为进一步支持农产品流通体系建设，决定继续对农产品批发市场、农贸市场给与房产税和城镇土地使用税优惠，时间自2019年1月1日延续至2021年12月31日。

第三节　我国乡村流通发展的思路建议

新形势下，农产品流通在我国经济发展中将扮演越来越重要的角色，不但对于推动乡村产业兴旺、促进农民增收具有基础性作用，也日益成为电商、仓储、物流等现代产业的重要发力点。因此，我们应进一步重视农产品流通在高质量发展中的作用，针对目前我国乡村流通体系在基础设施、渠道、主体实力、标准化产品品牌化建设及政策环境等方面仍存在的诸多问题，通过做好乡村流通顶层设计、构建新型乡村流通体系、优化政策形成乡村流通支持合力、实施乡村流通人才计划、完善乡村流通标准体系、加强乡村流通信息服务等方面的工作，不断完善我国乡村流通体系。

一、提高认识，做好乡村流通顶层设计

乡村流通是实施乡村振兴战略的重要内容，是推动产业兴旺的关键措施，是促进农民增收的"关键一跃"，要进一步认识乡村流通在新时代中国特色社会主义事业建设中的重大意义，将乡村流通摆在"三农"工作的重要议事日程。

（1）制定《全国乡村流通发展规划（2020—2025）》。理清目前乡村流通的基本情况和存在问题，瞄准"十四五"，明确指导思想和基本原则，确定重点任务和重大工程，制定扶持政策和推进措施。

（2）构建乡村流通协调体制机制。针对目前我国农产品流通体制"分段式"管理模式，亟须建立健全"链条式"管理模式，建议成立国家乡村流通协调领导小组，由农业农村部、国家发展和改革委员会、商务部、交通运输部、国家质量监督检验检疫总局、科学技术部、财政部、中国供销合作社、国家邮政局等部门和单位组成，领导小组下设办公室，办公室设在农业农村部，负责日常协调工作。

（3）进一步明确农产品批发市场尤其是产地市场的公益性定位，当前农产品批发市场仍是农产流通的主渠道，要进一步强化政府公共投入，加大基础设施建设力度，有利于保障农产品市场供应、降低农产品交易成本、增加生产者和消费者的经济福利。

二、聚焦难点，构建新型乡村流通体系

构建新时代新型乡村流通体系，建立各级各类批发市场的利益衔接机制是一项复杂的系统工程，必须理清重点和难点，实现关键环节的突破。当前，农产品流通是乡村流通的最薄弱环节，其中鲜活农产品流通是重点，产地市场尤其是田头市场是关键。

（1）实施"田头市场"推进工程。农产品田头市场是我国农产品流通中的短板，是农产品销售的"最初一公里"，因地制宜地建设一批规模适当、设施完善、特色鲜明、运行规范的田头市场是当务之急。田头市场选址要遵循交易有基础、区位有优势、品牌有影响的原则，政府财政投资建设，引进社会资本参与运营，实现"田间就是车间，仓库就是冷库，一脚油门到终端"（王丽娟等，2016）。

（2）开展"乡镇农产品流通服务综合体"试点示范。针对县域特色农产品，可以乡镇为基本单元，建设与之匹配的农产品流通服务综合体，完成特色农产品的加工、冷藏、仓储、质检等，形成县域农产品对外销售的窗口。前期可开展100个"示范镇"试点建设。

三、优化政策，形成乡村流通支持合力

目前，各级各地出台了一系列乡村流通优惠政策，亟须整合优化，加大扶持力度，形成支持合力。

（1）制定市场用地优惠政策。适当放松地方建设用地指标，留出一定比例专门用于农产品市场尤其是产地市场建设，明确产地市场建设用地的公益性用地性质；之前对农产品批发市场、农贸市场给予房产税和城镇土地使用税优惠到2021年年底，到期后建议继续延续。

（2）规范绿色通道管理。长期实行并逐步完善鲜活农产品运销绿色通道政策，认真贯彻落实《关于进一步完善和落实鲜活农产品运输绿色通道政策的通知》（交公路发〔2009〕784号），建议出台《农产品绿色通道管理办法》，统一管理标准，减少限制条件，解决省域之间标准不一问题。

（3）加大农产品田头初加工扶持力度。与田头市场相适应，切实加强农产品田头初加

工扶持政策，在用地、水电、税收、贷款、补贴等方面予以优惠。

四、强化主体，实施乡村流通人才计划

乡村流通离不开人才振兴、组织振兴，针对当前我国乡村流通中存在的市场主体地位不强、人才匮乏、中介组织不完善等问题。

（1）做大做强乡村流通市场主体。积极支持专业大户、家庭农场、合作社、农业企业等新型农业经营主体和社会化服务主体，支持其联合建设生产基地，培育品牌，扩大规模，促其通过产销联盟、产销协会等组织，建立稳定的产销关系。

（2）实施乡村流通人才培育工程。统筹利用新型职业农民、农村实用人才等培育工程，启动实施乡村流通人才培育提升计划，造就一批懂管理、会经营、能吃苦的复合型乡村流通人才，力争到"十三五"末，培养专业人才100万人。

（3）壮大乡村流通中介力量。不断发展农村经纪人队伍，支持引导农民设立农村经纪合作社、农村经纪公司等组织，形成有规模的新型农业经营主体，为农业流通人才发展壮大提供支撑。

五、统一规范，进一步完善乡村流通标准体系

目前，标准规范不健全甚至缺失已经成为制约我国乡村流通尤其是农产品流通健康发展的瓶颈，亟须尽快推进农产品流通标准体系建设。

（1）加快相关法律法规建设。尽快推动《农产品批发市场法》出台，明确标准的地位和作用，规范标准的制修订，制定配套的行政管理规则，形成法律、行政相互衔接的制度设计。

（2）成立农产品流通标准委员会。依托农产品流通专家委员会，设立农产品流通标准委员会，具体负责农产品流通领域标准规范的制修订工作。

（3）加快建立健全农产品流通标准体系。制修订农产品冷链标准、物流运输标准、质量溯源标准、采购标准、初加工标准、包装标识标准、贮藏运输标准，加快农产品生产与流通标准的有效衔接，从而构建产销衔接、无缝接驳、相互协调的全产业链标准体系。

六、对接产销，加强乡村流通信息服务

解决卖难、实现农产品价格合理波动必须依靠模式机制创新和现代信息技术应用，促进以销定产、产销匹配。

（1）大力开展农产品流通信息服务。研究建立国家农产品产销信息平台，构建农产品产销大数据，充分运用物联网、云计算、移动终端等现代信息技术，促进农产品物质流与信息流的同步协调，积极做好农产品产销的信息获取、处理和发布，以信息指导生产、匹配消费、衔接流通（孔繁涛等，2016）。

（2）加快建设农产品现代物流体系。以工业化理念管理农产品物流，持续加大鲜活农产品冷链物流体系投入，推动产地初加工、冷库冷藏车、鲜活农产品产量与体积的相互配套，延长鲜活农产品货架期；利用国家农产品产销信息平台，衔接相关交通运输信息系统，开展"车货配"撮合的数据挖掘和应用。

（3）积极鼓励产销对接新业态新模式。推进农产品销售的线上线下融合发展，探索"互联网+"的流通新模式，鼓励农产品电子商务迅速发展，加快实施"互联网+"农产品出村工程，加快销地批发市场在农产品主产区建设外埠基地（刘继芳等，2017）。

|第九章|　　国外鲜活农产品市场调控制度研究

鲜活农产品包括蔬菜、水果、畜禽及其肉、蛋、水产品等，涉及品种成百上千。鲜活农产品由于生产季节性强，品种多样，易腐败、难储存，食鲜消费等特点，生产供应剧烈波动、价格暴涨暴跌时常发生，是各国农产品市场调控的重点和难点。为保护生产者利益，保证鲜活农产品稳定供应，世界上许多国家研究出台了一些鲜活农产品市场调控制度，通过制定法律法规、设立基金、实施补贴等措施，建立了较为有效的鲜活农产品市场稳定机制，保证了鲜活农产品有效供应和市场价格的平稳运行。

第一节　国外鲜活农产品市场调控实践

在对鲜活农产品进行调控时，美国、欧盟、日本等发达国家往往选定若干重要品种划分异常波动区间，根据市场波动程度制定相应政策调控鲜活农产品市场。从实践来看，各国鲜活农产品调控都取得了较好的效果，建立的国家或地方鲜活农产品市场调控机制均为我国鲜活农产品调控机制的建立带来了深刻启示，提供了有益借鉴。

调控目录制度率先在西方发达国家实施，是和经济社会发展水平密不可分的，加大政府投入，是调控目录制度稳健运行的基础和关键保障。符合实际的调控目录品种是保障鲜活农产品价格平稳运行的支撑点。根据不同国情和消费习惯，选择各有特色的目录品种，必要情况下可建立国家、地区等不同层面的调控目录制度。此外，保险、补贴、基金、奖励、储备、转化等是普遍采用的政策工具，"何时用""怎么用"以及不同政策间的组合，是确保调控效果的关键。

一、美国

美国自 20 世纪 30 年代起就开始了对鲜活农产品的调控，在实践中最终选定白菜、辣椒、番茄、梨、杏、樱桃等 47 种果蔬产品为国家调控品种。2014 年 2 月 7 日，美国总统奥巴马签署了为期 5 年的《2014 农业法案》。该法案废除了 18 年的直接支付政策，改为实行作物保险计划。

美国农产品调控的主要政策工具有：

（1）联邦农作物保险。由农业部风险管理局负责实施，是美国蔬菜调控目录的核心工具。

（2）灾害援助政策。由美国农业部农场服务局负责实施，为农业保险项目之外的农作物提供最低程度的风险保障。主要有《非保险农作物灾害援助项目》及《佛罗里达飓风援助项目》等。

（3）国内供膳商品采购计划。由美国农业部市场服务局负责实施，这是美国营养强化项目的重要内容。

二、欧盟

欧盟自1962年起，制定了专门针对果蔬产品滞销的调控措施，目前形成了以菜花、番茄、苹果等16种果蔬产品为调控品种，以滞销农产品不上市补偿、绿色收获与绿色不收获、收获损失保险等政策为工具的调控制度。各调控制度要点如下：

（1）滞销农产品不上市补偿。补贴额为每吨60～210欧元，并视距离远近对不上市产品提供交通补贴。

（2）绿色收获与绿色不收获补贴。绿色收获指在正常收获前，全部收割没有损坏的农产品，但不用于上市。补贴金额包含收获所产生的成本（包括环境和疫病管理成本）。绿色不收获指在正常生产周期内，不收获任何产品（不包括因灾损坏的产品）。补贴金额不能超过不上市补贴上限的90%。

（3）收获保险。补贴因自然灾害、气候条件、病虫害造成的损失，气候灾害补贴额不得超过保险额的80%，植物病虫害、动物疫病的补贴额不得超过保险额的50%。

三、日本

从20世纪60年代开始，日本先后制定《蔬菜生产销售稳定法》和《批发市场法》，指定洋白菜、黄瓜、芋头等14种蔬菜为国家调控目录品种，制定了一系列相互配套的政策工具。作为典型的地少人多的工业型国家，日本是调控目录制度最为完善的国家，在本章第二节、第三节中将做详细介绍。

第二节　日本鲜活农产品市场调控制度

由于国土面积的有限性，日本用于农业的土地面积也非常少，因此日本一般依靠进口农产品满足日常所需。本节系统梳理了日本蔬菜、畜产品（主要包括肉牛、生猪、奶制品）等鲜活农产品市场调控的品种选择、组织管理和运行机制，分产品详细论述了日本开展市场调控的各项措施，最后对日本鲜活农产品市场调控的效果和经验进行了总结，以便更好地为中国开展相关市场调控提供借鉴。

一、调控品种

鲜活农产品种类多样，各种产品生产特点千差万别，消费地位各有不同，全部开展调控成本巨大，因此，自20世纪60年代开始，日本选择一些关乎国家和地方居民生活及农业发展的鲜活农产品开展有针对性的市场调控（图 9-1），并逐步构建系统的调控机制。

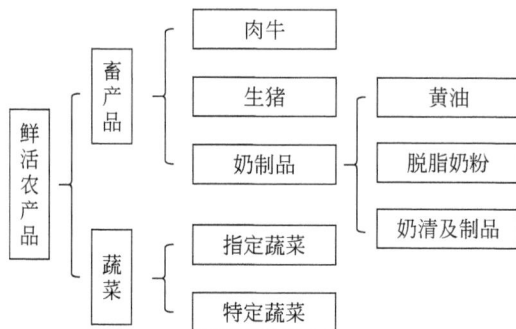

图 9-1　日本鲜活农产品主要调控品种

具体来看，选择洋白菜、黄瓜等 14 种指定蔬菜在国家层面进行调控，选择芦笋、草莓等 35 种特定蔬菜，在地方层面进行调控；选择肉牛、生猪和奶制品等主要畜产品开展市场调控，在奶制品中进一步选择黄油、脱脂奶粉、奶清及制品等，实施价格安定措施等加以调控。

二、调控制度

日本针对重要蔬菜和畜产品，依托所成立的独立法人机构——农畜产业振兴机构，建立基金，采取价格安定措施、供给计划和紧急措施等手段，形成了较为系统的市场调控制度。下面按产品分类，分别对蔬菜、畜产品市场调控制度加以介绍。

（一）日本蔬菜市场的调控制度

20 世纪 50 年代后，日本经济高速发展，蔬菜市场也进入了剧烈波动期，滞销卖难等情况频繁发生。为此，日本政府于 1966 年制定了《蔬菜生产上市安定法》，采取多项措施，建立价格稳定和菜农收入补贴制度，保持了市场的有效供应和运行稳定（王志刚等，2013；陈永福和马国英，2012）。其主要内容包括以下 4 个方面。

1. 指定蔬菜价格安定措施

该措施针对 14 种指定蔬菜实施，由中央政府、地方（都道府县）政府和注册上市团体共同出资设立基金（"蔬菜生产上市安定基金"）（邵兵家和陈永福，1997），在市场价格低于保证基准价格时，通过基金补贴生产者，以减少价格波动的冲击，实现市场平稳运行（图 9-2）。该措施具有"五定"，即定品种、定区域、定对象、定时间、定基准价格的特点。

（1）定品种，即针对指定蔬菜实施。选定的 14 种指定蔬菜的销售总量约占日本蔬菜市场销售总量的 3/4，参与基金的指定蔬菜销售量约占日本指定蔬菜市场销售总量的三成，约占蔬菜总产量的 1/5（陈永福和马国英，2012）。

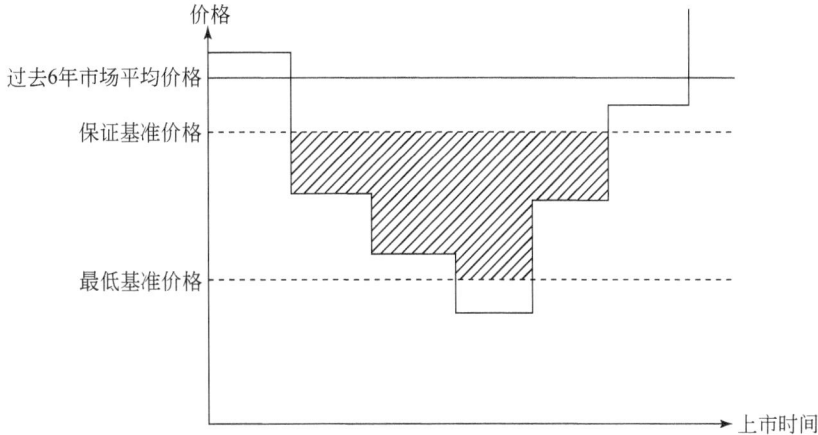

图 9-2   指定蔬菜价格安定政策示意图

阴影部分表示补贴部分

资料来源：日本农畜产品产业振兴机构网站 http://www.alic.go.jp. 下图同

（2）定区域，包括两层含义：一是指定产地，由农林水产省大臣指定蔬菜的产地，指定产地的注册上市团体和生产者可以参与基金申请，注册上市团体指已注册并且加入蔬菜安定基金的生产销售组织。指定产地须达到一定标准，叶茎菜、根类菜指定产地种植面积须在 20hm² 以上，果类菜指定产地夏秋种植面积须在 12hm² 以上，冬春须在 8hm² 以上[①]。此外，指定产地蔬菜商品化率须在 2/3 以上。2016 年日本划定蔬菜指定产地超过 900 个[②]。二是明确销售市场，参与该项措施的注册上市团体只有在指定市场销售所产的蔬菜才可以获得价格差补贴。

（3）定对象，指该项政策针对注册上市团体或种植面积超过 2hm² 的生产者实施。

（4）定时间，指所产蔬菜须在规定时间上市，不同指定蔬菜其规定上市时间有所差异。

（5）定基准价格，指以过去 6 年市场平均价格的 90% 作为保证基准价格，以过去 6 年市场平均价格的 60% 作为最低基准价格，并以此作为判断是否补贴、补贴多少的依据。

基金由农畜产业振兴机构管理，中央政府、地方政府和注册上市团体按 3∶1∶1 的比例出资构成（陈永福和马国英，2012）。2010 年日本中央财政投入 72 亿日元、地方财政投入 28 亿日元、蔬菜农户通过农协等投入 24 亿日元，加上过去年份的基金结余，蔬菜生

---

① 野菜生産出荷安定法施行規則. 2012-03-28. http://law. e- gov. go. jp/cgi- bin/idxselect. cgi？IDX_OPT = 1&H_NAME =%96% ec% 8d% d8% 90% b6% 8e% 59&H_NAME_YOMI = % 82% a0&H_NO_GENGO = H&H_NO_YEAR = &H_NO_TYPE = 2&H _NO_NO = &H_FILE_NAME = S41F00601000036&H_RYAKU = 1&H_CTG = 1&H_YOMI_GUN = 1&H_CTG_GUN = 1.

② 野菜生産出荷安定法の規定に基づき野菜指定産地を指定した件. 2012-03-28. http://www. maff. go. jp/j/seisan/ ryutu/yasai/y_law/pdf/sitei-5. pdf.

产上市稳定基金规模超过 1000 余亿日元，发放的补贴达 130 亿日元①。实施时，由政府制定未来 5 年的蔬菜供求平衡表，并详细分解未来生产计划。注册上市团体或生产者须向农畜产业振兴机构提交生产和销售计划。生产者或注册上市团体只有按照所提交计划将蔬菜销售到指定批发市场才能获得基金支持。当该市场价格低于保证基准价格时，生产者或注册上市团体才能够从基金得到补偿，基金补偿额度由销售量（Q）、保证基准价格（A）和市场价格（B）决定，即 $Q×(A-B)$。当市场价格低于最低基准价格时，补偿金额为 $Q×(A-C)$，C 表示最低基准价格。

2. 特定蔬菜供给产地培育与价格差补贴措施

与指定蔬菜价格安定措施相似，该措施同样通过基金支付价格差补贴，以缓解价格暴跌对农户的冲击，确保后期蔬菜生产供应，保持市场稳定运行。与指定蔬菜价格安定措施相比，该措施存在以下不同：①补贴对象不同。该项措施针对特定蔬菜实施，补贴产地由地方知事指定，而非农林水产省大臣指定。②基金承担比例不同。中央政府、地方政府和注册上市团体按 1∶1∶1 的比例出资。对个别重要品种，中央政府、地方政府和注册上市团体按 2∶1∶1 的比例出资。③基准价格、补贴金额不同。该项措施的保证基准价格为过去 6 年市场平均价格的 80%，最低基准价格为过去 6 年市场平均价格的 55%。当市场价格低于保证基准价格时，按照保证基准价格和市场价格之差的 80% 进行补偿；当市场价格低于最低基准价格时，按照保证基准价格和最低基准价格之差的 80% 进行补偿。

3. 订单蔬菜安定供给措施

为了鼓励蔬菜生产大户（产区农协、大规模农户等）与需求大户（食品加工企业、蔬菜批发商、大型超市、餐饮企业）开展订单交易，日本政府 2002 年出台了订单蔬菜安定供给措施，对指定蔬菜和特定蔬菜因确保订单执行而产生的损失或费用提供补贴（王志刚等，2013）。该措施补贴所需资金由中央和地方政府以及生产者共同负担。指定蔬菜补贴所需资金由中央政府、地方政府和注册上市团体按 3∶1∶1 的比例构成，特定蔬菜由中央政府、地方政府和注册上市团体按 1∶1∶1 的比例构成。

措施补贴类型大体可分为三类：一是定量定价订单类型。针对事先确定数量和价格的订单，若市场价格超过基准价格 1.3 倍时，鼓励生产者购买蔬菜或调整销售计划完成订单，为因此造成的成本提供补贴。其中，从市场上购买与调整销售计划所获补贴有所差异，但两者补贴上限均为订单交易额度的 50%（图 9-3）。二是价格不定的订单类型。针对签约双方可修订价格的订单，政府对为执行订单而遭受损失的一方提供补贴。当市场价格低于保证基准价格时启动补贴，补贴金额为市场价格与保证基准价格差额的 90% 乘以数量。以蔬菜基准价格的 55% 作为最低基准价格，补贴上限为保证基准价格与最低基准价格差额乘以数量（图 9-4）。三是上市调整类型。针对生产者为满足订单而多生产的蔬菜，当市场价格较低时，对多生产蔬菜实施上市调整措施的，提供一定补贴。当市场价格低于基准价格 70% 时，对采取上市调整措施的蔬菜，以基准价格与订单价格中较低价格的

---

① 发达国家"菜篮子"产品生产补贴政策及对我国的启示. 2012-03-28. http://www.agri.cn/V20/KJ/xxhjs_1/dtyw/201204/t20120411_2600094.htm.

40%为单价提供补贴。

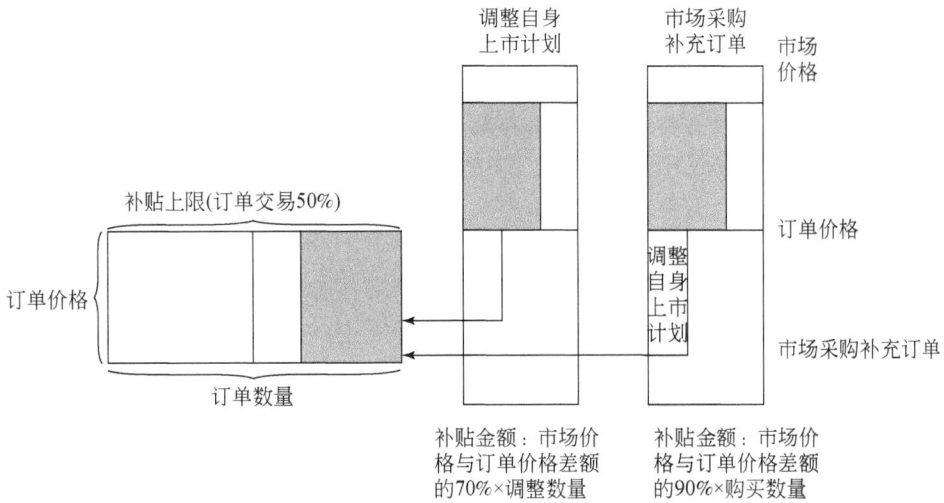

图9-3 定量定价订单类型价格补贴措施示意

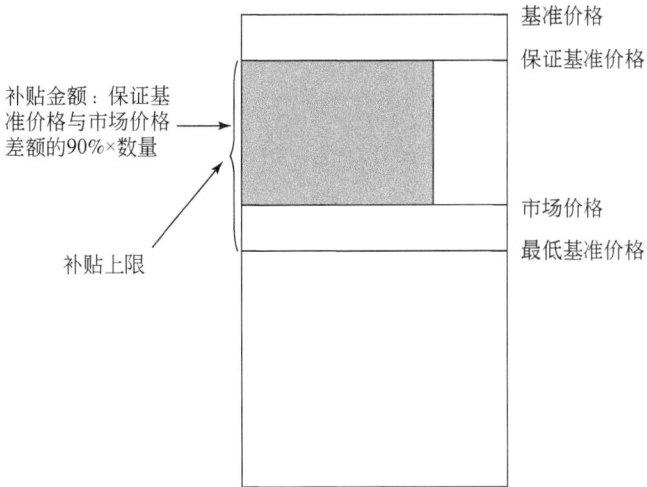

图9-4 市场价格变化订单类型价格补偿措施示意

4. 蔬菜紧急供给调整措施

2009 年开始，为稳定受天气影响明显、价格波动较大、国民消费量大的蔬菜品种，如甘蓝、洋葱等，日本实施蔬菜紧急供给调整措施。在蔬菜价格明显下跌时，采取延期上市、加工上市和市场隔离等措施调节供给；在蔬菜价格明显上涨时，鼓励生产者提前上市，对农民因改变上市期或上市用途而造成的损失提供补贴。紧急供给调整措施资金也由农畜产业振兴机构管理运作，国家和生产者按 1∶1 的比例出资。

（1）延期上市、加工上市和市场隔离措施。3 种措施均针对市场供过于求、价格暴跌的情形，通过调节供给水平，控制价格波动。延期上市旨在调整上市时机，鼓励生产者延缓产品上市，对延期上市生产者给予补贴。当市场价格低于过去 6 年市场平均价格的 80% 时启动补贴，补贴单价为市场平均价格的 30%。加工上市旨在转变蔬菜用途，要求生产者将原计划上市的蔬菜转为加工使用，补贴转加工蔬菜的种子、肥料和农药等成本。市场价格低于过去 6 年市场平均价格的 70% 时启动补贴，补贴单价为市场平均价格的 40% 与转加工销售成本之和，扣除转加工用途销售额部分。市场隔离与加工上市类似，不同之处在于市场隔离采取停止销售或还田的形式。其中，还田的补贴单价为市场平均价格的 40%，停止销售的补贴单价为市场平均价格的 30%（周望军等，2013）。

（2）提前上市措施。该措施主要针对市场供给短缺、价格上涨明显时，鼓励生产者提前上市，对因此造成的损失给予补贴，补贴对象仅限于重要蔬菜。当重要蔬菜的市场价格高出过去 6 年平均价格的 50% 时启动补贴，补贴单价按照市场平均价格的 30% 计算。

（二）日本畜产品市场的调控制度

日本主要采取畜产业经营安定措施、紧急措施、学生牛奶供给计划和畜产品价格安定措施等政策开展畜产品市场调控。

1. 畜产业经营安定措施

畜产品的经营安定措施在畜产品价格明显下跌时，利用基金对符合条件的生产者进行补贴，减少损失，缓解市场风险，达到稳定生产供应、保持价格平稳的目的。畜产品经营安定措施又包括加工原料奶生产者补给金措施、肉牛繁育补给金措施、肉用繁殖经营支援项目、肉牛育肥生产安定特别措施和生猪生产安定措施。

（1）加工原料奶生产者补给金措施。措施实施对象是原料奶生产者团体，生产者和中央政府按照 1 : 3 的比例共同出资建立生产者基金。当原料奶价格低于所设定的基准价格（原料奶过去 3 年的市场平均价格）时，按照实际价格与基准价格差额的 80% 对生产者进行补贴，以保持奶制品生产经营的稳定（图 9-5）。

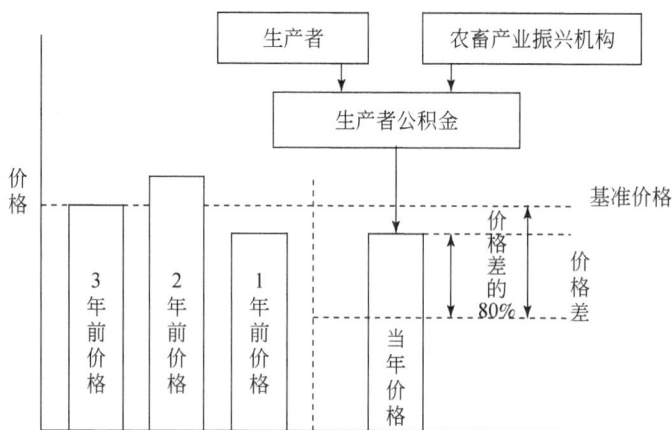

图 9-5 加工原料奶生产者补给金措施示意

（2）肉牛繁育补给金措施。措施实施的对象为从事肉牛繁育的生产者，利用基金对生产者进行补贴，公积金分为两种：一是国家的生产者补给金，由农畜产业振兴机构管理；二是地方的生产者补给金，由中央政府、地方政府和生产者按照2：1：1的比例出资构建。每个季度由农林水产省大臣决定保证基准价格和合理化目标价格，作为启动调控措施的依据。保证基准价格以确保犊牛持续生产为宗旨，综合犊牛生产条件、供求情况以及其他经济状况确定；合理化目标价格以确保肉牛生产健康发展为宗旨，以肉牛繁育生产成本为基准，综合牛肉国际价格、肉用牛育肥阶段合理费用等因素确定。当犊牛平均价格低于保证基准价格但高于合理化目标价格时启动补偿；当市场价格低于合理化目标价格时，其介于保证基准价格和合理化目标价格间的差额由农畜产业振兴机构进行补偿，低于合理化目标价格的部分由地方协会组织进行补偿（图9-6）。

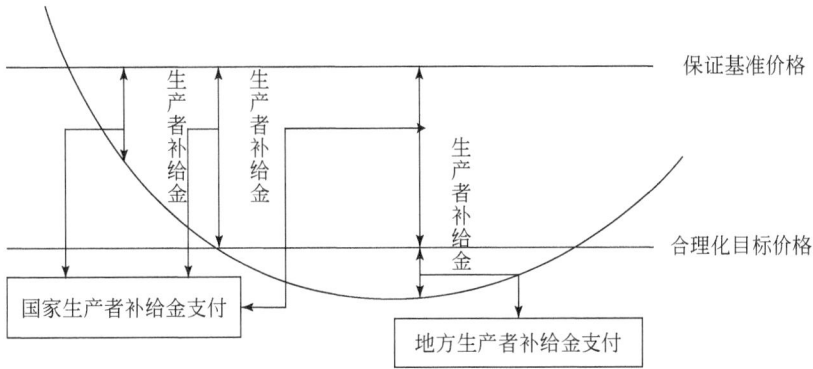

图9-6　肉牛繁育补给金措施示意

（3）肉牛繁殖生产支援项目。肉牛繁殖生产支援项目是对肉牛犊牛生产者补给金措施的补充。由于犊牛出栏生产期长，资本周转率低，需要大量运作资金，容易受犊牛价格波动影响。针对这一问题，项目以肉牛繁殖经营费用加80%的劳动费用之和作为启动基准，当犊牛市场价格低于启动基准时，以该季度贩卖或者自家保留的犊牛（肉牛繁育补给金措施的签约犊牛）为补贴对象，按启动基准和犊牛市场平均价格差额的75%进行补贴，以确保繁殖经营收入，稳定肉牛繁殖经营基础（图9-7）。

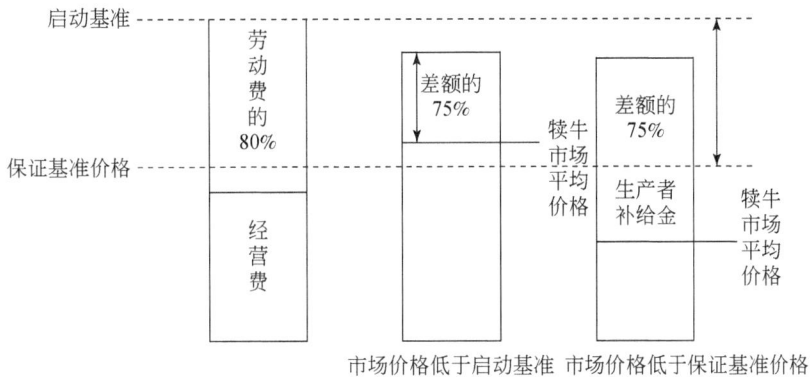

图9-7　肉牛繁殖生产支援项目示意

（4）肉牛育肥生产安定措施。该措施实施的对象是育肥牛生产者，但资本金超过3亿日元且员工达到300名的大企业除外。生产者和中央政府按照1∶3的比例出资成立基金，以肉牛育肥的生产成本（包括物质投入和劳动费用）作为基准，当生产者的销售收入低于生产成本时，对销售收入与生产成本差额的80%进行填补，以维持肉牛生产的相对稳定（图9-8）。公积金补偿范围为缴纳公积金的生产者养殖的达到17个月龄、连续10个月进行繁殖或供奶的育肥牛。

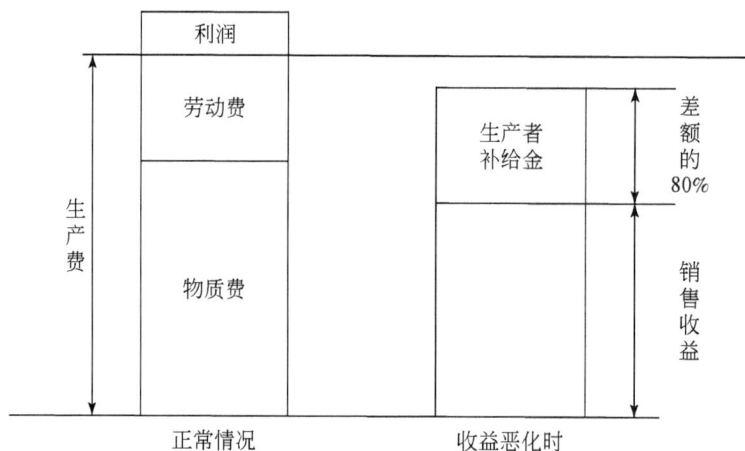

图9-8 肉牛育肥生产安定措施示意

（5）生猪生产安定措施。该措施实施的对象是生猪生产者，但资本金超过3亿日元且员工达到300名的大企业除外。生产者向农畜产业振兴机构提出申请，与中央政府按照1∶1的比例承担公积金费用。以生猪养殖成本为政策启动基准，当生产者销售收入低于生产成本时，按照生产成本与销售收入差额的80%对生产者进行补偿，以稳定生猪养殖。

2. 紧急措施

紧急措施指为减少各种动物疫病以及自然灾害对畜产品生产的冲击，向畜产品生产者以及相关从业人员提供的资金等支持。2011年日本大地震造成东京电力第一核电站核泄漏事故，对周边肉牛养殖造成影响，受到污染的上市牛肉须进行销毁处理，相关地区养殖肉牛被禁止上市，当地被污染的稻草等饲料也须被替代，给生产者造成巨大损失。当年宫崎县及周边县还发生了口蹄疫疫情。为减轻畜产品生产者和相关从业人员的经济负担，维持其正常经营，农畜产业振兴机构针对上述事宜，向生产者和相关人员给予扶持，支付资金约325亿日元。

3. 学生牛奶供给计划

为增强儿童和学生体质，促进畜牧业健康发展，农畜产业振兴机构对学校向学生提供的牛奶给予补贴，补贴对象为学校和牛奶供应者，补贴范围包括学校为提供学生牛奶而产生的会议、计划和调研支出、对学生牛奶供应者提供的定额补贴、对不同规格牛奶按数量向学校和牛奶供应者提供补贴，以及对高价值巴氏杀菌奶供应者给予补贴。

4. 畜产品价格安定措施

该措施实施范围包括牛肉、猪肉、鸡蛋和奶制品，实施对象为上述产品的生产者，政策采取收储、补贴和税收等措施，调节市场供需以保证居民生活消费和保持市场平稳运行。

不同产品价格安定措施有所区别，牛肉、猪肉和鸡蛋价格安定措施设定稳定基准价格和价格上限，当市场价格低于稳定基准价格时，采取收储政策或对上述产品储藏提供补贴，以减少、延缓产品上市，稳定价格；当市场价格高于价格上限时，则抛售储藏产品，增加供应以稳定市场价格。

奶制品价格安定措施针对指定奶制品实施，所谓指定奶制品主要包括黄油、脱脂奶粉、奶清及制品等。由于日本奶制品进口数量较大，政策主要通过对进口数量的调控，稳定国内市场价格。以指定奶制品过去 3 年国内平均价格作为基准价格，当市场价格上涨超过一定幅度（黄油为 10%，脱脂奶粉、奶清及制品为 8%），农畜产业振兴机构从进口商手中采购产品并马上在国内销售，同时对进口产品提取一定比例税收，所获得税收收益将用于加工原料奶生产安定基金；当市场价格下跌超过一定幅度（与上涨幅度相同），农畜产业振兴机构会对生产者的奶制品储藏保管提供补贴或直接收购后储藏。

三、日本鲜活农产品调控制度实施成效

日本所实施的鲜活农产品调控制度有力保护了农民利益和产业发展，对于保证产品稳定供应和市场平稳运行起到了关键作用。

（一）保证了市场平稳运行，避免了价格大涨大跌

由于采取了生产安定政策、价格稳定政策、应急政策等一系列政策措施，长期以来日本鲜活农产品市场运行较为平稳，很少出现价格的剧烈波动（穆月英，2012）。以蔬菜市场为例，据统计，2011～2013 年的 36 个月中 14 种指定蔬菜市场价格仅有 5 个月较过去 5 年市场平均价格下跌幅度超过 15%，有 24 个月价格较过去 5 年市场平均价格上涨或下跌幅度在 15% 以内，价格较过去 5 年市场平均价格的最大涨幅为 27.0%，最大跌幅为 20.4%，基本保持了市场运行平稳。

（二）保证了国内生产供应，产品自给率基本保持稳定

日本农业资源十分有限，劳动力成本较高，农业生产竞争力较低，面对国外优势产品的巨大竞争压力。在各项政策措施的支持下，日本国内畜产品、蔬菜自给率保持得相对平稳，保护了本国农民利益和产业发展。据统计，近年来日本国内牛奶、肉类和鸡蛋产量基本保持在 750 万 t、300 万 t 和 250 万 t，蔬菜产量基本稳定在 1200 万 t。2013 年牛奶、肉类、鸡蛋和蔬菜自给率分别为 64%、55%、95% 和 79%，20 年未发生明显变化。

（三）保护了农民利益，保障了产业发展

日本采取多项生产和市场稳定措施，有效化解了生产和市场风险，为生产稳定发展提供了持续的资金保障，同时也保护了农民的利益。以蔬菜为例，2013 年日本农畜产业振兴机构在蔬菜生产和市场调控中共获得基金 106.33 亿日元，按照各项政策规定，这些基金又几乎全部补给农户。其中，支付 90.21 亿日元用于维持蔬菜价格的相对稳定，支付蔬菜农业振兴事业费 6.46 亿日元，支付市场信息监测费用 0.38 亿日元，在农民利益保护和产业发展保障方面发挥了巨大作用。

第三节　日本鲜活农产品市场调控对中国的启示

与日本相似，中国许多鲜活农产品带有小生产的特点，日本在鲜活农产品市场调控方面的实践经验为中国提供了有力借鉴。

一、明确政府和市场界限，有选择、分层次开展调控

日本的实践经验提示，政府调控应着眼涉及公共安全的产品，选择涉及民生、影响巨大、波动剧烈的重要品种开展调控，而其他对生产、生活影响有限，市场调节反应较快的品种则交由市场调节。关乎全民福利的产品调控更多地由中央政府负责，关乎地方民众福利或产业发展的产品调控，更多地由地方政府负责。

二、避免对市场的直接干预，充分发挥市场的决定性作用

日本的市场调控，没有选择对生产的直接投入，而是采取补贴手段，间接影响供给，并严格依据市场开展调控，补贴与否、补贴金额完全取决于市场，通过补贴的反作用，抵消市场剧烈波动影响，实现市场稳定运行。与之相比，中国鲜活农产品调控更多的是通过产业扶持，或价格干预等措施，调控不够精准，缺少长期机制，未能充分发挥市场在资源配置中的决定性作用，因此应借助基金、保险等手段，减少对市场的直接干预。

三、加强生产引导与流通计划，更好发挥政府作用

大市场、大流通与分散、小规模生产的矛盾是中国蔬菜产销衔接的主要矛盾，表现为市场信息不完全、不对称，农户生产盲目，市场流通无序。日本在调控中要求生产者提出产销计划，并按计划执行，这说明面对小生产与大市场的矛盾，必须加强生产与流通的计划性。因此，应加强供需信息的监测、分析和预警，及时有效发布信息，引导农户生产；应采取订单等形式，鼓励产销地构建长期、稳定的流通渠道，减少流通中的不确定因素，避免无序流通。

四、有条件、适度提供补贴，切实发挥补贴的引导作用

目前，中国已陆续开展了多种农业补贴，部分补贴也涉及鲜活农产品，但在实施中普遍存在着"普惠制"等问题，影响了补贴效果。日本在实施补贴时，仅对满足一定条件、按照计划经营的生产者提供补贴，以此发出明显信号，引导生产经营活动；仅对部分损失进行补贴，尽量避免对市场机制的干扰，并规避补贴的逆向选择和道德风险等问题。

|第十章| 我国鲜活农产品调控目录制度建设思考

发展现代农业是解决我国"三农"问题的根本途径，是经济可持续发展、实现赶超战略的根本途径。现代农业管理的核心是推动产销充分对接、促进生产有序发展、实现资源有效利用。市场经济成熟的国家普遍把鲜活农产品市场调控作为现代农业管理的重要内容，建立完备的数据监测体系、政策支持保障体系和系统的调控机制，而建立鲜活农产品调控目录制度是现代农业管理的基础性工作。

在借鉴国外鲜活农产品调控经验和结合国内一些城市调控试点的基础上，研究提出鲜活农产品调控目录制度，可为完善"菜篮子"产品市场调控机制提供重要借鉴和指导。本章首先提出我国鲜活农产品调控目录制度建设的可行性、总体要求和指导思想，从目录品种选择、价格合理波动区间确定、政策工具设计和触发响应机制构建等方面阐述建设内容；从区域、警情和政策工具等角度指出制度建设细节；从认识、领导、落实、创新等方面提出工作要求；从顶层设计、投入保障、监测预警、市场建设、组织管理等方面提出制度保障，从整体上设计了鲜活农产品调控目录制度的组织实施。

第一节　鲜活农产品调控目录制度工作的总体思路

一、鲜活农产品调控目录制度建设的可行性

近年来，我国鲜活农产品监测预警体系建设不断完善。农业部自 2002 年陆续开展了粮、棉、油、猪等 18 个品种的预警分析，2011 年成立了市场预警专家委员会。目前，已建立了包括蔬菜、水果、牛羊肉、生猪、蛋、奶制品等各种鲜活农产品，涵盖产量、面积、价格、成本收益等多类数据体系，为调控目录制度实施提供了有力的数据支撑。同时，我国农业优势区域布局规划逐步形成，以种养大户、农民专业合作社、龙头企业等为代表的新型经营主体快速发展，使鲜活农产品调控目录制度的实施具有了可能。此外，我国已基本形成了批发市场和集贸市场、传统业态和新型业态、有形市场和无形市场相互补充的农产品流通体系，电子商务与农产品流通深度融合使我国农产品流通方式正在发生革命性变革。新型农产品流通体系的发展，鲜活农产品流通效率显著提高，流通损耗和成本大幅降低，流通范围极大拓展，跨区域流动更加顺畅，为鲜活农产品调控、保持市场稳定运行提供了有力保障。

二、鲜活农产品调控目录制度建设的总体要求

鲜活农产品调控目录应以党的十八大和十八届三中、四中、五中全会精神为指导，紧紧围绕"市场在资源配置中起决定性作用和更好发挥政府作用"[①] 要求，按照"突出重点、有保有放"原则，合理确定不同农产品价格波动调控区间[②]，以制度创新为动力，以保障鲜活农产品市场供需均衡、市场价格合理波动为主线，着力建设完善制度、机制和模式，因地制宜，协同合作，逐步构建具有中国特色的鲜活农产品调控目录制度，加快完善我国农业现代市场体系、宏观调控体系。

三、鲜活农产品调控目录制度建设的总体思路

鲜活农产品调控目录工作的总体思路应包含以下方面：

（一）试点先行开展、再行推广

作为新生事物，必须先行试点，要结合各地经济发展水平、政府财政实力和金融发育程度，选择实施基础较好的若干城市先期开展试点，在试点中总结经验，归纳模式，营造环境，再逐步推广到其他城市或地区。

（二）品种分步实施、自愿申请

鲜活农产品品种众多，自然属性、社会属性和商品属性各不相同，尤其是替代效应和互补效应存在明显差异，决定了目录品种必须要分步实施；我国幅员辽阔、各地生产消费区域特点显著，因此在构建调控目录制度过程中，各地要因地制宜，结合当地特色，自愿申请目录品种。

（三）地区梯度推进、协同发展

从根本上讲，调控目录制度是市场作用和政府作用形成合力的制度创新，其内在要求是和区域经济发展的梯度性、科学技术的梯度性基本保持一致，而非全面同步铺开，要保持其差异性和渐进性。协同发展就是要做好部门协同、区域协同、上下协同，创建新型、高效的协同机制。

四、鲜活农产品调控目录制度建设的基本目标

鲜活农产品调控目录工作的基本目标是以鲜活农产品为对象，通过调控品种选择、波

---

① 中共中央关于全面深化改革若干重大问题的决定 . http://news. xinhuanet. com/2013-11/15/c_118164235. htm.
② 关于全面深化农村改革加快推进农业现代化的若干意见 . http://www. gov. cn/jrzg/2014- 01/19/content_ 2570454. htm.

动区间划分，政策工具制定以及响应机制构建，争取利用5~10年时间初步形成我国鲜活农产品调控目录制度，并总结完善鲜活农产品调控目录制度的方法技术体系和实践推广经验，最终形成有序、系统、规范的鲜活农产品调控机制，防止"滞销卖难"、暴涨暴跌频繁出现，确保我国鲜活农产品供需总体均衡，实现生产由无序向有序转变，市场由完全自发波动向重点调控转变，充分发挥市场在资源配置中起决定性作用和更好地发挥政府作用，有效提升政府治理能力。

第二节　鲜活农产品调控目录制度的内容

从国内外实践看，鲜活农产品调控目录制度普遍包括选择目录品种、确定价格合理波动区间、设计政策工具和触发响应机制等4个方面。

一、选择目录品种

目录品种即纳入调控目录制度的鲜活农产品品种，确定适度、合理、科学的目录品种是构建鲜活农产品调控目录制度的基础性工作。选择目录品种，原则上应满足以下条件：消费量大，覆盖消费群体范围广；供应上市较不均衡，价格易波动；品种的替代效应较弱，互补效应较强；操作简便易行等。

二、确定价格合理波动区间

在市场机制作用下，鲜活农产品的市场价格处于不断波动之中，这种波动（通常用基准指标表示）可以分为正常波动和异常波动两种。正常波动即合理波动，处于合理波动区间无警状态；异常波动是指超过合理波动区间，又分为小幅波动、大幅波动和巨幅波动3种类型（分含正向、负向），对应轻警、中警和重警3种状态的6种警情。波动区间设置应遵循科学性原则和可操作原则，并建立与预警相应的基准指标。

三、设计政策工具

当目录品种的基准指标超过合理波动区间时，就需要运用某种政策工具或工具组合予以调控。政策工具的设计要考虑以下因素：要围绕市场在资源配置中的决定性作用，尽量采用市场化的调控手段；应尽量采用WTO协议中的"绿箱"政策，减少或避免使用"黄箱"政策，以免造成对市场的扭曲；应遵循差异化原则，即根据市场发生的警情级别，有针对性地采取必要的调控措施，做到调控层次分明，避免政策力度过大或不足。

四、触发响应机制

当目录品种的基准指标达到某一特定警限时，将自动启动该警情状态下对应的政策工具，即为触发响应机制，其关键点是：某种警情与某种政策工具或政策工具组合的映射关系；政策工具及其组合随着警情的变化而变化，是动态发展的；当基准指标处于有警状态时，要强化指标监测工作，切实做到警情和政策工具的及时响应和无缝对接。

第三节 开展鲜活农产品调控目录工作的建议

一、因地制宜，突出区域特色

（一）突出抓好目录品种的地域性

在某一城市或某一区域实施鲜活农产品调控目录制度试点工作，选择目录品种必须考虑地方特色、区域属性。消费具有明显的区域特色，且符合当地膳食习惯；生产具有地域属性，且占据当地主导产业；调控预期适合当地经济社会新常态。

（二）突出抓好警情划分的差异性

划分基准指标无警、有警及有警的不同警情，既有客观性，也有主观性；既可定量划分，也可定性划分。从基准指标相关数据来看，既有历史数据，也有监测数据；既有原始数据，也有衍生数据；既有结构化数据，也有半结构化数据，呈现多源异构大数据态势，这为警情的划分增加了难度。各地要从自身实际出发，科学划分本区域的波动区间。

（三）突出抓好政策工具的区域性

区域经济社会的差异性决定了目录制度政策工具的差异性，开展试点工作的城市或区域在确定目录品种的基础上，应充分考虑自身的财政投入、调控预期、生产供应、消费需求等各种因素，并且有针对性地制定某一目录品种在不同警情下的政策工具。

（四）突出抓好触发响应的针对性

触发响应机制是通过警限变动触发政策工具来实现的，具有明显的针对性，因此，依据各级各地政府部门的职责分工，各种政策工具通常由不同政府部门予以执行实施，其他有关部门协调配合；而不同的政策工具也是针对不同的市场主体发挥作用，如任何一种政策工具都是针对特定的生产者流通者或消费者；同时，任何一种特定的政策工具都是针对特定的警情而发挥作用。

二、提高认识，精心组织实施

鲜活农产品调控目录工作是一项全新的工作，虽然一些地区积极开展了试点，积累了一定经验，但是鲜活农产品生产、流通和消费等情况复杂，在工作中必须提高认识、加强组织、强化落实、持续创新。

（一）切实提高认识

建立具有中国特色的鲜活农产品调控目录制度，是推进农产品价格改革、健全社会主义市场经济体制的根本需要，是加快转变政府职能、提高驾驭市场经济能力的客观需要，是稳定农产品供需平衡、保护生产者和消费者利益的现实需要。建设该制度不仅是必要的，而且是可行的。国内外实践提供了成熟经验，农业信息监测预警体系提供了数据支撑，新型农业经营主体快速发展提供了实施保障，农产品流通体系提供了调控载体。

（二）加强组织领导

开展鲜活农产品调控目录制度试点工作是落实党中央国务院一系列重大方针的重要举措，各地各级政府及相关部门要进一步提高认识，列入重要议事日程，常抓不懈，切实抓紧抓好。要将试点工作列入"菜篮子"食品管理部际（厅际、局际）联席会议制度作为重要内容之一，明确责任分工，做到各司其职、各负其责；要将试点工作的开展情况纳入"菜篮子"市长负责制考核机制的考核范围，对考核结果优秀的予以表彰，对结果较差的予以通报并责令整改。

（三）强化工作落实

开展鲜活农产品调控目录制度试点工作的城市或地区，在目录品种上，要从蔬菜、水果、生猪、肉羊、奶制品五大类鲜活农产品中进行选择；在政策工具上，要从保险防范类、基金保障类、市场稳定类、消费支持类、应急调节类等五大类中进行设计；在工作程序上，本着自愿申报的原则，要先向农业部提出申请，经部际联席会议审核通过后，再行试点；申请的内容、格式等相关要求，另行制定。

（四）推动持续创新

试点工作是我国鲜活农产品市场调控制度的创新性尝试，是一项全新的工作，需要不断探索、总结、提高。迫切需要制定相关法律法规，提供法律保障；迫切需要完善信息采集体系，进一步强化生产、价格、消费、成本、贸易、库存等数据监测，为基准指标监测提供支撑；迫切需要创新政策工具设计，鼓励商业资本投入，提升生产经营主体的抗风险能力。

三、统筹协调，强化保障措施

鲜活农产品调控目录工作烦琐复杂，涉及多个部门、多个层级、多个区域，必须加强组织、协调、沟通，做到信息互通、管理精细，有力保障鲜活农产品调控目录工作开展。

（一）强化顶层设计，加强部门协同

鲜活农产品调控目录制度试点工作是新一轮"菜篮子"工程建设的全新发展，是新时期"菜篮子"市长负责制在工作方向、管理思想、方法手段方面的重要发展，要充分利用"菜篮子"市长负责制的现有工作机制。依托由农业部牵头，发展和改革委员会、财政部、国土资源部等 13 个部委"菜篮子"食品管理部际联席会议制度，加强试点指导，做好审核备案，及时协调有关工作和开展工作考核。地方有关部门要建立健全相应的协调机构，加强中央与地方之间、地方部门之间的沟通协作，扎实推动试点工作展开。

（二）加大投入力度，丰富调控手段

鼓励试点地区政府加强对鲜活农产品调控目录制度试点工作的资金扶持力度，同时，探索建立"政府引导、市场运作、社会参与"的多元化投融资机制，推动社会资本与鲜活农产品调控目录制度试点工作的深度融合。丰富调控手段，探索建立目录品种的政策保险制度、稳定基金制度、收储投放制度、食品营养计划、特定人群消费补贴等制度。

（三）强化监测预警，做好信息服务

建立健全针对鲜活农产品调控目录制度的监测预警体系（孔繁涛等，2013），将其纳入全球农业数据调查分析系统，要覆盖生产、流通、加工、消费等全产业链条，确定监测指标、监测频率、监测手段、监测方法等数据标准，鼓励试点地区采取多种方法科学研判基准指标波动的合理区间、警情状态、触发响应机制及其政策工具组合；面向生产者、流通者和消费者的不同需求，拓展信息发布渠道，建立标准化、个性化和智慧化的信息服务模式。

（四）完善物流体系，提高流通效率

逐步建立完善田头、区域、全国三级批发市场体系（张兴旺，2013；钱克明，2012），实现生产消费的有效对接，降低流通的交易成本。加快实施中央厨房示范工程，整合现有的小微流通体系，建设原料生产基地、区域配送中心，打造鲜活农产品大流通的基础平台。建立完善鲜活农产品产销信息平台，实现产销有效衔接。加快构建目录品种的车货配备系统，使车有其货、货配其车，车与货配套优化。创新农业农村电子商务运营模式，构建农村物流新业态。规范执行鲜活农产品"绿色通道"政策，并适时扩大品种范围。

（五）促进规模生产，建立档案制度

适度规模生产经营是建立调控目录制度的基础和前提。当前，要认真做好农村土地的确权登记颁证工作，引导农村土地经营权规范有序流转，大力培育和发展新型经营主体，通过多种形式形成种植业的适度规模。要加快推动畜禽、水产的区域化布局、规模化生产，提升养殖业产品的规模效益。要建立生产基地的档案制度，建立生产主体、扶持对象登记、备案及管理考核制度，严格调控对象主体的权利与责任。

|第十一章|　　我国蔬菜调控目录制度现状及分析

蔬菜的稳定供应和价格平稳运行是全社会关注的焦点，也是政府市场调控的难点。发达国家在进行蔬菜市场调控时，大多选择若干重要品种，有针对性地开展调控，对保持市场稳定发挥了重要作用。2012年中央一号文件指出要"探索建立主要蔬菜品种价格稳定机制"，2014年中央一号文件进一步指出要"合理确定不同农产品价格波动调控区间，保障重要农产品市场基本稳定"。为贯彻落实中央一号文件的调控思路，在总结我国蔬菜生产供应和流通消费的基础上，本章分析了我国建立蔬菜调控目录制度的必要性，并对调控目录品种选择、价格合理波动区间划分、触发机制和政策工具制定等问题进行了探讨。

第一节　我国蔬菜供应及流通的基本情况

蔬菜调控目录制度是指选择某些特定蔬菜品种作为调控对象，确定调控品种价格波动的合理区间及不同预警等级，提出相应的政策工具，通过这些品种的替代效应和互补效应，以实现蔬菜市场供应、需求和价格基本稳定的调控措施。全面把握我国蔬菜供需形势、价格波动特征，是开展蔬菜市场调控研究的重要基础，也是探索创新蔬菜调控机制的客观要求，对构建蔬菜调控目录制度具有重大意义。

一、我国蔬菜生产供应情况

（一）供给基本满足需求，生产形式仍小而散

我国蔬菜种植已超0.2亿 hm²，产量达7亿t，人均蔬菜占有量约500kg，在不发生较大灾害的情况下，已经可以基本满足我国消费需求。虽然蔬菜产量明显增加，但生产发展的基础仍是大量分散、小规模的农户。据调查，蔬菜种植面积不超过0.3hm²的农户占全部菜农的60%，加入蔬菜合作组织的生产者仅占4%（李崇光和包玉泽，2010），且现有蔬菜合作社服务多数停留在信息服务、技术咨询及产品包装、销售方面，市场参与深度不够，市场议价能力不强，物流配送能力缺乏，生产小而散的问题突出。

（二）要素约束不断增强，生产成本逐步升高

当前，我国水土资源约束日益趋紧，资源总量和质量均有所下降，在保障粮食安全的背景下，供蔬菜生产使用的耕地和水资源越来越有限，土地租金和水资源价格不断增加。同时，城镇化、老龄化迅速发展，农业劳动力逐年减少，人力成本也不断上升。土地、

水、劳动成本的上升，降低了蔬菜生产效益和菜农生产积极性。2008 年蔬菜生产每公顷土地成本 2873.4 元、人工成本 13538.9 元、总成本 33241.2 元，利润率为 84.19%，2013 年相应成本已分别增至 5290.4 元、3415.1 元和 60764.1 元，而利润率降至 70.41%。

（三）优势产区逐渐形成，城郊生产不断萎缩

在生产规模扩张的同时，蔬菜生产也逐渐向优势区域集中，已形成华南与西南热区冬春蔬菜、长江流域冬春蔬菜、黄土高原夏秋蔬菜、云贵高原夏秋蔬菜、北部高纬度夏秋蔬菜、黄淮海与环渤海设施蔬菜等六大优势区域。同时，一些大城市郊区蔬菜种植逐渐萎缩，供应能力不断下降。以北京为例，2011 年蔬菜种植尚有 6.7 万 hm^2，至 2014 年种植面积累计减少约 1.3 万 hm^2，比 2011 年减少约 20%，产量也相应降低。

（四）设施生产持续发展，供应品种更加多样

设施生产可以实现反季节、跨时令供应，获得相对更高的经济收益。在"菜篮子"工程建设的推动下，设施蔬菜规模快速发展，2014 年设施蔬菜面积已达 386.2 万 hm^2，产量约 2.6 亿 t，很大程度上打破了季节限制，实现了市场周年供应。加之，蔬菜新品种的开发引进，蔬菜生产、消费品种不断丰富，而今无论淡季、旺季，市场供应蔬菜均多达几十种，大大满足了居民消费需求。

二、我国蔬菜流通消费情况

（一）流通范围更加广泛，区域联系更加密切

随着交通运输条件的改善，蔬菜流通距离不断增加，销售范围不断扩大，"南菜北运""西菜东运"快速推进，流通范围的不断扩大，大市场、大流通格局的形成（钟鑫和张忠明，2014），保障了全国蔬菜的稳定供应。同时，外埠蔬菜与本地蔬菜、不同来源外埠蔬菜之间的互补和竞争关系也越来越明显，产地与销地、产地与产地间联系更加密切。

（二）流通环节过于繁多，利益分配不够合理

我国已经形成了一个以批发市场为中枢，以农贸市场、超市等为基础的蔬菜流通网络（张磊等，2013）。蔬菜流通从生产到消费大体要经过田头市场、批发市场、零售市场等环节。由于不同市场主体的市场力量不同，利益分配差异巨大，农户是各利益主体中最弱势的群体，处于利益链条的底端。从各环节价格运行实际看，价格间既存在相一致的一面，也存在相差异的一面。

（三）产地转换十分频繁，产销衔接更加困难

各地气候、地理等自然条件不同，蔬菜上市时节存在较大差异，产地间上市转换由此产生。在大市场、大流通的背景下，产地转换的频率在加快。由于气象、灾害等不确定因

素的存在，使得蔬菜生产供应的数量、时间、品质均难以确定，由此造成上市时间的交叉重叠或者断档，产销在品种、时间、空间等方面匹配对接的难度较大。

第二节　建立蔬菜调控目录制度的必要性

我国蔬菜生产供应总量已经基本满足需求，下一步促进蔬菜生产供应在品种、时间、空间、品质等方面的均衡供应将是未来蔬菜市场调控的重点。品种日益多样、区域关联加强、波动频繁剧烈、产销匹配难度加大等问题对我国蔬菜市场调控提出了更高要求，需要构建蔬菜调控目录制度加以解决。

一、蔬菜市场调控需要进一步明确调控范围

蔬菜生产和消费品种日益多样，不同蔬菜供需数量、价格水平、波动幅度、影响冲击均存在差异，面对成百上千的上市品种，要全面进行调控，难度较大，成本偏高，也没有必要。可行的方案是选择重要品种开展调控，进一步明确调控范围，做到有抓有放，抓大放小，重要品种纳入政府调控，一般品种则依靠市场调节，充分发挥市场调节和政府调控的合力作用。

二、蔬菜市场调控需要采取差异化政策措施

蔬菜市场调控的差异化，一是在调控措施和力度上应有所不同。市场价格波动频繁剧烈，波动幅度、波动持续时间不同，应采取不同的措施。二是不同地区应采取差异化市场调控措施。由于各地蔬菜生产、流通、消费明显不同，蔬菜市场调控的目标、任务、手段也存在差异，调控机制构建也需因地制宜，不宜搞一刀切。

三、蔬菜市场调控需要建立常态化触发机制

2009 年 4 月至 2010 年 11 月，我国鲜菜居民消费价格指数（同比）连续 20 个月超过110%，远高于同期的居民消费价格指数。2010 年 12 月至 2011 年 11 月间，蔬菜价格波动转向，又出现下降势头，1 年中有 5 个月鲜菜居民消费价格指数（同比）低于95%。2012年后，蔬菜价格又转为持续走高。蔬菜价格波动频繁且剧烈，开展市场调控的频率也不断增加，需要构建常态化和规范化的调控机制，以消除调控的随意性和人为因素，形成稳定的政策预期。

第三节　构建蔬菜调控目录制度的重要内容

蔬菜调控目录制度在我国属于新事物，各地调控要求各异，宜在问题突出、条件成熟

的先行地区试点，逐步推行。试点中如何构建蔬菜调控目录制度，需要具体解决目录品种选择、价格波动合理区间划分、触发响应机制的设定以及相关政策的制定等问题，即需要确定"调什么""什么时间调""怎么调"等问题。

一、明确调控原则

（一）坚持先行试点和总结推广相结合

在经济基础雄厚、市场调控成熟、产销矛盾突出的大城市开展试点，总结经验，弥补不足，形成模式，逐步推广。

（二）坚持品种差异和均衡上市相结合

充分考虑蔬菜品种之间的替代关系和互补关系，以均衡上市为出发点和落脚点，确保市场价格合理波动。

（三）坚持因地制宜和统筹兼顾相结合

结合蔬菜生产和消费的区域性特点，以及区域经济、资源和环境发展需要，因地制宜，统筹调控品种的生产供应。

（四）坚持市场机制和政府作用相结合

发挥市场在资源配置中的决定性作用、政府的推动作用以及市场与政府的合力作用。

二、确定目录品种

调控目录品种的选择就是要解决"调什么"的问题，具体需要解决两个问题：

（一）品种选择标准，即按照什么原则选择品种

进行品种选择应综合消费、流通和生产情况，一般满足以下条件：

（1）消费量大。消费量大表明该种蔬菜在消费中具有举足轻重的作用，对其进行调控，对于保障民生意义重大。

（2）生产成规模。所选择蔬菜在调控地区应具有一定生产规模，可以通过调控本地生产撬动该种蔬菜市场整体供给。

（3）可有效替代其他品种。该种蔬菜可以有效替代其他蔬菜消费，从而通过调节其供应，达到稳定整体市场的目的。

（二）品种范围界定，即如何确定蔬菜调控覆盖范围

品种范围的选择应综合考虑调控的效果和调控的成本等因素。选择品种过少，难以实

现对整体市场调控；选择品种过多，难以负担调控所需的成本。品种选择可基于消费量（上市量）与市场价格之间的关系，在防止市场价格大幅上涨的目标下，测算蔬菜最低消费量（上市量），作为最少品种范围的标准；结合经济、财政等实力，综合确定最终调控目录。

三、划分价格波动区间及警度设置

价格波动区间的界定和警度设置是要解决"什么时间调"的问题，这是调控目录制度的基础工作。波动是市场运行的常态，需要政府调控的仅是异常波动，对价格波动区间进行划分，从而明确"什么时间调"。

（一）选择参照标准

价格波动合理区间和警限的设置首先应确定基准价格，即运用何种计算方法对何种价格进行处理得到价格波动的参照。选择基准价格应考虑数据可获性和方法科学性。通常选择最近若干年均价作为基准值。

（二）警限划分

在确定了基准价格之后，首先应界定合理波动和异常波动，而后进一步对异常波动划分警限，细分波动区间。警限划分要综合考虑蔬菜生产成本、消费承受能力等因素。结合菜农的成本收益水平，设定价格合理波动的下限；结合市民的消费价格水平，设定价格合理波动的上限。结合价格波动发生概率对异常波动进一步细分，使发生大幅下跌或上涨的概率维持在较低水平（如5%）；发生小幅下跌或上涨的概率维持在相对较高水平（如20%）。

（三）警度设置

划分警限、得到价格波动的不同区间之后，即可设置相应的警度。通常设置为3个级别（无警、轻警、重警）和5个警度（无警、正向轻警、负向轻警、正向重警、负向重警），5个警度分别对应价格稳定、小幅上涨、小幅下跌、大幅上涨、大幅下跌5种状态（表11-1）。

表 11-1　价格波动区间划分和警度设定表

警限	$(-\infty, -20\%)$	$[-20\%, -10\%)$	$[-10\%, 10\%]$	$(10\%, 20\%]$	$(20\%, \infty)$
警度	负向重警	负向轻警	无警	正向轻警	正向重警
信号灯	紫灯	蓝灯	绿灯	黄灯	红灯
状态	大幅下跌	小幅下跌	稳定	小幅上涨	大幅上涨
发生概率	约5%	约20%	约50%	约20%	约5%

四、触发机制设定

设定调控目录政策触发机制是为了确保调控的差异化、规范化和常态化。根据所划分的波动区间，结合可采用的相应措施，调控目录政策触发机制初步设定如下。

（一）当价格波动处于无警区时

此时，价格波动幅度较小，可认为市场运行正常，为无警状态，一直触发蔬菜生产补贴政策、外埠基地订单制度、蔬菜产业发展支持政策。

（二）当价格波动处于轻警区时

此时，价格小幅波动，具体又可分为小幅上涨和小幅下跌两种情况。价格小幅上涨时，采取应急调控机制，以保障本地蔬菜供应，稳定市场；价格小幅下跌时，利用蔬菜价格调节基金和蔬菜价格保险等措施，对农户损失及时给予补偿。

（三）当价格波动处于重警区时

此时，价格波动过于剧烈，市场表现异常。具体也可分为大幅上涨和大幅下跌两种情况。价格大幅上涨时，除采取应急调控机制外，还应当采取措施对城市低收入群体给予补贴；价格大幅下跌时，除采取蔬菜调节基金和蔬菜价格保险政策外，还应启动蔬菜应急调控机制中的延期上市和加工后上市政策，尽可能减少市场过量供应，抑制价格继续下跌。

五、蔬菜调控目录政策工具

制定蔬菜调控目录制度政策措施就是要解决"怎么调"的问题。借鉴国外蔬菜调控目录的相关政策措施（王志刚等，2013；陈永福和马国英，2012），结合我国蔬菜生产、流通和消费实际，提出蔬菜生产补贴政策、蔬菜外埠订单制度、蔬菜价格保险制度、蔬菜调节基金、蔬菜应急调控机制、蔬菜产业发展支持政策等六项政策工具。

（一）蔬菜生产补贴政策

为稳定本地蔬菜生产、调动蔬菜生产积极性和增加农民收入，提高蔬菜产品的质量安全水平，对符合一定条件的生产者给予补贴。针对目录内品种，测算本地生产的基本保有量，结合本地历史生产情况，按照组织化、标准化、规模化和安全生产的要求，筛选划定不同品种蔬菜生产的核心地块，合理安排生产计划，层层分解、落实。根据各地实际，对按照计划和要求开展生产的核心地块内生产者给予一定补贴。

（二）外埠基地订单制度

针对一些大城市蔬菜对外依存度过高的情况，鼓励当地蔬菜生产企业、大户、合作社等建立稳定的蔬菜外埠生产基地。对进入调控目录的蔬菜品种,在科学估算本地自给率、合理确定外调需求量的基础上,参考多年来的相应品种蔬菜来源地,根据就近、有量、高质等原则,确定蔬菜供给外埠基地区域。通过财政对本地企业、大户和合作社直接建立外埠基地给予一定支持。本地农业管理部门与上述主体签订合约,通过合约对其供给品种、数量与时间提出明确要求,以保障本地蔬菜市场供应。

(三) 蔬菜价格保险制度

采用蔬菜价格保险,在市场价格大幅下跌时,由保险公司对生产者损失提供补偿,降低生产经营风险,以稳定生产供应。蔬菜价格保险以蔬菜市场价格为保险标的,采取市场运作的方式,由生产者向保险机构购买特定时节蔬菜价格变动风险的保险。保险实施的对象为常年种植目录内品种、生产规模达到一定规模的农户、蔬菜龙头企业(包括龙头企业在外埠开辟的生产供应基地)、专业合作社。政府可以通过对参保农户给予补贴的方式加以支持。保险的起止时间、保险水平和保险费率可根据本地生产实际和不同蔬菜品种间差异,由保险公司、政府主管部门和农户协商确定。投保人须承担保费的一定比例。

(四) 蔬菜调节基金

对纳入调控目录的蔬菜品种,探索建立蔬菜调节基金。基金由中央政府、地方政府和农户按照一定比例出资构成,由试点地区农业主管部门委托相关机构专门负责管理。当某一时节蔬菜市场平均价格低于基准价格的一定比例时,对承担基金相应费用、常年种植目录内品种,且面积超过一定规模的农户、合作社的损失给予一定补偿。补偿金额应使得农户最终所得收入略低于正常收入。正常收入可依据最近若干年农户平均产量和本地权威市场相同时节平均价格计算得出。

(五) 蔬菜应急调控机制

针对纳入调控目录的蔬菜品种,当市场价格出现明显或大幅波动时,启动应急调控机制加以干预。在市场供应出现短缺,价格上涨明显时,利用外埠基地所产蔬菜,补充本地供应,尽量抑制市场价格上涨;当市场供应出现过量,价格下跌明显时,利用蔬菜调节基金和蔬菜价格保险,以稳定蔬菜价格,保护生产者收入。当价格出现大幅下跌时,由农业管理部门指导将过剩蔬菜转作饲料或加工,对参与采购过剩蔬菜的加工商给予一定的补贴。

(六) 蔬菜产业发展支持政策

针对蔬菜生产增值少、流通损耗多、市场需求缺乏弹性的问题,建议试点地区从当地产业发展需求出发,提供一定资金,对产业发展的关键环节提供支持,包括育苗育种、加工、设施生产、冷链物流等方面。支持蔬菜育苗育种,稳定生产前端,探索通过对苗种的监测开展蔬菜生产预测;支持维护现有生产设施,避免因设施折损严重导致生产波动;加快发展蔬菜加工产业,增加市场需求调节的弹性空间,以调节供需,稳定市场;发展冷链物流，减少流通损失，提高蔬菜流通现代化水平。

第四节　推进蔬菜调控目录制度建设的建议

一、加强顶层设计，推进调控目录政策工作

构建蔬菜调控目录制度，应加强顶层设计，并积极选择若干地区，开展试点，充分进行论证试验，积累一定的实践经验后，逐步完善再逐步推广实施。加强顶层设计一方面要充分讨论、不断丰富蔬菜调控目录制度的政策实施细则，另一方面要全面收集、整理调控目录政策制定所需的各类基础数据，并采取合理的科学方法对具体实践路线进行充分论证，在此基础上落实调控目录的重要内容，确保顺利试点。

二、加强财政支持，增加蔬菜调控资金投入

现阶段农业仍然是相对弱势产业，其可持续发展离不开补贴支持。对于蔬菜产业而言，特别是在大城市，受城市化和工业化的冲击，蔬菜自给倾向萎缩，给调控带来很大难度。无论是加强对蔬菜生产的补贴支持，还是通过保险措施化解生产者的经营风险，在政策实施中均离不开财政的支持。而从当前已有的支持力度看，仍然显得捉襟见肘。因此，确保调控目录制度的实施，各级财政须给予更多支持。

三、加强监测预警，强化信息服务的引领作用

调控目录政策中各项措施的触发机制、补贴范围和补贴金额高度依赖监测数据，必须加强蔬菜市场的日常监测工作（孔繁涛等，2014）。一方面应建立覆盖生产、消费、流通等各个环节的蔬菜信息监测、预警和发布制度，实现产前、产中、产后各产业环节有机监测，掌握市场的供求变化和价格波动；另一方面应提高数据信息分析水平，加强数据的整理分析，及时发现调控触发条件，根据市场变动情况，明确对应调控措施，确保调控措施的有效落实。

四、强化"菜篮子"市长负责制，发挥考核机制促进作用

从上海的实践探索和我们的调查研究来看，"菜篮子"市长负责制是一套保障供给、稳定市场的有效措施。今后需要继续强化市长负责制，不断充实内容，加大落实力度。围绕"加强生产能力建设、强化质量安全监管、促进市场平稳运行、健全调控保障机制"等4项主要内容，全力构建"菜篮子"市长负责制的考核机制。

第十二章　上海市蔬菜价格调控模式的探索与思考

近年来，国内一些省份借鉴国外经验，率先在蔬菜领域切入，针对蔬菜不同品种，本着"有所为有所不为"的原则，先行在经济条件较好的大城市创新试点，进行了有益探索。上海建立了以绿叶菜为主的调控机制，探索出绿叶菜成本价格保险、应急保障供应机制等有效措施；广东启动蔬菜种植保险试点工作，创建了价格调节基金和蔬菜种植自然灾害保险制度。国内地方或行业的调控实践均取得了明显效果，逐步建立了"放管结合、优化服务"的现代农业管理体系。

本章在分析上海市蔬菜市场供需特点的基础上，阐述了上海市创新构建的蔬菜调控目录、生产补贴、价格保险、应急处置、产业支持等一系列调控措施，总结了上海市"目录制+补贴制+保险制"三位一体的调控成效，凝练了蔬菜调控的"上海模式"，研判了蔬菜价格调控的相关政策工具问题，进而提出了加强我国蔬菜保供稳价的调控目录制度、产销保险制度、市长负责制考核机制、全产业链监测预警制度等政策建议。

第一节　"上海模式"调控蔬菜价格的主要措施

上海市作为我国特大城市，拥有 2400 万常住人口和近 20 万菜农，具有特殊的市情。上海常年蔬菜消费量 620 万 t，"客菜"约占 50%。绿叶菜是上海市民饭桌上的必备，当地人常说"三天不见青，两眼冒金星"。蔬菜价格是否相对稳定或合理波动，不仅是市民和菜农关心的焦点问题，也是市长关注的难点问题。近年来，上海市为稳定蔬菜价格，采取了一系列的调控措施。

一、目录制：调控目录制度

上海市常年菜地面积 50 万亩，上市量 329 万 t；常年消费量约 620 万 t，日均消费 1.7 万 t，"客菜"占 50% 左右。上海的"客菜"除了绿叶菜之外，对其他蔬菜依存度较小。如何通过调控本地蔬菜生产供应，实现蔬菜市场价格的合理波动，上海市探索建立了蔬菜调控目录制度。

绿叶菜在上海蔬菜生产和消费中占有重要地位，常年消费量为 158 万 t，占蔬菜总消费量的 25.5%。绿叶菜价格的暴涨将直接影响普通市民特别是低收入家庭的生活，是事关上海市民生的关键因素；绿叶菜价格的暴跌将直接影响农民种菜经济效益，是事关上海菜农收入的严重桎梏。绿叶菜也是上海蔬菜价格变动的晴雨表。在一定程度上，只要保证了绿叶菜价格的合理波动，也就保证了整个蔬菜价格的相对稳定。上海市蔬菜调控目录制度主要包括如下内容：

（一）调控品种

上海从自身市情出发，通过研判蔬菜生产供应、流通消费、膳食习惯等具体因素，提出了调控品种：在"夏淡"季节，调控品种为青菜、鸡毛菜、米苋、生菜、杭白菜 5 种蔬菜；在"冬淡"季节，调控品种为青菜、杭白菜 2 种蔬菜（表 12-1）。

表 12-1　上海市蔬菜调控品种

夏淡（5 种）	冬淡（2 种）	占绿叶菜消费量比例
青菜	青菜	38%
鸡毛菜		7%
米苋		6%
生菜		15%
杭白菜	杭白菜	16%

（二）价格合理波动区间

上海绿叶菜价格合理波动区间：下限为调控品种零售价格的前 3 年平均值，上限为绿叶菜平均批发价格上涨幅度的 20%。

（三）触发机制

低于价格合理波动区间的下限时，触发"淡季"绿叶菜成本价格保险；高于价格合理波动区间的上限时，触发蔬菜应急保障供应机制。而蔬菜补贴制和产业支持政策不管价格是否低于下限或高于上限，始终触发运行。

二、补贴制：蔬菜生产补贴

上海建立了一整套完善的蔬菜生产补贴制度，这些制度相互补充、共同作用，优化了种植茬口布局，提高了科学种菜水平，有力地促进了蔬菜生产，保障了市场供应和价格基本稳定。补贴制主要包括如下内容：

（一）蔬菜农资综合补贴

补贴对象为常年种植蔬菜面积在 2 亩以上并且列入全市 50 万亩蔬菜生产任务的农户和农业生产经营组织。补贴标准为每亩 90 元。

（二）蔬菜高效低毒低残留农药补贴

补贴对象为常年种植蔬菜面积在 2 亩以上并且列入全市 50 万亩蔬菜生产任务的农户

和农业生产经营组织。补贴方式实行实物补贴。补贴标准为每亩 40 元。

（三）"夏淡"期间种植绿叶菜补贴

补贴对象为夏季期间（6 月 1 日至 8 月 31 日）常年种植绿叶菜，且列入全市 21 万亩"夏淡"绿叶菜种植任务的农户和农业生产经营组织。补贴标准为每亩 80 元。

（四）农业机械购置补贴

补贴对象为以从事农业生产、农产品初加工为目的而购置农业机械的农民（农场职工）和农业生产经营组织。补贴标准为定额补贴。

（五）商品有机肥补贴

补贴对象为种植蔬菜的农业生产组织、企业和农户。补贴标准为市级财政每吨补贴 200 元，每亩最高补贴 1t；各区县财政可自行配套。

（六）冬作绿肥种植补贴

补贴对象为 30 亩以上连片种植冬作绿肥（冬作蚕豆、金花菜、紫云英、豌豆、紫花苜蓿、黑麦草）的农户。补贴标准为每亩不少于 200 元，其中市级财政定额补贴 150 元，其余由各区县财政配套。

（七）设施菜田财政性资产管理补贴

补贴对象为资产管理工作考核合格的、2005 年以来各级财政投入为主建成的设施菜田。补贴标准为保护地每亩 310 元，露地每亩 48 元。

三、保险制：蔬菜价格保险

上海坚持制度创新，从自身实际出发，运用保险机制分散和转移农业风险，探索建立了具有地方特色的蔬菜价格保险制度，积极维护了菜农权益，有力提高了蔬菜生产抗风险能力，有效发挥了农业保险的风险补偿和防灾减灾作用。现行的蔬菜保险包括如下 3 种：

（一）"淡季"绿叶菜成本价格保险

保险品种为"夏淡"期间（6 月 16 日至 9 月 15 日）的 5 种调控目录品种和"冬淡"期间（2 月 16 日至次年 3 月 15 日）的 2 种调控目录品种。投保对象为蔬菜生产龙头企业、专业合作社和种植大户，以及 2 亩以上的绿叶菜种植散户。投保面积"夏淡"期间最高保险面积为 13 万亩次（表 12-2），"冬淡"期间最高面积为 8 万亩次（表 12-3）。保险金额按照保险产量与单位生产成本的乘积计算，保险基本费率为 10%。市级财政给予 50% 保费补贴，各区县自行配套，投保人自缴保费比例应不低于 10%。

表 12-2　2014 年"夏淡"绿叶菜成本价格保险

"夏淡"保险品种	保险产量/(kg/亩次)	生产成本/(元/kg)	保险金额/(元/亩次)	基本保费/(元/亩次)
青菜	700	1.83	1281	128.1
鸡毛菜	280	2.9	812	81.2
米苋	490	1.69	828.1	82.81
生菜	420	2.56	1075.2	107.52
杭白菜	770	1.53	1178.1	117.81

表 12-3　2014 年"冬淡"绿叶菜成本价格保险

"冬淡"保险品种	保险产量/(kg/亩次)	生产成本/(元/kg)	保险金额/(元/亩次)	基本保费/(元/亩次)
青菜	1600	1.11	1776	177.6
杭白菜	1400	1.02	1428	142.8

（二）"夏淡"期间菜农高温人身伤害保险

投保对象为"夏淡"期间（8 月 16 日至 9 月 15 日）绿叶菜生产成本价格保险的投保对象。保障内容为高温中暑引起的身故、残疾，并根据工伤残疾等级进行赔付。保费金额按照每 2 亩保险面积约 1 名投保对象的原则进行自愿投保。每人保费 20 元，农保公司实收 5 元。保险金额 20 万元。

（三）露地种植绿叶菜气象指数保险

保险品种为"夏淡"期间（7 月 6 日至 8 月 14 日）露地种植的青菜、鸡毛菜。菜农已投保蔬菜种植保险的青菜、鸡毛菜，不得再投保气象指数保险。投保对象为生产蔬菜的农业龙头企业和农民专业合作社。市、区县两级财政给予 70% 保费补贴，投保对象自缴 30% 保费。

四、其他相关措施

（一）应急制：应急保障预案

为增强上海蔬菜市场供应应急保障能力，完善蔬菜供应应急机制，确保市场供应和价格基本稳定，上海市商务委制定了针对绿叶菜的《上海市蔬菜应急保障供应预案》。根据该预案：一是成立了相应的协调指挥小组，并明确了责任分工；二是建立了分级预警与触发响应机制；三是制定了应急保障措施，主要包括建立主副食品专项调节基金、建立市外蔬菜产销对接基地、完善信息监测网络；四是明确了应急处置程序，主要包括预警信息发布、启动应急响应、终止应急响应等。

（二）扶持制：产业支持政策

上海市通过实施一系列项目支撑，积极扶持蔬菜产业发展，增强了蔬菜科技自主创新能力，促进了高效生态农业发展。市级产业支持政策主要包括地产绿叶菜上市量考核奖励政策、蔬菜标准园建设项目、市级财政扶持农民专业合作社项目、设施菜田建设项目、农民培训补贴项目、菜篮子工程车扶持政策、农民专业合作社贷款贴息政策、"三品一标"奖补政策、科技兴农项目9项，共计投入2.2亿元。

第二节　"上海模式"调控蔬菜价格的主要成效

上海市通过实施"目录制+补贴制+保险制"等一系列的调控政策，促进了蔬菜生产供给的基本稳定，实现了蔬菜市场价格的合理波动，保障了市民正常消费和菜农经济收入。

一、蔬菜生产供给基本稳定

（一）一定数量的菜田面积是保障供给的先决条件

近年来，上海常年菜田面积稳定在50万亩以上，其中，"夏淡"和"冬淡"绿叶菜种植面积稳定在21万亩以上；以青菜为主的绿叶菜日均供应量在4000t以上。

（二）设施装备是保障供给的关键因素

上海市已建设了8万亩设施菜田，并进行了水利配套；蔬菜生产机械化水平不断提升，在耕整地环节基本实现了机械设施全覆盖；"十二五"期间上海完成建设10家主要产区地产蔬菜加工贮藏中心。

（三）科技兴菜是保障供给的有力支撑

上海经过多年的品种选育，推出了一系列耐热青菜品种，逐步替代了传统品种；积极推广高温条件下绿叶蔬菜生产技术，如种子引发、工厂化育苗、遮阳网覆盖、合理灌溉和通风等技术；对农民参加蔬菜生产技术能力培训项目实行免费政策，提高了农民科学种菜水平。

二、蔬菜市场价格合理波动

（一）蔬菜市场价格基本稳定

近年来，上海蔬菜市场价格异常波动的频率逐渐降低，蔬菜市场价格波动幅度在减小。

据统计，2013 年，青菜田头价格波动区间为 0.83~4.09 元/kg，波动幅度为 3.26 元/kg；2014 年，青菜田头价格波动区间为 0.68~3.84 元/kg，波动幅度为 3.16 元/kg。

（二）蔬菜价格总体水平相对较低

目前，上海蔬菜价格水平处于稳定可控状态，以青菜为主的绿叶菜量足价稳质优，对调控整个市场蔬菜价格发挥了重要作用。

三、市场主体基本满意

上海实施的"目录制"，不仅使近年来绿叶菜价格相对稳定，而且通过其替代效应、互补效应、杠杆效应，保证了蔬菜整体价格的合理波动，实现了市民、菜农的基本满意和政府调控要求。

（一）满足了市民需求

蔬菜品种更加丰富，蔬菜质量安全进一步得到强化。安全使用农药告知书发放率和蔬菜质量安全承诺书签订率达到 100%，200 余家规模化生产基地或生产企业建立了质量可追溯制度。加之相对较低和稳定的蔬菜价格水平，使上海市民能够买得到、买得起品种多样、质量安全、称心如意的蔬菜。

（二）保障了菜农收入

"补贴制"实实在在增加了菜农的收入。据测算，2014 年仅补贴一项，菜农每亩可增加收入 500 元左右。"保险制"覆盖了 80% 的保护地设施生产和 50% 的露地蔬菜生产。调查发现，绿叶菜大棚种植每亩每年可获收入 1 万~1.2 万元。

（三）达到了调控要求

2010 年 9 月 24 日，上海市市长韩正指出："要从生产、流通、价格、安全等各环节入手，千方百计采取有效措施，确保市场供应充足、价格基本稳定""要从制度、技术、检测手段等各方面入手，确保上海主副食品供应的绝对安全，让市民放心"。经过近 5 年的"上海模式"的运行，上海蔬菜（绿叶菜）价格基本稳定、波幅趋缓，"两个确保"的任务基本得以实现。

第三节 "上海模式"调控蔬菜价格的评价与推广建议

"上海模式"是目前国内比较好的蔬菜产销调控模式之一。从全国来看，近几年蔬菜价格波动明显，主要表现为波动频次较多、波动幅度较大，具体如图 12-1 所示。

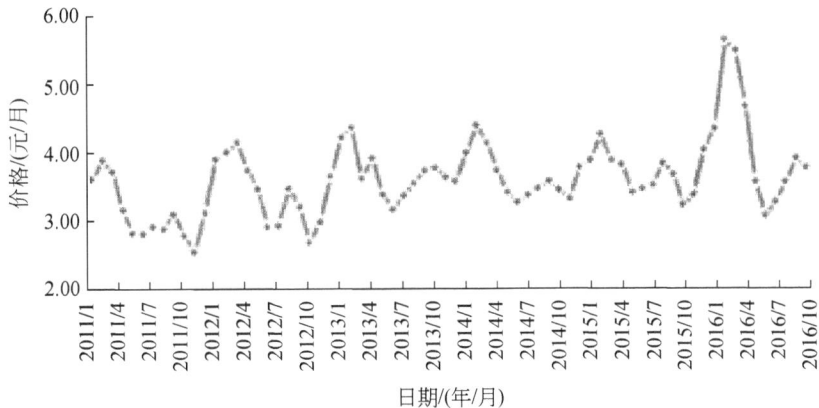

图 12-1 农业部重点监测 28 种蔬菜月均批发价走势
数据来源：农业农村部信息中心

"上海模式"既有成功的经验，也有需要改进和完善的地方。从蔬菜生产供应、市场运行、政府调控的角度，思考蔬菜调控的宏观政策、目录制度、生产补贴、产销保险等问题，对于加快建立具有中国特色的蔬菜调控目录制度，实现我国蔬菜供应基本稳定和价格合理波动，具有重要借鉴意义。

一、关于蔬菜调控手段

从上海的实践经验和市场经济理论来看，要保持蔬菜产业平稳运行，必须综合运用市场机制和政府调控两种手段。一是要充分发挥市场配置资源作用。蔬菜品种多样、季节性强、生产分散、流通复杂、消费均衡，通过市场的供需、价格的竞争等机制，在一定程度上可以灵活、有效地实现市场供需基本均衡。二是要充分发挥政府宏观调控作用。信息不对称性、经济行为外部性往往导致市场失灵，无法有效配置资源。蔬菜产销事关市民民生、事关菜农收入，蔬菜价格的巨幅振荡，甚至会影响到社会稳定，迫切需要政府运用财政、金融、税收等宏观调控手段，实现蔬菜供需的总体平衡。三是要充分发挥市场政府合力作用。蔬菜市场价格是市场机制和宏观调控共同作用的结果，是二者合力在市场运行中的具体表现。市场这只"看不见的手"与政府这只"看得见的手"都不是万能的，需要二者相互补充、相互配合，这样才能使蔬菜产业保持平稳运行，实现蔬菜价格的合理波动。

二、关于蔬菜调控目录

调控目录制度是克服市场失灵、发挥政府调控职能的有效手段，从上海的实践经验和宏观调控理论来看，调控目录制度要确定"调什么""什么时间调""怎么调"等问题。一是确定调控品种。调控品种要按照"需求量大、替代性小、操作性强"原则进行选择。

二是确定调控时间。根据蔬菜生产的季节性，及其形成的供应"淡季"，结合市场需求的相对稳定性，确定调控的具体时段。三是确定合理波动区间。要综合考虑蔬菜生产成本、流通供应能力、消费承受能力等因素，科学制定蔬菜价格波动的上限和下限。四是确定触发机制。根据蔬菜市场价格变动幅度，划分预警等级；根据实际波动幅度，对照预警等级的上限、下限，触发并启动相应的调控工具。五是确定政策工具。针对不同预警等级的触发机制，设计相应干预程度的政策工具组合，如加紧安排蔬菜生产、加强市场监测、组织"客菜"货源、减免市场摊位租金、减免市场交易费、发放蔬菜摊位补贴、发放特定人群补贴、强化市场执法措施等。

三、关于蔬菜生产补贴

农业补贴是发达国家鼓励农业生产、保障农产品供给的通行做法。从上海的实践经验和转移支付理论来看，蔬菜生产补贴要明确"补给谁""补多少""怎么补"等问题。一是明确补贴对象。根据蔬菜生产、流通和消费各环节的变化需要，研究设定补贴的具体对象。二是明确补贴额度。根据地方财力状况和产业发展现状与预期，综合考虑蔬菜供需形势、质量安全、环境生态、社会发展等各种因素，研究设定科学合理的补贴额度。三是明确补贴方式。根据蔬菜补贴预期和方便操作的需要，研究设定直接补贴、以奖代补、贷款贴息、税费补贴、考核补贴等具体方式，以及现金支付、银行汇款、打卡支付等具体发放形式。

四、关于蔬菜产销保险

美国、日本等发达国家在蔬菜保险方面取得了成功的经验，而我国尚在起步和探索阶段，许多难题有待破解。从上海的实践经验和 WTO 规则来看，蔬菜产销保险要搞好"保什么""保多少""怎么保"等制度安排。一是搞好险种设计。充分考虑蔬菜生产成本、市场价格、气象变化、菜农伤害、设施设备，以及区域特点、季节变化、品种属性等风险点，研究设计相应的险种，开发系列化的保险产品。二是搞好保费分担。与一般保险相比，以蔬菜为代表的农业保险具有政策性、连续性、地域性、季节性的特点。如果菜农某个蔬菜险种投保费用较高，就没有了投保的积极性；如果保险公司某个蔬菜险种长期亏损，就没有了运营的连续性。三是搞好理赔服务。在蔬菜保险理赔过程中，保险公司是强势部门，掌握信息相对完全；而菜农是弱势群体，掌握信息不完全，整体文化程度不高。因此，理赔程序要尽量简单可行、方便操作。

五、推广"上海模式"的政策建议

1. 尽快建立蔬菜调控目录制度，充分发挥政府调控和市场机制的合力作用

农业发展进入新阶段以后，蔬菜总供给和总需求基本平衡，但是"多了少了""贵了

贱了"一直困扰着蔬菜产业持续稳定健康发展，迫切需要完善蔬菜均衡供应的长效机制。从上海的实践探索和我们的调查研究来看，调控目录制度是实现蔬菜供应基本稳定、价格合理波动的高端工具。

（1）要加快推进蔬菜调控目录试点工作。2015 年以来，北京、上海、天津、沈阳相继启动了蔬菜调控目录试点工作，制定了相应的工作方案，需要真抓实干、措施落地，继续探索路子和方法。

（2）要全面总结试点工作经验。"上海模式"已成雏形，北京、天津、沈阳的试点工作，需要总结经验、查找问题，归纳提炼不同的机制和模式。

（3）要尽快构建省级蔬菜调控目录。依据试点形成的机制模式，其他省份及大中城市要结合自身实际，积极开展并建立自己的调控目录制度。

2. 积极推行蔬菜产销保险制度，充分发挥市场调节和财政扶持的保障作用

保险是被事实证明了的防范风险、保障权益的有效方法，但农业保险在我国一直是一大难题，而蔬菜保险又是"难中之难"，迫切需要改革探索、总结经验、推广应用。从上海的实践探索和我们的调查研究来看，蔬菜产销保险是规避自然和市场风险，实现农业支持方式转变的现实选择。

（1）归纳总结现有蔬菜保险经验。近年来，全国许多地方都开展了蔬菜保险工作，如山东开展了马铃薯、大蒜、白菜保险，上海开展了青菜、鸡毛菜等保险，四川开展了蔬菜价格指数保险，这些保险实践需要进一步归纳总结。

（2）大力做好蔬菜保险推广工作。借鉴已开展的蔬菜保险经验，各地要结合自身实际，因地制宜地设计险种、分担保费比例，迅速扩大蔬菜保险范围、保险力度、保险群体。

（3）加大财政扶持保险力度。要转变财政扶持蔬菜产业方式，有条件的地区要积极组建包括蔬菜在内的农业政策性保险公司，建立蔬菜保险基金，突破 WTO"黄箱"限制，从而在根本上转变财政补贴方式，发挥财政资金"四两拨千斤"的乘数效应。

3. 强化落实"菜篮子"市长负责制，充分发挥考核机制的促进作用

我国自 1988 年实施"菜篮子"工程、建立"菜篮子"市长负责制以来，取得了显著成效。但是，随着我国经济社会发展进入新常态，"菜篮子"市长负责制又面临新要求、新挑战和新机遇，迫切需要建立"菜篮子"市长负责制考核机制。从上海的实践探索和我们的调查研究来看，"菜篮子"市长负责制是保障供给、稳定市场的行之有效的办法。今后需要继续强化"菜篮子"市长负责制，不断充实内容，加大落实力度。围绕加强生产能力建设、强化质量安全监管、促进市场平稳运行、健全调控保障机制等内容，全力构建"菜篮子"市长负责制考核机制。

4. 建立完善蔬菜监测预警制度，充分发挥信息引领市场的推动作用

当今世界很多国家和国际组织都把构建农业信息监测预警体系作为现代农业管理方式的重要组成部分，开展农业信息监测预警已经成为国际通行做法。从上海的实践探索和我们的调查研究来看，蔬菜监测预警制度是及时感知市场脉搏、实时调控市场走势的重要手段。

（1）进一步完善蔬菜信息监测制度。根据蔬菜市场运行特点，不断完善蔬菜田头价格、批发价格、零售价格数据采集的规范和标准，增加监测的范围和频率，建立蔬菜生产、加工、流通和消费的数据仓库，打造蔬菜产业数据链，着力提升数据资源的可用性、共享性和可扩展性。

（2）进一步完善蔬菜信息分析平台。根据蔬菜价格数据的多样性、复杂性、区域性等特点，整合现有平台资源，运用大数据技术，进行数据挖掘分析，修订完善监测预警分析模型，打造"消费确定生产"作用链，着力提升蔬菜价格数据分析的规范性、专业性、科学性和实用性。

（3）进一步完善蔬菜产销信息服务制度。针对目前蔬菜种植的盲目性、市场流通的无序性、信息服务的滞后性、菜农群体的差异性等特点，充分研判信息发布与服务的具体内容、基本路径和方式方法，打造"信息引导生产"传导链，着力提升信息服务的标准化、智能化和智慧化。

第三篇　蔬菜市场运行与政策探究

|第十三章| 极端天气及特殊政策对蔬菜市场的影响

"天有不测风云",极端异常天气时有发生,同时国家有关政策也会适时调整;而蔬菜产业是自然再生产和经济再生产的有机统一。一旦发生极端天气变化或关键政策调整,对蔬菜市场供需的冲击往往是巨大的,导致产销分离、价格暴涨暴跌。作者团队总是及时"把脉",迅速研判,适时建言献策,保障蔬菜市场合理波动和平稳运行。

第一节 台风"利奇马"对蔬菜价格的影响及后市分析[①]

2019 年 8 月 10 日,超强台风"利奇马"从浙江登陆以后,一路北上,11 日登陆山东。台风带来的降雨强度大、范围广、破坏力大,对浙江、江苏、山东三省蔬菜生产造成了不利影响。而由于大部分地区正值夏秋蔬菜交替的生产淡季,加之山东寿光等地吸取 2018 年台风"温比亚"的教训,防范措施到位,应对方法得当,蔬菜生产总体损失较小,市场价格涨幅有限。

一、台风"利奇马"总体影响情况

这次"利奇马"台风的风力大,范围广,降雨强,积水多,台风级别、降雨量在多地出现历史最高值,对东部沿海六省(市)造成了严重损失。

(一)风力大,范围广

2019 年 8 月 10 日,超强台风"利奇马"登陆浙江,中心附近最大风力 16 级,是 1949 年以来登陆我国大陆地区第五强的台风,穿过江苏移入黄海;11 日夜间,登陆山东,中心附近最大风力 9 级,经山东半岛后进入渤海;13 日早晨,"利奇马"减弱为热带低压。

(二)降雨强,积水多

强台风带来了强降雨,受"利奇马"影响,浙江平均降雨量为 165mm;山东平均降雨量为 158mm,比 2018 年台风"温比亚"带来的降雨多近 15%,为山东有记录以来的过程降雨量最大值。

---

① 本节内容完成于 2019 年 8 月。

（三）危害大，损失重

台风造成了巨大损失，浙江、上海、江苏、安徽、山东、福建等六省（市）651 万人受灾，145.6 万人紧急转移安置；近 3500 间房屋倒塌，3.5 万间不同程度损坏；农作物受灾面积 26.55 万 hm² （至 8 月 11 日 17 时）；浙江 535.8 万余人受灾，因灾 32 人遇难、16 人失联（至 11 日 13 时 30 分）；山东 165 万余人受灾、5 人死亡、7 人失踪（至 8 月 12 日 5 时 50 分）。

二、"利奇马"对蔬菜市场的影响

（一）台风过后全国蔬菜市场涨幅有限

从台风重灾区来看，浙江、江苏和山东的蔬菜价格有所上涨。台风期间浙江大部分蔬菜价格依然保持平稳，只有青菜、生菜等叶类菜价格有所上涨。台风过后的一周（8 月 12 至 16 日），浙江重点批发市场蔬菜均价比上一周涨 10%～20%；江苏市场变化较小，菜价环比涨幅不足 2%；山东寿光、济南、青岛的蔬菜价格有所波动，菜价环比涨 10% 左右。

从北京市场看，蔬菜价格小幅上涨。2019 年 8 月 12 日，北京新发地市场蔬菜的加权平均价为 1.95 元/kg，较上周同期（8 月 5 日）的 1.85 元/kg 上涨 5.4%，较 2018 年同期的 2.05 元/kg 下降 4.9%；仅个别主要来源于寿光的丝瓜、苦瓜、荷兰黄瓜等蔬菜价格上涨 30%。据北京新发地市场有关负责人介绍，蔬菜市场供应的主体是北方冷凉地区，2019 年这些地区气温基本上保持在 27～28℃，超过 30℃ 的天气很少，非常适宜蔬菜的生长，蔬菜长势好、供应足。

从全国市场看，蔬菜价格稳中略涨。农业农村部监测批发价格数据显示，台风过后的一周（8 月 12 至 16 日），全国农产品批发市场重点监测的 28 种蔬菜平均价格为 4.16 元/kg，比上周五上升 4%，属于正常的"夏淡"期波动，受"利奇马"台风的影响微弱。

（二）对山东寿光蔬菜生产供应影响有限

"全国蔬菜看山东，山东蔬菜看寿光"。寿光蔬菜价格波动已成为我国蔬菜生产供应的晴雨表，其波动幅度往往在全国产生巨大的乘数效应（周向阳等，2018；张洪宇等，2019；张晶等，2019）。寿光虽然也是 2019 年台风重灾区，但是台风对蔬菜市场供应的影响甚微。

1. 2019 年"利奇马"对寿光的危害明显小于 2018 年"温比亚"

这次台风，寿光市低洼易涝区 1.8 万个蔬菜大棚进水，受灾大棚占 12% 左右，农田受灾面积 0.87 万 hm²，造成直接经济损失近 10 亿元；而 2018 年"温比亚"台风造成 10.6 万个蔬菜大棚进水，受灾比例超过 2/3。仅从寿光蔬菜看，2019 年灾害损失为 2018 年的 20% 左右。

2. 寿光防范台风的能力得到提升

在2018年台风"温比亚"之后，寿光市迅速行动起来，大力加强台风防范基础设施建设，风险应对能力大幅提升。寿光市共清理河道32.5km，投资2.27亿元，建设了总长度为172.5km的农田排涝管网，形成了棚（田）通渠、渠连沟、沟进河、河入海的防洪排涝体系，保证了低洼地区的积水能及时排出，让蔬菜大棚损失降到最低。由于寿光提前实施台风应对预案，水库提前放水，当地没有出现洪水。

3. "利奇马"台风处于寿光蔬菜换茬节点，不甚影响蔬菜定植

2019年台风强降雨发生时间比2018年相对提前7～8天，寿光预计10月上市的椒类、番茄、金丝南瓜等蔬菜大部分尚未定植，等积水退去即可重新定植，而且当地蔬菜育苗量较为充足，不会出现缺苗的现象，对蔬菜生产供应周期影响不大。

三、后期菜价将在短暂上涨后季节性回落

受气候等自然因素影响，我国蔬菜价格季节性波动特征明显（曹珊珊等，2018；杨海成等，2018）。从2019年以来的蔬菜市场运行情况看，尽管上半年菜价水平高于上年，但价格波动基本符合常年规律（刘继芳等，2018；周向阳等，2019；沈辰等，2018）。据农业农村部监测，全国蔬菜批发均价从4月开始明显回落，7月随着全国进入大范围高温多雨天气，菜价止跌回升，28种蔬菜月均价为4.08元/kg，环比涨6.5%，同比涨15.3%。展望后市，在"利奇马"台风的叠加影响下，8月全国菜价有可能继续保持上涨走势。考虑到2019年蔬菜种植面积稳定，且北方冷凉地区没有出现2018年的大范围极端高温天气，推测后市菜价不会出现2018年同期的异常上涨情况。在接下来的9月和10月，随着全国大部分地区气候比较适宜蔬菜生长，市场供给恢复，全国菜价将如期季节性回落。

四、政策建议

（一）加强灾情预测预警工作，切实做到早预防早行动

台风、洪涝、冰雹、寒流等极端异常自然灾害，具有很强的偶然性、随机性和不确定性，要加强基础研究和应用基础研究，提高监测、预测、预警、预报能力，为早预防早行动预留时间（吴建寨等，2017；张建华等，2018）。要充分利用短信、电视、网络和气象预警预报电子显示屏四大平台，及时有效地发布自然灾害预警信息，让菜农提前做好御寒防冻、泄洪防涝、培土固基等相关防范工作。要编制自然灾害应急预案，开展自然灾害教育培训工作，增强菜农风险防范意识，普及各种自然灾害的防范知识，提高菜农防灾抗灾的能力。

（二）加强蔬菜基础设施建设，切实增强风险防范能力

进一步加强蔬菜生产基地的道路、电力、水利、通信、日光温室、大棚等基础设施建

设，是防范各种自然灾害、稳定菜农收入预期的重要保障（丁娇娇等，2018；李斐斐等，2019）。当前，加快蔬菜基础设施建设，要和"不忘初心，牢记使命"主题教育相结合，要和脱贫攻坚、全面建成小康社会相结合，要和农业农村优先发展、"重中之重"战略定位相结合，将蔬菜基础设施建设提上重要议事日程。各级各地要认真梳理、科学论证在应对各种自然灾害中存在的短板，查找问题和不足，因地制宜，有针对性地建设蔬菜种植相关基础设施，把抵御自然灾害的能力提高到"50 年一遇"或"100 年一遇"。

（三）加强政府财政扶持力度，切实保障蔬菜有效供应

针对重灾、巨灾等自然灾害的突发性、频发性和危害性，各级各地要加大对蔬菜产业的财政支持力度，不仅是在道路、水利等硬件设施上，而且要在保险、教育培训等软件装备上。要积极探索、推广应用蔬菜种植、加工的政策性保险和商业性保险，明晰政府保费承担份额，防止菜农一夜致贫，保障菜农对美好生活的期盼，也能确保城乡居民正常的蔬菜消费。

第二节　雾霾对农业生产及流通的影响研究[①]

2014 年我国首次将雾霾天气纳入自然灾情进行通报，表明雾霾已经是自然灾害之一，并且达成了广泛的社会共识。雾霾的产生，可以追溯到 19 世纪 40 年代维多利亚时期，而闻名于世则在 20 世纪 50 年代，伦敦雾霾夺走万人生命。近年来，我国雾霾也日趋严重，多地多次出现大范围持续重度空气污染，PM2.5 指数频频"爆表"。由此，引发了雾霾对农作物生产的研究，国外起步较早，采用了定量、定性的研究方法，取得了一系列研究成果；而国内起步较晚，主要集中在定性分析雾霾特征阶段，定量研究较少，尚处在研究的初级阶段。研究表明，雾霾导致了农作物产量降低，造成了农产品质量下降，引起了农业生产环境污染，阻碍了农产品流通。

一、雾霾影响农业生产的机理分析

雾霾是雾和霾的混合物，能带来危害的物质主要是霾。霾指水平能见度小于 10.0km 的空气混浊现象，是由大量灰尘、硫酸、硝酸、有机碳氢化合物等气溶胶（颗粒物）物理特征和化学成分的消光作用引起的（杨军等，2010）。气溶胶在大气中自然存在，根据成分来源可分为自然源气溶胶和人为源气溶胶，自然源气溶胶主要来源于海洋、土壤和生物圈以及火山等；人为源气溶胶主要来源于化学燃料的燃烧、工农业生产等。随着工农业高速发展，化学燃料大量使用，空气中人为源气溶胶不断堆积，产生雾霾天气。

霾主要通过吸收太阳辐射光，减少农作物光合作用，进而导致农作物产量、质量下降。首先，霾降低了太阳辐射光强度，影响了农作物生长发育。气溶胶通过改变光合有效

[①] 本节内容完成于 2017 年 2 月。

辐射的数量和质量或气候因素等来影响植物的生长发育，且气溶胶光学厚度越大（Mike，2002），吸收太阳辐射光的能力越强。在雾霾期间，大气气溶胶光学厚度（AOD）增加明显（Dubovik and King，2000；Schwartz，1996），南京地区监测数据显示，雾霾前 AOD 为 0.16~0.43，雾霾期间为 0.31~0.84（王静等，2013）。由于气溶胶光学厚度增加导致辐射到地面的光照减少，使绿色植物失去生长所需的光照，进而减少光合作用，影响生长发育。冬春季节的农作物最需要阳光照射，而雾霾却在一定程度上阻碍了阳光的直接照射、吸收了部分太阳辐射光，阻碍到达地面的太阳总辐射量（罗云峰等，1998），使农作物光照时间缩短、光照强度减弱，无法满足农作物正常光合作用对太阳辐射光的需要，影响植物光合作用及部分蛋白质形成过程（Yan et al.，2014），降低营养物质积累，导致农作物产量、质量得不到保证。其次，霾产生了低温高湿现象，极易发生作物病虫害。雾霾多发季节处于作物易受病虫害影响阶段，而气溶胶会吸收和反射太阳辐射达到地面的热量及空气中的水分（Roderick et al.，2001），造成地面低温高湿状态，低温容易引起农作物冻害现象发生，高湿易诱发农作物霜霉病、晚疫病、灰霉病等各种病虫害，导致作物减产，品质下降。再次，霾可以引起酸沉降，导致作物生境恶化。雾霾天气发生时，大量的人为源气溶胶浮游空气中，其中的有害物质也会慢慢下沉至土壤中，尤其是伴随雨雪直接融入土壤，造成酸沉降（杨昂等，1999）、重金属集聚，引起土壤酸化，直接危害到土壤–农作物生态系统。

二、雾霾导致农作物产量降低

围绕雾霾对大田作物产量的影响，国内外学者都做了大量研究。研究表明，雾霾尤其是持续、大面积的雾霾天气，对小麦、水稻、玉米等大田作物影响严重，使其减产 5%~30%；对设施作物影响更大，使其减产 50% 左右。

（一）雾霾对大田作物影响严重，减产幅度较大

从国外研究进展来看，定量研究较多，研究方法比较先进。研究结果显示，雾霾导致小麦、水稻等大田农作物减产 5%~30%。Chameides 等（1999）采用 CERES 模型，估算了在不同气溶胶载荷条件下，中国长江三角洲地区大米和小麦的产量减少情况，结果表明，中国大约有 70% 的农作物由于受雾霾的影响导致产量减少 5%~30%，或者更多。Roby 等（2006）基于特定地区的气溶胶载荷和特定植物的辐射光线利用效率，利用该模型估算得出气溶胶导致玉米产量下降 10%、小麦下降 5%、水稻下降 10%，而与此相对应的是，在天气格外晴朗的条件下，加利福尼亚州的一个中央山谷，水稻产量增加 30%。

从国内研究进展来看，定性研究较多，学术观点分歧较多。刘文元等（2016）采用对流层紫外–可见光模型（TUV）的计算结果表明，华北平原、长三角地区、中东部地区（湖南、湖北）和四川盆地四大粮食产区太阳辐射受气溶胶影响减少幅度的最高值可达 28%~49%，由此估算，水稻和小麦的减产量大约分别占全国的 1%~2% 和 4.5%~8%。郭宁（2016）通过对郑州雾霾天气下农作物生长情况研究发现，雾霾天气下，植物会出现

叶片颜色会逐渐变浅，茎杆会变细，花开参差不齐，根系须根减少，植株生长较弱小等问题，导致农作物的产量下降 50% 以上。北京市顺义区小麦新品种高产实验基地在 2013 年 6 月小麦灌浆期间，遭遇雾霾天气，连续一周没有太阳，小麦灌浆受到影响，导致产量同比下降 15% ~ 20%[①]。黄晨发现，工业污染严重地区产生的废气常使雾霾呈严重酸性，而"酸性雾霾"对农作物的危害程度远甚于"酸雨"，农作物长期与"酸性雾霾"接触，叶色失绿或色素变化，破坏农作物细胞正常代谢活动，导致细胞死亡，农作物减产（黄晨，2015）。众多研究均指出雾霾对大田作物产量影响大，甚至有专家提出，雾霾对粮食产量的威胁，类似核冬天，严重程度难以预计[②]，甚至威胁到我国粮食安全问题。但也有专家提出，大田作物在雾霾多发季处于休眠状态，基本不会受到霾影响（张淑敏等，2015）。

（二）雾霾对设施作物影响巨大，减产幅度近半

雾霾对设施农作物的影响研究，从目前可获得的文献来看，主要集中在国内。研究结果表明，雾霾会引发设施大棚光照不足、通风不畅、湿度偏大等问题，导致设施作物产量降低 50% 左右。

雾霾影响设施作物的产量形成过程。习佳林等（2014）对北京 30 家设施草莓生产基地的棚内温度、光合有效辐射和光合速率等参数进行监测发现，PM2.5 指数与光合有效辐射、光合速率呈负相关关系，雾霾使 30 家基地草莓出现不同程度减产，减产幅度在 4500 ~ 15000kg/hm² 之间。周洁（2015）调查研究发现，雾霾天气会对作物生长的温度、光照及光合速率产生抑制作用，即雾霾造成弱光寡照、光周期不足等逆境条件，严重影响农作物的生长发育和优质高产，雾霾造成设施蔬菜产量下降 53% 左右。张淑敏等（2015）运用铜川 3 个气象观测站 1964 ~ 2013 年 50 年间气象观测资料，对铜川的雾、霾、日照、湿度等气象要素从地域、年际、月季等变化做了统计分析，认为冬春季霾增多主要是静稳天气造成的，会造成设施大棚光照不足、通风不畅、湿度偏大等不利影响，导致设施作物产量降低，病虫害发生增加。

雾霾影响设施作物的生长发育速度。王女华（2016）通过对黄瓜、番茄等 10 种主要设施蔬菜产量的调查发现，受雾霾天气影响，果菜类同期单产降低不少于 30%，且普遍出现作物苗期生长迟缓，延迟定植期 7 ~ 10 天。以黄瓜为例，正常条件下，盛果期温室黄瓜隔一天采收一次，但受连续雾霾天气影响则隔 2 ~ 3 天采收一次，甚至 4 天采收一次，导致黄瓜从开花到采收时间平均增加 5 天左右。相关调查显示，雾霾天气会造成正常 60 天采收的叶菜类，采收时间平均延迟 10 天左右，而草莓果实甚至达到晚收 20 天的情况。有专家对比实验，发现番茄在人造光实验室下生长周期约为 20 天，但在雾霾天气下，生长周期长达两个月之久（耿丽艳，2013）。

与此同时，也有专家认为雾霾天气对农作物的影响存在有利的一面，主要表现为重度

① 孙宝启. 持续雾霾天可能威胁粮食安全. http://news.xinhuanet.com/environment/2014-03/08/c_126238297.htm.

② 雾霾对农业影响犹如"核微粒飘降物". http://news.ifeng.com/mainland/detail_2014_02/26/34199175_0.shtml.

霾污染天气使地面上水汽不易蒸发，减少了地面热量的散发。而在冬季，因为这样的"保温"作用，农作物不易遭受冻害，有利于越冬。虽然雾霾对农作物生产影响利弊共存，但霾污染的弊远大于利①。

三、雾霾造成农产品质量下降

雾霾不仅影响农作物产量，而且影响农产品质量。雾霾能够降低果蔬等农产品糖分、蛋白质等营养物质积累量，口感下降，容易诱发农产品畸形、腐烂，不利于农产品的着色、成熟，直接影响到农产品的外观品质（曹洪玉和颜忠诚，2015）和商品属性。

雾霾降低果蔬等农产品的营养积累。Hassan 和 Aarts（2011）研究认为，植物吸收细颗粒物携带的有害物质后会影响叶片蛋白质含量，降低叶绿素浓度活性及寿命，进而影响农作物品质。李春和郭晶（2014）研究了 2013~2014 年冬季天津雾霾对农业的影响，发现雾霾导致农作物光合作用降低、生长环境温差减小、作物的光合产物减少，导致农产品糖分等营养减少，食用品质下降。吕孟雨等（2016）以草莓生长监测实验为例，认为当雾霾天气严重时，处于生长期的草莓会出现长势弱、不开花，而已处于开花期的则不结果，已经长出未成熟果实的不变红，已经变红的果实口感也不佳，影响了草莓品质。王广印等（2016）基于 2015~2016 年冬季持续雾霾阴（雪）天气对河南省设施蔬菜的影响调查研究，发现在雾霾天气里，白天光线不足、气温降低，光合有效辐射大幅减少，导致光合速率降低甚至停止，植株积累的光合产物严重不足，生长发育受阻，导致植株叶片颜色发黄、株体纤细，营养物质含量降低。

雾霾影响果蔬等农产品的外观品质。毛艺林研究发现，雾霾灾害会使农作物缺乏在生长过程中所必需的温度和日照，影响果蔬成品的大小和光泽，难以保证果实品质（毛艺林，2014）。赵义平等（2013）在对辽宁省雾霾天气下蔬菜生长情况研究中发现，受雾霾天气的影响，蔬菜植株茎变细、叶色变浅、叶茎嫩，出现不同程度徒长；花开的整齐度差，花粉少和落花落果增加，谢花早；根系须根少，植株长势弱。陈磊（2015）监测了安徽省农作物不同生长阶段受到雾霾影响情况，发现雾霾对处于不同生长阶段作物质量的影响结果不同：在生长期就受到雾霾天气影响的植物，在成熟期不会有很好的质量；而在植株生长期间情况良好，但在成熟期遭遇长期、连续的雾霾天气，由于日照时间缩减，温度过低，湿度过大，导致与果蔬从花期到果期病害明显加重，如番茄 TYCLV 病毒病和枯萎病（或萎蔫病），导致果蔬成品的商品性下降。部分专家在对北方冬季主要食用蔬菜——大白菜监测中发现，由于大白菜露天栽培，中后期生长阶段处于雾霾多发季节，因此，大白菜易出现不同程度的腐烂，导致品质下降（吕孟雨等，2016）。

---

① 灰霾污染或致粮食作物减产. http://www.zgxcfx.com/sannongzixun/94235.html.

四、雾霾引起作物生境污染

雾霾中的有毒有害物质，如重金属、有机污染物等，通过大气沉降等方式，进入土壤–农作物生态系统（田春雨，2014），从而引起对农作物生长环境的污染。

雾霾沉降对土壤造成严重污染。中国科学院大气物理研究所大气分中心系列研究显示，华北区域 2009 年大气硫、氮沉降量分别为 6.5t 和 6.1t，已成为全球沉降最高区域之一；重金属铅的年均沉降量已达到 14kg/km²，是发达国家城市区域的十几倍[①]。Luo 等（2016）通过研究发现，中国偏远地区农田系统中来自雾霾的重金属沉降量不断增加，据监测数据显示，2010 年农田重金属沉降量比 2005 年多出 55%。相关专家研究得出，霾中颗粒物沉降携带的酸性成分、有毒有害重金属、有机污染物等对土壤有一定影响，会使土壤质量下降。酸沉降导致土壤酸化，一方面，提高土壤中铝离子等物质释放速度，形成植物可吸收的铝化合物，引起作物中毒，甚至死亡。另一方面，酸沉降能加速土壤中的矿物质营养元素流失，改变土壤结构，导致土壤中氨化、固氮等微生物种群数量减少，引起土壤贫瘠化（俞元春和丁爱芳，2001）。有毒有害重金属、有机污染物等沉降对农作物生态系统会产生一定影响，但关于霾中重金属等物质影响程度，尚未具体说明。

雾霾对农作物生境引发一系列的问题。雾霾沉降除了对土壤造成污染以外，也会对农作物生长发育环境造成一系列影响，如水资源污染等。Vencelides 等（2011）以捷克共和国部分区域内酸大气沉积数据监测为基础，采用模型测算酸沉积对一定区域范围内地下水质量的影响情况，得出由于酸沉积造成地下水质量二次变化，尤其是重金属含量变化。陈能场验证了植物叶片不单是植物进行光合作用的器官，更是对大气中重金属等污染物质的吸收和积累的重要途径，在大气污染的条件下，叶片吸收的重金属污染物甚至可能高于来自土壤的污染物。蔬菜等农作物叶片能从大气中吸收重金属的事实也显示，各种环境污染的影响是环环相扣的，污染的大气会加重土壤的污染，从而生产出危险的食物[②]。部分专家表示，从干湿沉降角度讲，雾霾对农作物生长环境会有影响，但需要区分在什么生长季节，雾霾里含有什么样的物质，以及雾霾本身的类型等[③]。

五、雾霾阻碍农产品流通

目前，我国"大市场、大流通"的农产品供应格局基本形成，"南菜北运""北粮南运"已经成为常态，顺畅、高效的物流对于保障各地农产品均衡供应具有重要意义。大面积、持续性雾霾会阻碍农产品运输，降低流通效率，引发市场供应紧张。

---

① 华北大气污染物沉降量已成全球最高区域之一，对土壤和人有何影响？http://mp. weixin. qq. com/s?__biz = MzA3MDMwNTExNg%3D%3D&idx = 1&mid = 207624693&scene = 21&sn = 4468deaf6df3408f8adc35da06435aa0.

② 陈能场. 重霾地区的蔬菜叶更吃"金". https://www. douban. com/group/topic/63227714.

③ 张桃林. 需要研究雾霾对农作物影响. http://news. aweb. cn/20140314/549185740. shtml.

雾霾天气严重影响鲜活农产品正常供应。蔬菜、水果等鲜活农产品容易腐烂，不耐储存，对运输时效要求较高，一般采用公路运输。雾霾对公路交通的影响极大，主要表现在大雾或浓雾天气会使能见度减低，妨碍驾驶员视觉，干扰驾驶员的观察与判断，容易发生交通事故（喻峥嵘和杨春，2016）。严重雾霾导致高速公路关闭，造成鲜活农产品长途运输车路上滞留严重，滞留时间甚至超过一整天，造成"产地运不出、销地货源紧"，"卖难"和"买贵"同时出现。2016年，我国北方地区最严重雾霾出现在12月19~21日，北京、天津、河北、山东等多地高速封路，运输不畅造成北京市蔬菜供应量明显降低，北京新发地批发市场反映，平时蔬菜到货量每天在2万t左右，但雾霾严重时只有1.5万~1.6万t，减少20%左右，12月20日新发地蔬菜上市量比17日下降22.7%，价格上涨4.6%。特别是南方进京的蔬菜运输受影响较大，20日上午，海南豇豆、杭椒、线椒、广东尖椒、韭菜、广西青皮冬瓜、云南的架豆、扁豆、菜花、团生菜，湖北圆白菜、菜花、白萝卜等蔬菜的上市量都明显下降，价格都出现不同程度上涨[①]。

雾霾天气加剧大宗农产品运输风险和压力。稻谷、小麦、玉米等大宗农产品的短途物流多采用公路运输，跨省长途物流则以铁路运输为主。持续性雾霾不仅对大宗农产品公路运输造成不利影响，而且对它们的铁路运输也形成严重威胁。雾霾天气中含有大量污染物颗粒，颗粒含有多种重金属物质。在行驶中的电力机车上，空中的污染物颗粒会积聚在车顶高压器件上，很容易产生"污闪"现象，造成设备故障，从而给大宗农产品远距离调运带来比较大的风险隐患。同时，我国铁路系统既要满足旅客运输需要，又要兼顾关系国计民生的大宗农产品运输，保障压力较大。相对于铁路而言，雾霾对公路和航空的限制更大，一旦遇到大面积雾霾天气，会有大量客流涌向铁路运输。面对有限的运输能力，无疑会挤占大宗农产品的运力资源，增加大宗农产品的运输压力（陈晨和赵紫英，2015）。2016年12月中下旬出现的大范围雾霾天气，使得玉米运输受到明显阻碍，造成华北地区用粮企业到货量下降，南方销区玉米采购困难[②]。

六、未来研究重点及思考

从2013年1月全国大范围地区遭遇雾霾袭击开始，许多专家学者开展了对雾霾的相关研究，包括雾霾的产生原因、形成机理、主要成分、危害后果、防治措施等主要内容，雾霾对农业影响研究也逐步得到重视和拓展。但是，总体上来说，我国目前霾对农业生产影响相关研究时间短、系统性弱，跨学科融合度低，处于研究的初级阶段。

与欧美地区的霾污染相比，我国雾霾污染结构明显不同，污染物来源有较大区别，但在治理难度上却是不相上下。伦敦摘掉"雾都"帽子耗时30年之久，我国在治理雾霾上也将有一段较长的路要走。雾霾对农作物影响是一个持续的过程，为保障我国粮食安全，针对雾霾影响开展持续且系统的研究是十分必要的。未来一个时期，雾霾对农业

[①] 雾霾天拉高京城菜价 . http://finance. sina. com. cn/stock/t/2016-12-22/doc-ifxytyzp5392732. shtml.
[②] 今年伊始南方港口玉米终破百万吨，雾霾影响局部运输 . http://yihaoliangyouwang. com/news/show. php? itemid=878.

生产影响的研究工作重点或主攻方向应集中在如下几个方面：一是加强合作研究，开展跨部门、跨学科的联合公关。加强雾霾对农业生产影响的研究，是一项复杂的系统工程，需要农业、环保、气象、国土等部门密切合作，形成稳定的、长期的合作机制，共同推进农学、环境学、气象学等相关学科的交叉与融合，扫描聚焦农业防霾研究，一同谋划、群策群力、联合公关、共同推进。二是加强基础研究，开展机理模型、定量分析等关键技术研究。雾霾对农业生产的影响，是一个长期的、艰巨的研究任务，不是一朝一夕就能够解决的，既不会一蹴而就、也不可能一劳永逸。要树立打持久战的思想，从基础研究做起，开展机理分析、构建模型、定量分析等关键技术研究，逐步形成识霾、懂霾、防霾、治霾、消霾为一体的理论方法和技术体系。三是加强应用研究，做到边研究、边应用、边防治。要将治理雾霾取得的创新研究成果，及时应用到农业防霾生产实践中去，开展应用基础研究，尤其是应用研究。要突出问题导向、需求导向，全力做好雾霾对农业影响的监测工作，运用大数据思维和"互联网+"技术，加快农业防霾技术的推广应用。

第三节　限载对蔬菜流通及生产的影响分析[①]

2016 年 9 月 21 日起，我国堪称"史上最严超载令"《超限运输车辆行驶公路管理规定》（交通运输部令 2016 年第 62 号，简称 62 号令）正式实施，引发了货物运输行业"大地震"，对蔬菜长途贩运产生了剧烈阵痛。总的来看，62 号令对地产地销的蔬菜影响甚微；对于长途贩运的蔬菜，运输成本明显增加而销地菜价变化不大，但由此波及使蔬菜种植效益下降；要采取"互联网+"等有效措施，努力保障蔬菜生产者、运输者、消费者利益。随着 62 号令实施时间的推移，限载引发的蔬菜运输商阵痛逐渐减弱，在市场机制作用下，市场主体的利益分配将会达到新的均衡状态。

一、增加了蔬菜运输成本，影响销地菜价甚微

"史上最严超载令"的"严"集中体现在对重量超限认定及超载处罚上，使蔬菜运输尤其是长途运输成本上涨明显，涨幅在 20% 左右。山东省章丘市宁家埠镇蔬菜经纪人李敬涛介绍，以前山东蔬菜进京，装载量 9.6t 的货车一般都装菜 11.5t，超载 19.8%，运费 1500 元/车；现如今，只装 10t、下降 15%，仅超载 4.2%，符合鲜活农产品不超载 5% 标准，而且司机趁机涨价，运费达 1700 元/车、涨幅 13.3%。重庆市富奥蔬菜科技股份合作社蔬菜批发商丁象其说，以前每车蔬菜超载几千斤一般予以放行、不罚款，而现在超载则全程收费，导致蔬菜运输成本快速上涨。合作社蔬菜运输距离约 1700km，运输成本由以前的 400 元/t 上涨到目前的 600 元/t，涨幅高达 50%。山东省滕州市界河镇蔬菜经纪人生茂富称，滕州市物流便利，62 号令导致蔬菜运输成本小幅上

---

① 本节内容完成于 2016 年 12 月。

涨,从山东销往湖北的蔬菜运费由 190 元/t 上升到 220 元/t,涨幅 15.8%。鉴于我国蔬菜大生产、大流通的基本格局,蔬菜运输成本的上升,引起了蔬菜销地价格的上涨。北京市新发地市场统计部部长刘通介绍,销地菜价受 62 号令影响甚微、差异不显著,主要是由市场供求关系决定的。其研究发现,运输成本在蔬菜价格形成过程中的比重很低,而且可以通过转嫁菜农压低蔬菜收购价、空载货车装运鲜活农产品合理免除高速费用等方式以降低成本。

二、蔬菜田头价格连带下跌,种植收益小幅降低

限制超载、严厉处罚,不仅增加了蔬菜运输成本,而且波及蔬菜田头收购价格小幅下跌,跌幅在 5% ~ 10%,降低了种植效益,影响到菜农种菜积极性。山东省金乡国鑫冷藏有限公司蔬菜加工企业赵方国说,他在甘肃武威包地种植洋葱 400 亩,以前收获洋葱后都拉回山东储存销售,售价 2000 ~ 2200 元/t,比甘肃 1800 元/t,高出 17% 左右;限载令后,运费由 180 ~ 200 元/t 涨到 300 ~ 340 元/t,上涨近 70%,二者相比只得选择在甘肃销售,导致种植收益下降。山东省青岛市平度市郭庄镇蔬菜经纪人兼种植户万毛得则称,限载令导致运输费用增加,但是增加的成本全都转嫁给种植户了。以前胡萝卜田头收购价格为 1.5 元/kg,限载令后降至 1.3 元/kg,下跌 13.3%,直接影响到胡萝卜种植户的积极性。山东省青岛市平度市崔家集镇袁家村蔬菜经纪人陶凤波称,蔬菜经纪人为了降低运输成本,一般不再采用"直通车"方式,而是选择"返程顺风车",但"返程顺风车"往往很难碰到,导致了蔬菜运输效率下降,影响经纪人下一阶段收购计划,进而减缓了菜农销售进度,降低了蔬菜新鲜度甚至引起变质腐烂,造成种植收益下降。

三、主动应对蔬菜限载,力争把好事办好

62 号令的颁布实施,有效防止了多拉快跑引发的交通事故,从根本上保障了蔬菜运输商的人身安全、财产安全和经济利益。我们要积极应对,采取有效措施,主动维护蔬菜生产者、运输者、消费者利益,力争把好事办好。一是利用"互联网+"等新技术,提高流通效率。运用 GPS、物联网等信息技术,采集汇总蔬菜产地销地的供需信息,建立蔬菜产销时间空间大数据,构建类似"货车帮"的公益信息平台,降低货车空车率,增加蔬菜"返程顺风车"运输概率,探索发展蔬菜运输的新业态、新模式。二是借鉴发达国家模式,增加蔬菜地产地销比重。目前,我国"南菜北运""西菜东进"已经成为常态,按纬度吃菜导致了运输成本的急剧增加,销地菜价居高不下。我们要借鉴发达国家经验,尽量增加蔬菜地产地销份额,缩短运输半径,降低运输成本及能源消耗,保持蔬菜新鲜程度和营养价值。三是确保绿色通道政策全面落地。鲜活农产品绿色通道政策自实施以来,有效地降低了蔬菜运输成本,提高了蔬菜长途贩运的流通效率,取得了良好成效。但是,极个别地方仍存在执行不力的问题,"吃拿卡要"现象时有发生,我们要强化监督管理,确保政策精准落地。

第四节　2016 年倒春寒对蔬菜价格的影响分析[①]

　　2016 年春节过后，我国出现了两次倒春寒现象。首次倒春寒出现在 1 月 21 ~ 25 日，受 "霸王级" 寒潮影响，-12℃ 以下区域占全国面积 71.0%。1 月 24 日，雪线南压至广州及珠三角一带，为 1951 年有气象记录以来最南端；南宁城区出现 41 年来的首次降雪。第二次倒春寒出现在 3 月 7 ~ 11 日，我国中东部地区出现寒潮天气，江苏南部、安徽南部、浙江等地部分地区最低气温降至 0℃ 左右；江南大部、华南北部最低气温 2 ~ 6℃；黄淮南部、江淮、江汉、江南、华南东部及贵州北部、重庆等地出现明显降水过程，大部地区累计降水量有 30 ~ 50mm；湖南、江西的部分地区累计降雨量达 50 ~ 100mm；贵州、福建等地的部分地区遭受风雹等灾害。两次倒春寒，尤其是第二次对我国农作物生产造成了一定影响，对蔬菜、茶叶生产种植及市场流通影响较为显著。

　　受倒春寒影响，蔬菜价格走势不降反升，菜价创近 4 年新高。究其原因，1 月及 3 月上旬的两次短期寒潮，导致南方陆地蔬菜生产供应减少、北方设施蔬菜光照不足，引起蔬菜市场价格上扬。

　　从产区供应来看，倒春寒的持续低温、阴雨天气，造成蔬菜生长缓慢，秧苗受损比较严重，部分蔬菜有提前退市的趋势，产区蔬菜供应出现断茬，供应上市量下降，蔬菜价格上涨较快。四川番茄产区收购价较月初上涨 0.4 元/kg，涨幅 9.5%；内蒙古番茄产区收购价较月初上涨 13.5%；江苏、浙江大葱产区价格持续偏高，收购价 7.0 ~ 7.4 元/kg；海南鲜椒产区采摘周期延长，尖椒产区价格较月初上涨高达 107%，线椒上涨高达 112%；山东菠菜、香菜产区收购价水涨船高，菠菜产区收购价 4.8 ~ 5.2 元/kg，较月初涨幅 138%，香菜产区收购价 6.4 元/kg，较月初涨幅 83%。

　　从销区市场来看，由于倒春寒引起的蔬菜产地市场供应不足，导致蔬菜销地市场价格快速上涨。上海大葱批发价格 10 元/kg，福建大葱批发价格 8 元/kg，较月初涨幅均高达 8%。沈阳市物价监测的 20 种蔬菜，18 种蔬菜价格同比上涨，其中：青椒 11.07 元/kg、尖椒 9.71 元/kg、芸豆 15.36 元/kg、番茄 8.36 元/kg、蒜薹 13.64 元/kg，涨幅都达两三成。北京新发地批发市场监测的油菜、紫甘蓝、芹菜、大白菜、甘蓝、洋白菜、茄子、黄瓜、柿子椒、胡萝卜（洗）、胡萝卜、番茄、香菜、平菇、姜 14 种蔬菜，3 月 1 ~ 15 日的平均批发价格为 4.1 元/kg，同比上升 18.58%；其中 5 种蔬菜上涨率超过 50%。

　　从冷库流通来看，理论上讲，冬储菜如大蒜、马铃薯、干辣椒等价格受倒春寒影响不大。但是，由于受存货成本增加、游资的进入等多方面影响，部分冬储菜价格大幅上涨。如山东金乡大蒜大混级出库价 13.4 元/kg，较月初涨幅 34%；河南临颍干辣椒入库价 11.4 ~ 11.6 元/kg，较月初涨幅 3.6%；山东肥城马铃薯出库价 3.5 元/kg，较月初涨幅 20.7%。

　　展望后市，寒潮天气的影响将逐步减弱，气温正在逐步回暖，北方设施蔬菜将陆续上市，南方新茬蔬菜也将恢复供应，增加了菜农增收预期，蔬菜种植面积稳中有升，预计蔬菜价格也将再现季节性回落。

---

　　① 本节内容完成于 2016 年 3 月。

第十四章 节日期间蔬菜市场供需实例分析与对策研判

民生无小事。"春节将至，菜价如何？"是党中央国务院、人民群众以及新闻媒体普遍关注的焦点问题。一般来讲，春节期间是菜价高位运行、暴涨暴跌易发的敏感时期。春节期间蔬菜市场将会出现怎样的形势？城乡居民能否吃得到、吃得起蔬菜？作者团队每逢春节、元旦等重大节日，总是及时向国务院、农业农村部建言献策，及早预测预警，做到风险早防范、措施早到位，力争防患于未然。本章以 2017～2020 年四年为例，提前研判当年春节期间蔬菜市场的供需情况，并提出相应的建议措施。

第一节 2017 年春节期间蔬菜市场分析①

通过对 2017 年蔬菜市场分析研究，如果春节期间不出现持续大面积的灾害天气，后市蔬菜市场将平稳运行，供应上市充足，蔬菜价格保持合理波动，或将同比下跌、环比略涨，基本满足城乡居民消费需求；但同时，也要做好风险防范、市场监测、信息发布等工作，确保人民群众对节日"菜篮子"基本满意。

一、蔬菜市场后市供应充足、价格或将稳中趋降

2017 年春节期间，蔬菜总供给与总需求基本平衡，生产供应相对充足，市场价格保持合理波动；蔬菜价格或将同比下跌、环比略涨。具体原因如下：一是蔬菜在田面积增加。在田面积是反映蔬菜即期及未来一段时间生产供应及上市能力的基础性指标。580 个蔬菜重点县信息监测点 2016 年 12 月在田面积 104.7 万亩，同比增 5.1%；10 个"南菜北运"基地县同期在田面积 91.0 万亩，同比增长 5.7%；10 个北方设施蔬菜主产县同期在田面积 142.1 万亩，同比增 1.3%。二是菜农生产积极性较高。一般来讲，蔬菜种植面积是由上期蔬菜市场价格决定的。2016 年春节期间，蔬菜价格高位运行，达到了当时 5 年来的最高值。由于利益驱动，调动了 2017 年菜农节日供菜的积极性。三是产地可能重叠上市。春节期间的上市蔬菜，主要来自"南菜北运"南方基地县以及设施蔬菜北方主产县。受去年 10 月台风频发影响，南方部分蔬菜收获延迟，与北方设施蔬菜重叠上市，导致供应增加，减缓了菜价"逢节必涨"的上涨趋势。四是当前蔬菜价格基本稳定。2017 年 1 月的

---

① 本节内容完成于 2017 年 1 月 24 日。

第 3 周（1 月 16～22 日）28 种蔬菜监测价格平均为 4.47 元/kg，同比涨 1.1%，环比涨 2.3%。年关在即，2017 年 1 月的第 3 周是阴历腊月 19～25 日，蔬菜价格与去年腊月同期相比，跌 16.4%，下降趋势明显；由此判断，春节期间菜价总体或将下行，但跌幅不会太大，约 10% 左右。

二、蔬菜市场运行的不确定性

虽然理性判断春节期间我国蔬菜市场将平稳运行，但是，也存在许多不确定性因素。在一定条件下，这些不确定因素甚至可能引起蔬菜市场的剧烈波动。一是天气等自然灾害的不确定性。寒潮、冰冻、雪灾、雾霾等自然灾害天气，虽然可以预测预报，但是仍然存在很大的不确定性，导致严重损失的发生。而 2017 年春节期间，受拉尼娜现象影响，北方地区将持续偏冷，雨雾天气增多，势必对蔬菜设施生产和交通运输造成不利影响。二是个别品种暴涨暴跌的不确定性。品种众多、质量各异、产地转换是我国蔬菜目前供应上市的基本特点，虽然供需总量基本平衡，但品种数量之间的产销匹配、质量供需之间的有效对接、产地销地之间的统一协调，往往很难实现；尤其在春节人口大流动的背景下，一旦发生问题，个别蔬菜品种价格大涨大跌、巨幅波动，将在所难免。三是人为炒作的不确定性。蔬菜价格波动既存在明显的季节效应，也存在显著的节日效应，"逢节必涨"已成为常态。极少数商贩可能利用春节期间物价上涨的机会，囤积居奇、人为炒作，以牟取暴利。尤其是"产地集中、易于久存"的小宗蔬菜品种，更加容易成为炒作的对象。

三、及早采取应对措施，保障市场平稳运行

针对蔬菜生产上市的不确定性，要早预测、早防范、早应对，积极主动地采取有效措施，做到防患于未然，切实保障城乡居民节日"菜篮子"量足、价稳、质安。一是及早防范自然风险。2017 年春节期间恰值"四九""五九"交替时期，极易发生冰雪、风暴、雾霾等灾害性天气，气象部门要加强预测预报工作，农业部门要做好技术指导工作，蔬菜种植户、经销商等相关市场主体要及早准备、主动应对。二是密切监测市场变化。节日期间，各种市场要素急剧动态变化，蔬菜市场行情可能瞬息万变，因此，要时刻跟踪、密切监测蔬菜市场行情变化，要增加监测的频次、环节和范围，运用大数据及"互联网+"思维，见微知著，做好市场供需预测工作。三是及时发布市场信息。产销信息不对称是造成蔬菜市场价格波动的重要原因之一。要做好供给侧信息发布工作，主要包括蔬菜产地的品种品系、在田面积、上市日期、上市数量、田头价格等信息；要做好需求侧信息发布工作，主要包括蔬菜销地的具体品种、数量质量、零售价格等信息；要做好蔬菜供需信息耦合工作，实现产销信息的有效衔接和智能匹配。

第二节　2018 年春节期间蔬菜供给分析[①]

进入 2018 年以来，主要受大范围雨雪降温天气影响，我国蔬菜价格呈现一路上涨态势，周度涨幅波动明显。综合考虑气候气象、种植面积以及各地应对措施等因素，分析 2018 年春节期间蔬菜价格季节性波动规律和节日效应的共同作用，推测后市蔬菜能够保障市场供给，满足市场需求，但蔬菜价格将小幅上涨。

一、菜价同比稳中略降，周度环比涨幅较大

根据农业部重点监测的 28 种蔬菜批发价格数据，从月度价格分析，2018 年 1 月蔬菜价格整体保持季节性上涨态势，达到 4.04 元/kg，却是近 3 年同期最低价格，环比涨幅创近 5 年新高。从周度价格分析，2018 年第 5 周（1 月 29 日至 2 月 4 日）有 27 种蔬菜价格环比上涨，其中：西葫芦、茄子和油菜环比分别涨 12.5%、12.0% 和 10.0%，只有 1 种下跌；第 5 周蔬菜价格达到 4.37 元/kg，环比涨 4.5%，但同比跌 9.0%；这是入冬以来蔬菜价格连续 9 周小幅上涨，累计涨幅达到 24.2%。

二、春节期间蔬菜供应充足，价格小幅波动上行

影响春节期间蔬菜生产供应及市场价格的因素众多，有气候、交通、在田面积、蔬菜品种及其替代效应、互补效应等常规因素，也有突发事件、自然灾害、社会舆情等异常因素。对各种有利因素和不利因素进行综合分析判断，推测 2018 年春节蔬菜供应能够满足城乡居民消费需求，蔬菜价格在平稳运行中呈现小幅上涨趋势。

（一）前期低温雨雪影响消退，应对灾害能力提升

2018 年 1 月的三次雨雪冰冻天气，对蔬菜生产供应造成了一定影响。三次降雪落区重叠、强度大、积雪深，并伴有大风降温，导致部分设施温棚棚膜撕裂、棚体垮塌损毁，特别是连栋大棚受损较为严重，棚内作物、蔬菜瓜果受冻；积雪降低了棚内透光性，减弱了蔬菜光合作用，导致蔬菜生长缓慢，产量和质量均有下降；强降温也造成南方露地蔬菜遭受不同程度的寒冻害。

雨雪天气过后，尤其是立春以来，随着气温回暖，蔬菜所受影响逐渐消退，而且历经三次雨雪冰害冲击的磨砺，各级政府、农业部门、气象部门以及蔬菜生产者、流通者的应对能力逐渐提升。如果气象部门对大范围降雪预报及时准确，各蔬菜主产区准备充分，应对措施及时到位，应对效果就会明显。如江苏第一次雨雪低温天气致使 7 万余亩设施蔬菜受损，占总面积约 1%；之后，由于各部门及时预报预警，采取多种有效防范措施，受损

面积不到 1 万亩，蔬菜生产得到保障。同时，不利天气对交通运输的影响有明显阶段性特点，随着天气转暖、雨雪消融，蔬菜运输恢复正常状态，批发市场交易量与 2017 年春节之前同期相比基本持平，没有明显波动。

（二）春节期间气候气象向好，利于蔬菜生长发育

根据国家气候中心当年预测，2018 年春节期间天气总体向好，有利于蔬菜生产供应和流通上市。全国春季气温整体接近常年且偏高，只有云南部分地区和四川部分地区气温偏低，江南中南部降水偏少，后期蔬菜生产供应较为乐观。2 月 9~11 日，大风降温过程主要影响北方地区，淮河以南气温逐渐回升，前期受冻蔬菜或可恢复生产性能；15 日~21日，冷空气势力整体偏弱，北方大部分地区平均气温基本接近常年，南方地区气温较常年同期偏高 1~2℃，降水偏少，蔬菜生长发育、单产水平或将提升。

和 2008 年的冰雪灾害、2016 年的强寒潮天气相比，2018 年 1 月的不利天气对蔬菜产销影响较小。从气象温度来看，2018 年 1 月全国平均气温为 -5.9℃，与 2016 年基本持平，高于 2008 年的 -6.9℃；从灾害损失来看，2018 年冰冻雨雪过程间歇时间长，蔬菜生长和交通运输有充分缓活空间，而 2008 年冰冻雨雪频繁集中、没有回温过程，冰冻日数长达5~20 天，2016 年 0℃线和雪线越过南岭，南压至华南中部，历史少见。

（三）蔬菜在田面积增加，南菜北菜产区供应平稳

一是蔬菜重点县在田面积稳中有升。据农业部 580 个蔬菜重点县监测数据，2017 年8~10 月蔬菜在田面积均有所扩大，同比分别增 0.6%、2.1% 和 1.1%；12 月在田面积为103 万亩，同比基本持平。二是冬储菜数量充足。据统计，全国 2017 年秋冬蔬菜播种面积1.5 亿余亩，同比增加 190 余万亩，且 2017 年入冬以来，除东北和内蒙古东北部，我国大部分地区平均气温较常年同期偏高，使得全国整体秋菜丰收、冬储菜供应充足。三是年初三次雨雪对"南菜"主产区及"北菜"设施种植影响不大。入冬以来的雨雪低温天气主要集中在长江中下游和淮河地区，因此，对冬春"南菜"主产区华南、西南地区以及"北菜"设施种植区山东、河北等地区影响相对较轻，蔬菜产销两旺。以春节期间"南菜"供应主产省海南为例，自 2017 年 11 月底至 2018 年 1 月底，全省瓜菜种植面积已达251 万亩，占计划 83.6%，同比慢 12 万亩，但受菜价上涨影响，种植积极性提升，预计瓜菜出岛 345 万 t，现已出岛量 69.2 万 t，同比增长 7%。

（四）多重因素交叉叠加，后市春节菜价震荡上行

由于前期低温雨雪天气减缓了部分地区蔬菜的生产进度、降低了商品率，后期或将同时出现局地断茬和产地重叠上市等，引发部分品种蔬菜价格波动加剧。年初的弱拉尼娜事件或转为中性状态，导致年气象年景整体偏差，极端天气发生的概率增加，后期若出现大范围不利天气，不排除局部地区个别品种价格出现大幅上涨情况。同时，2018 年春节较上年晚、消费者节前储备高峰延后，春节期间蔬菜价格将保持震荡上行走势，或高于 2017年同期水平。

第三节 2019 年春节期间蔬菜价格分析[①]

　　2018 年 10 月底以来，蔬菜价格没有出现季节性回升，反而出现较大幅度下跌，农业农村部重点监测的 28 种蔬菜 11 月批发均价 3.52 元/kg，环比跌 13.5%，部分地区"菜贱伤农"现象较严重。总的来看，该时期蔬菜价格异常下跌，是 2018 年持续高菜价驱动种植面积扩大，与秋季天气良好导致蔬菜单产提高、集中上市叠加的结果；后期随着入冬后气温大幅降低，蔬菜生长发育和流通将受到一定影响，后市菜价将进入季节性上涨区间；由于蔬菜在田面积基本稳定，如果不出现大面积雨雪冰冻天气，元旦、春节期间蔬菜供应将总体有保障；专家建议，各地应落实好"菜篮子"市长负责制，做好产销对接和信息引导，保障市场稳定供应，防止菜价大跌后出现大涨，广大菜农也应及时做好防灾减灾，合理安排蔬菜生产，避免盲目跟风经营。

一、近期蔬菜价格逆势大跌，反季节运行特点突出

（一）蔬菜价格大幅下降，处于近年较低水平

　　根据农业农村部监测，2018 年 10 月底以来，蔬菜价格没有出现像往年那样的季节性回升，反而出现较大幅度下跌，11 月 28 种蔬菜批发均价为 3.52 元/kg，环比跌 13.5%，跌幅比上月扩大 7.9 个百分点，同比基本持平，比 2016 年低 15.7%，比近 5 年同期均价低 1.7%。除冬瓜、南瓜、韭菜等少数品种价格环比上涨外，各大类蔬菜均不同程度下跌，叶类菜和花类菜跌幅超过 20%，根类菜和果类菜跌幅超过 10%，菌类菜、茎类菜跌幅较小，分别为 8.6%、5.9%。

（二）蔬菜价格逆势而行，反季节特征明显

　　从近 10 年数据来看（图 14-1），我国蔬菜价格呈现明显的季节性波动规律，冬春季往往是全年高点，之后波动下跌至 6~7 月"夏淡"低点后稳中趋升，9~10 月小幅回落，11 月开始进入上涨通道。但 2018 年秋季蔬菜价格一路走低，下跌持续时间长、下跌幅度大，呈现明显的反季节波动特点。监测显示，10~11 月全国蔬菜批发均价连续 8 周下跌，11 月最后 1 周为 3.46 元/kg，比 10 月第 1 周跌 21.3%。

（三）部分地区出现滞销卖难，菜农受损较重

　　10 月底以来，随着蔬菜价格持续大幅走低，部分地区蔬菜出现滞销卖难现象，菜农

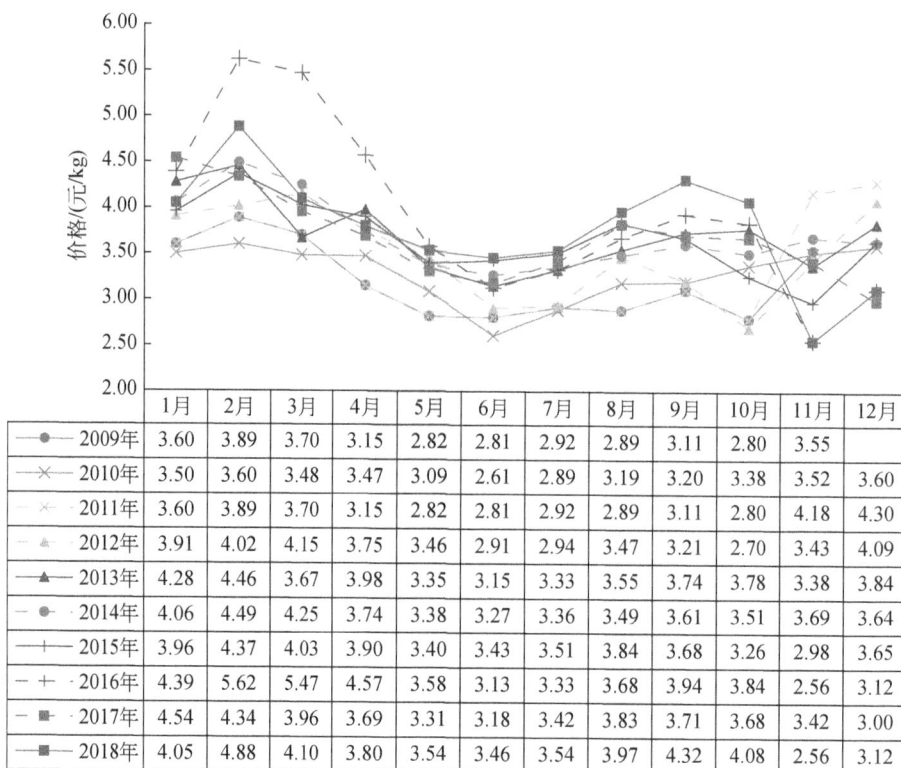

	1月	2月	3月	4月	5月	6月	7月	8月	9月	10月	11月	12月
2009年	3.60	3.89	3.70	3.15	2.82	2.81	2.92	2.89	3.11	2.80	3.55	
2010年	3.50	3.60	3.48	3.47	3.09	2.61	2.89	3.19	3.20	3.38	3.52	3.60
2011年	3.60	3.89	3.70	3.15	2.82	2.81	2.92	2.89	3.11	2.80	4.18	4.30
2012年	3.91	4.02	4.15	3.75	3.46	2.91	2.94	3.47	3.21	2.70	3.43	4.09
2013年	4.28	4.46	3.67	3.98	3.35	3.15	3.33	3.55	3.74	3.78	3.38	3.84
2014年	4.06	4.49	4.25	3.74	3.38	3.27	3.36	3.49	3.61	3.51	3.69	3.64
2015年	3.96	4.37	4.03	3.90	3.40	3.43	3.51	3.84	3.68	3.26	2.98	3.65
2016年	4.39	5.62	5.47	4.57	3.58	3.13	3.33	3.68	3.94	3.84	2.56	3.12
2017年	4.54	4.34	3.96	3.69	3.31	3.18	3.42	3.83	3.71	3.68	3.42	3.00
2018年	4.05	4.88	4.10	3.80	3.54	3.46	3.54	3.97	4.32	4.08	2.56	3.12

图 14-1　2009～2018 年 28 种蔬菜平均批发价格走势

受损较重。山东省泰安市肥城市边院镇东向北村书记周广民反映，11 月当地莴笋净菜田头价格约 0.08 元/kg，亩产量大概 3000kg 以上，每亩毛收入约 240 元，扣掉每亩的人工、肥料和土地流转成本 1300 元，现阶段出售莴笋是赔本的，而且也没有经纪人来收购，大面积莴笋烂在田里。山东省青岛市莱西市店埠镇萝卜种植户张绍东反映，目前萝卜价格 0.2 元/kg，但肥料、包装、运输、土地流转、人工成本每亩需要 3200 元，亩产按 4000kg 计算，收入 800 元，每亩净赔 2400 元。

二、春节期间蔬菜价格将保持季节性上涨，总体供给有保障

新春佳节即将来临，如果不出现大面积雨雪冰冻天气，春节期间的蔬菜供给总体将有保障，市场价格呈现上升态势的"节日效应"，但应在合理的波动区间之内，价格水平低于 2017 年同期。2017 年入冬以来，全国范围天气向好，有利于蔬菜生长发育，黄淮海与环渤海设施蔬菜和长江流域冬春蔬菜优势区的在田面积稳健增长，海南、湖南等南菜基地大部地区蔬菜长势良好，形成了满足节日蔬菜需求的有效供给。但前期价格跌幅较大、菜农受损重的生菜、菜花等品种，后期存在大幅上涨的风险。作为冬春季节南菜北运"菜篮子"的海南岛，年初瓜菜自上市以来，有别于上一周期的价格快速攀高，价格低开低走，

呈现缓慢爬升趋势，其重要原因之一就是来自北方设施蔬菜市场份额的挤兑。

三、后期走势判断及应对措施

虽然本时期菜价出现了反季节性的大幅下跌，但拉长周期看，我国蔬菜价格仍大体符合季节性波动规律，冬春季节仍将是全年价格高点。从监测数据看，11月下旬以来，蔬菜价格在大幅下跌后开始低位趋稳。随着全国大部分地区气温大幅降低，对蔬菜生长发育和流通的影响将有可能逐步显现，菜价将进入季节性上涨区间。据农业农村部监测，10月底580个蔬菜重点县信息监测点在田蔬菜面积118万亩，同比持平略减。由于蔬菜面积基本稳定，随着后期黄淮海与环渤海设施蔬菜和长江流域冬春蔬菜优势区陆续进入采收旺季，如果不出现大面积雨雪冰冻天气，元旦、春节期间的蔬菜供应总体有保障。但部分近期下跌幅度大、菜农受损重的生菜、菜花等品种，后市存在大幅上涨的风险。

专家建议，各地应认真落实好"菜篮子"市长负责制，采取信息引导、产销对接措施，引导菜农合理安排蔬菜冬季生产，细化灾害性天气应急预案和应对措施，鼓励企业积极备货，切实保障后市蔬菜供应和市场平稳运行，防止出现重要蔬菜品种脱销断档和价格暴涨暴跌。对部分受损较重的菜农可给予适当补助，已纳入价格保险试点的要落实好保险赔付，支持蔬菜生产及时恢复。对广大菜农来说，既要及时关注气象预警信息，做好防灾减灾，也要避免盲目跟风经营，合理安排蔬菜生产和上市。

第四节　2020年"双节"期间蔬菜市场分析①

2019年12月以来，蔬菜价格持续上涨，达历史同期高位，主要是由于三个因素叠加影响，一是冬季降雪及华北中南部、黄淮连续大雾（雾霾）短期影响跨区域流通，二是部分前期价格偏低的蔬菜种植调减而供应趋紧，三是"双节"临近，市场备货提前而需求增大。后期随气温进一步下降，全国全面进入冬春蔬菜供应期，生产、流通成本增加推升菜价保持季节性上行，春节前后将达到年内高点；由于2019年菜价整体偏高，蔬菜生产积极性不减，此次推测2020年蔬菜市场整体运行平稳，市场供给宽松的局面仍将继续保持，若不出现持续性极端天气，后期菜价上行空间有限；2019年价格明显高于常年的个别蔬菜品种，要注意防范卖难情况发生，种植面积调整要小幅慢行，避免盲目减种扩种引发市场大幅波动风险。

一、本期蔬菜价格情况

2019年入冬以来，我国蔬菜价格进入季节性上升通道，12月涨幅有所加大，农业农

---

① 本节内容完成于2019年12月。

村部重点监测的 28 种蔬菜全国平均批发价 4.54 元/kg，环比涨 15.8%，同比高 22.0%，较近 5 年同期平均水平高 16.1%。

按照往年情况，进入 12 月绝大部分露地蔬菜上市量减少，冬季"大棚菜"和"南菜"成为市场主供产品，生产及流通成本相应增加，菜价一般都会出现较为明显的上涨。当前蔬菜价格波动基本符合往年规律，环比涨幅偏大一些，主要是因为前期冬春蔬菜主产区有两轮雨雪降温天气，蔬菜跨区域流通受到阶段性影响，加之 2020 年春节较早，市场备货提前，导致短期价格上涨较快；价格水平高于 2019 年和常年同期，主要是因为 2018 年及 2019 年上半年菜花、豆角、黄瓜和西葫芦等部分品种价格低迷，菜农种植意愿降低、面积下降，市场价格涨幅较大，如 12 月菜花同比涨 1.16 倍，豆角、西葫芦同比涨幅均在 40% 以上，拉高了菜价总体涨幅。

二、2020 年"双节"蔬菜市场供应分析

从后期走势看，由于春节前消费需求继续集中释放，推测后市菜价仍存在一定的上涨空间，考虑到冬季气温正常偏暖，蔬菜生产供给总体有保障，如不出现持续性极端天气，菜价大幅上涨的可能性不大，节后价格或稳中有降。据中国气象局信息，2019 年 12 月全国大部气温接近常年同期或偏高 1~2℃，2020 年 1 月除四川中西部、贵州西部、云南大部等地气温较常年同期偏低外，全国大部气温接近常年同期或偏高，总体对北方设施蔬菜和南方露地越冬蔬菜生产有利。据农业农村部监测，2019 年下半年 28 种重点蔬菜全国批发市场累计交易量比上半年增 4.7%，同比增 0.2%。据了解，"冬菜"主产区广东省下半年蔬菜亩均产量达 1836kg，同比增 5%，虽然种植面积略降，但产量有所增长，其中瓜类、叶菜类、根菜类产量分别增 18%、4%、1%。北京新发地批发市场反映，当前各产区蔬菜生产态势良好，道路运输通畅，市场交易逐渐红火，萝卜、大白菜、马铃薯等大宗品种供应稳定，反季节蔬菜需求和上市量同步增加，如果不出现极端天气的话，预计春节前蔬菜价格保持基本平稳，节后可能小幅回落，整个春季蔬菜价格将略低于去年同期。

此外，综合调度情况看，对于菜花、黄瓜、西葫芦、豆角等价格明显高于常年的品种，2020 年春季过后需注意防范扩种后带来的价格大幅下跌和阶段性卖难风险。

三、蔬菜市场后市展望

由于蔬菜市场运行一般遵循的规律是，当期种植面积受上期价格水平影响，上期菜价高企，则推动本期扩种；上期市场低迷，种植积极性下降，又会导致后期供不应求、价格上涨，如此循环。根据推测，由于 2019 年菜价总体偏高，2020 年蔬菜市场整体运行平稳，蔬菜生产积极性不减，品种结构进一步优化，市场供给宽松的局面仍将继续保持，整体价格水平或稳中有降；个别 2019 年价格明显高于常年的品种，要注意防范卖难情况发生，而对种植计划的调整要小幅慢行，避免盲目减种扩种引发市场大幅波动风险。

四、政策建议

一是在强化"菜篮子"市长负责制的基础上，推动建立蔬菜主产区菜田生产能力建设"省长负责制"，形成省市长协调保障蔬菜生产供应的新机制。二是以建立基本蔬菜品种生产者价格补偿机制为抓手，稳定菜园子，保障"菜篮子"，提升基本蔬菜品种周年均衡供应水平。三是加大对超低能耗智能温室等性能优、产能高、效益好、节能环保型蔬菜生产设施的技术补贴，大幅提升蔬菜产业抗灾能力。四是加强以逆向统筹全产业链经营为主要途径的产销信息服务，扭转目前广大菜农由于信息不对称而盲目跟着市场价格跑的被动局面。

|第十五章| 蔬菜价格异常波动原因分析及对策研究

第一节 2017 年春季蔬菜价格持续走低、品种差异显著[①]

2017 年春节过后，蔬菜价格一直持续下降，而且下降幅度呈现不断扩大的态势，导致蔬菜再度出现滞销卖难现象，个别地方蔬菜甚至放弃收获。究其原因，总的来看，受 2016 年春节期间菜价高位运行的影响，菜农 2017 年春节期间扩大了蔬菜种植面积；春节之后天气一直良好，有利于蔬菜生长发育，提高了蔬菜单产水平；个别蔬菜产地重叠上市、集中上市，增加了市场供应量。蔬菜滞销卖难的再度出现，我们要理性认识、积极应对、综合防范。

一、二月蔬菜再现滞销难卖，多因素叠加影响显著

（一）蔬菜价格大幅下跌，部分品种滞销卖难

春节以来，随着气温逐渐回暖，蔬菜市场供应量不断增加，导致菜价一路走低，并始终处于低迷的态势，个别品种蔬菜价格出现暴跌现象，"卖难"问题再次困扰菜农。

1. 蔬菜价格大幅下跌，个别品种跌幅巨大

正月初一至二十三日，蔬菜价格不断下降，个别品种降幅巨大。据农业部监测，28 种蔬菜批发价格平均为 4.52 元/kg，同比（阴历，下同）跌 19.4%。个别蔬菜价格出现暴跌，5 种蔬菜同比跌幅超过 40%，大葱跌 54.4%，菜花跌 52.4%，生菜跌 44.0%，油菜跌 42.1%，菠菜跌 42.0%。短短 3 周，菜价总体下降近 20%，必须引起高度重视。据调度数据显示，个别蔬菜田头价格同比也呈现大幅下跌趋势。山东省潍坊市寿光市化龙镇蔬菜经纪人韩桂荣反映，当地胡萝卜田头价格在此期间降为每斤 0.75 元，同比跌 42% 以上。海南省海口市秀英区东山镇马坡洋蔬菜种植户胡新平称，油菜田头价格为每斤 1 元，同比跌 60%；上海青田头价格为每斤 0.5 元，同比跌 75%。

2. 滞销卖难再度上演，蔬菜卖难困扰菜农

随着菜价的一降再降、持续走低，蔬菜滞销卖难成为必然趋势。当蔬菜田头价格低于人工收获成本时，"弃收"成为经济人的合理选择。据报道，在此期间全国已有 7~8 个省

[①] 本节内容完成于 2017 年 5 月。

份 10 余种蔬菜出现滞销卖难现象,如:云南嵩明的油麦菜、意大利生菜、黄白菜、上海青,河南新野和山东章丘的大葱,广西横县的大白菜等。

(二) 蔬菜价格大幅下跌的原因分析

本时期我国蔬菜市场价格大幅下跌,个别地区出现滞销卖难,主要是面积增加、单产提高和个别产地重叠上市等多种因素共同作用的结果。

1. 受去年价格影响,种植面积明显扩大

一般来讲,蔬菜"当期"种植面积是由"上期"市场价格决定的。若"上期"蔬菜市场价格居高不下,菜农受利益驱动的影响,"当期"蔬菜扩大种植面积的意愿将明显增强;反之亦然。2016 年全年 28 种蔬菜平均批发价格为 4.14 元/kg,创 2009 年以来新高;2016 年正月初一至二十三日,蔬菜平均价格为 5.61 元/kg,创 2012 年 (有日度价格数据)以来最高。在巨大利益驱动下,冬春交接之时,菜农纷纷扩大了蔬菜种植面积。据农业部 580 个蔬菜重点县信息监测,蔬菜在田面积 2016 年 12 月底为 104.71 万亩,同比增 5.1%;2017 年 1 月底为 95.25 万亩,同比增 3.1%。山东省潍坊市安丘市大汶河旅游开发区麻家院庄村种植户马安云反映,2016 年种植 3 亩马铃薯,平均每亩产量 2500kg,销售均价为每斤 0.65 元,处于近几年来的较高水平,每亩种植利润达到 1000 元左右。因 2016 年价格高,利润可观,2017 年多种了 1 亩马铃薯。

2. 天气状况总体良好,蔬菜单产水平提高

在种植面积既定的前提下,蔬菜市场供应量是由单产水平决定的。2016 年冬到 2017 年春,我国没有出现持续的、大面积的气象灾害,天气状况总体向好,非常有利于设施蔬菜以及露地蔬菜的生长发育,大幅提高了蔬菜单产。根据中央气象台监测,2016 年 12 月和 2017 年 1 月,我国大部地区气温较往年偏高 1~4℃,为蔬菜增产提供了有效的积温保障。据常年在鲁、滇两省从事蔬菜经营的山东省济宁市金乡县蔬菜经纪人赵方国反映,云南省玉溪、红河等地今年洋葱亩产约 5t,去年仅为 3.5~4t,同比增 20% 以上。

3. 局地采摘期变化,蔬菜重叠集中上市

当前,我国蔬菜大市场、大流通的格局基本形成,产地转换上市、按纬度供给已经成为内在要求和基本规律。正常情况下,随着产地的规律性转换,蔬菜上市总量保持相对稳定,进而实现蔬菜价格的合理波动。但是,产地转换有时会出现脱节断档,或者重叠交叉,从而导致供不应求或供大于求。受 2016 年 10 月台风频发影响,广东、福建等个别南方产地蔬菜采摘期从 2016 年 12 月中旬推迟到 2017 年 1 月中下旬 (而 1 月 28 日是春节),恰巧与传统主产区蔬菜上市期交叉重叠,造成集中上市、供应偏多。

4. 农民增收压力加大,蔬菜具有比较优势

近年来,我国农民收入保持了持续较快增长的态势,至 2015 年连续 6 年增幅高于 GDP 增速,也高于城镇居民收入增幅,已突破万元大关。但是,也面临着部分农产品价格走低、农民进城务工人数以及工资水平增长较为困难等压力,农民增收难度加大。与粮食等农作物相比,蔬菜具有较强的比较优势。据统计,2014 年我国大中城市蔬菜种植每亩平均净利润为 2069.8 元,远大于稻谷、小麦和玉米 (三者每亩平均净利润分别为 204.8 元、

87.8 元和 81.8 元)。受利益驱动,个别农户转而从事蔬菜种植。据山东省聊城市莘县董杜庄镇玉米种植户张现具称,近两年,由于玉米价格下跌,当地有 20% 左右的玉米种植户改种大葱,或开展蔬菜设施生产。

(三) 正确认识菜价波动,主动采取应对措施

1. 客观分析蔬菜价格波动的必然性和偶然性

蔬菜生产是经济再生产和自然再生产的有机统一。在市场经济条件下,蔬菜价格波动既有必然性,也有偶然性,我们要客观分析,正确认识。一是蔬菜价格波动属于正常现象。一般来讲,蔬菜消费总量相对稳定;而生产总量容易受到经济风险、市场风险、自然风险等各种因素影响,同时具有明显的季节性、区域性,通过价格机制形成蔬菜生产与消费动态平衡。二是蔬菜价格波动属于"双刃剑"。蔬菜价格一头系着消费者,一头连着生产者。当蔬菜市场价格过高时,生产者受益,消费者受损;当蔬菜市场价格过低时,生产者受损,消费者受益。三是蔬菜价格波动要合理调控。从发达国家或国际组织的实践来看,采取系列综合措施,找准产销匹配点,实现蔬菜价格合理波动是可行的。

2. 狠抓机遇,加快蔬菜供给侧结构性改革

我国 2015 年蔬菜种植面积为 2199.97 万 hm^2,产量为 78526.1 万 t,人均蔬菜占有量为 571.26kg。但是,蔬菜中间损耗过大、质量安全隐患众多、中高端供给不足等问题比较突出,迫切需要加快蔬菜供给侧结构性改革。一是提高地产地销的蔬菜比重。着眼于经济社会发展新常态,借鉴发达国家经验,我国要着力提高蔬菜地产地销的比重,缩短运输半径,提升蔬菜供给效率。二是调整蔬菜种植品种结构。我国蔬菜种类繁多,要充分利用品种之间的替代效应和互补效应,在实现蔬菜总供给与总需求基本平衡的前提下,优化品种布局,推动品种维度上的产销匹配。三是提升蔬菜产品质量。围绕提升蔬菜供给质量,要加强蔬菜产地初加工建设,提升蔬菜深加工水平,促进产品迈向中高端,打造具有东方膳食特点的世界知名蔬菜品牌。

3. 信息引领,提升蔬菜产销信息服务水平

要充分运用物联网、大数据、云计算等现代信息技术,努力提升蔬菜产销对接的自动化、智能化和智慧化水平。一是做好蔬菜产销信息监测工作。要从蔬菜生产、加工、流通和消费各环节入手,基于全产业链视角,开展全方位、全过程、全要素的信息监测,夯实即时、动态的数据采集基础,为信息服务提供数据支撑。二是做好蔬菜产销大数据建设。利用即时动态监测数据,整合蔬菜生产、流通、加工、贸易、库存和消费等现有信息资源,探索利用"互联网+"、移动通信等技术,构建覆盖各区域、包含各环节、实时反映供需变化的蔬菜产销大数据仓库。运用大数据技术,进行数据挖掘与知识发现,开展智能分析预测。三是做好蔬菜产销信息发布。信息引领生产与消费,是农业现代化、信息化的必然选择。要及时发布蔬菜生产与消费信息,引导菜农的种植意向,优化消费的膳食结构,撮合交易,促进产销有效匹配。

4. 多措并举,构筑蔬菜价格波动合理机制

蔬菜价格波动是蔬菜供求规律的集中体现,实现菜价合理波动必须统筹兼顾、多措并

举。一是积极开展蔬菜调控目录制度建设工作。要科学选定蔬菜调控目录品种，明确目录品种价格波动警情，针对不同波动强度，设计政策工具组合，并构建触发响应机制，从而确保蔬菜价格合理波动。二是建立健全"菜篮子"市长负责制考核机制。要从蔬菜生产能力、市场流通能力、质量安全监管能力、调控保障能力和市民满意度等 5 个方面，全面强化"菜篮子"市长负责制考核工作，增强市长"菜篮子"工程建设的责任感、使命感和自觉性。三是大力实施蔬菜价格保险工作。充分发挥价格保险制度在蔬菜风险防控中的优势，逐步建立国家、地方、企业、农户等多方共担的风险分散机制，扩大保险覆盖品种和范围，创新蔬菜险种，确保蔬菜生产者利益。

二、三月蔬菜价格持续下跌，品种之间差异显著

2017 年 3 月，我国蔬菜市场价格继续保持下跌态势，但不同蔬菜品种价格跌幅差异较大。从蔬菜品种来分析，花菜类、叶菜类的跌幅最大，果菜类、根菜类次之，茎菜类、菌菜类相对稳定。总的来看，蔬菜价格继续走低，品种之间跌幅差异显著，本期推测跌势将延续至 5 月；近年花菜类和叶菜类稳中趋降，茎菜类稳中略涨；要加快蔬菜品种结构调整、全产业链监测、产业大数据建设，实现蔬菜价格合理波动。

（一）花菜类和叶菜类同比跌幅较大，近年总体稳中趋降

3 月，受蔬菜季节波动规律、菜农扩大种植面积以及天气向好等因素影响，我国蔬菜市场价格继续下跌。据农业部监测，28 种重点蔬菜批发价格为 3.96 元/kg，环比跌 8.8%，同比跌 27.5%。其中：花菜类、叶菜类价格同比跌幅最大，分别为 55.3% 和 51.2%。大葱、大白菜、洋白菜跌幅超过 60%；菜花、芹菜跌幅超过 50%；油菜、菠菜、生菜跌幅超过 45%。北京新发地批发市场 3 月第 3 周菜花、芹菜批发价格分别为 1.6 ~ 1.8 元、0.5 ~ 0.6 元，同比分别跌 59.0%、73.8%；第 4 周生菜批发价格为 1 ~ 1.5 元，同比跌 56.9%。

近年来，花菜类、叶菜类价格持续低迷，呈现不断下降趋势。2017 年 3 月比 2015 年同期，花菜类、叶菜类价格分别跌 18.7%、12.5%，其中：大白菜、芹菜、生菜跌幅超过 10%。花菜类、叶菜类春季价格大幅波动，具有内在的规律性。每年 3 ~ 4 月是其上市期，生物学特性是生产周期短、生长快、产量高，受天气影响较大，只要气候适宜就能迅速形成较高产量；难存储、易腐烂、保质期短，往往形成集中采摘、集中上市、集中销售状况，导致价格暴跌；在种植面积既定的前提下，一旦天气异常，又极易导致产量锐减，引起价格暴涨。

（二）茎菜类和菌菜类价格稳中略变，近年总体稳中趋涨

3 月，茎菜类批发价格环比跌 7.2%，同比跌 8.9%，呈现稳中略降态势；菌菜类批发价格环比跌 4.3%，同比涨 2.8%，呈现相对稳定趋势。和花菜类、叶菜类相比，茎菜类、菌菜类价格波动较小，具有较强自调节能力。在茎菜类中，一部分品种价格上涨，大蒜、生姜批发价格分别为 13.27 元/kg 和 5.65 元/kg，同比分别涨 26.1% 和 11.5%；另一部分

品种市场价格下跌，580个蔬菜重点县蒜薹、莲藕地头价格分别为8.52元/kg、3.31元/kg，同比分别跌9.7%、10.3%。

近年来，茎菜类价格总体呈现稳中略涨趋势。2017年3月比2015年同期，茎菜类价格涨20.6%，其中：大蒜涨158.9%，葱头涨20.3%，马铃薯涨13.5%。茎菜类价格稳中趋涨，是多种因素共同作用的结果。每年3~4月不是茎菜类上市期，市场在售为库存产品，上市供应数量偏少，在供求规律作用下，市场价格上扬；茎菜类容易存储，销售时间跨度较长，不容易发生集中抛售情况；"产地集中、易于久存"的某些小宗茎菜类品种，例如大蒜、生姜等，时常成为炒作对象，出现暴涨暴跌现象。

（三）加快推动蔬菜结构优化调整，促进品种产销匹配

一是优化调整蔬菜品种结构。蔬菜品种众多，受季节、天气、市场、生物学特性、上市期等因素影响，品种之间价格波动差异较大属正常现象。我们要抓住蔬菜品种价格波动差异显著的时机，打好时间差，以"五大"发展理念为引领，加快蔬菜供给侧结构性改革，充分考虑品种之间的替代效应和互补效应，调整蔬菜产业布局，优化蔬菜品种结构，促进蔬菜品种价格保持合理波动。二是积极开展全产业链监测。基于全产业链视角，开展蔬菜生产、流通、库存、加工、消费等各个环节的信息监测工作；建立健全蔬菜产业长期定位监测点，加强即时动态数据监测能力，为蔬菜产业信息分析预测提供数据支撑；及时发布蔬菜产销及预测信息，引导蔬菜生产和消费，推进蔬菜供需时空匹配。三是探索构建蔬菜产业大数据。整合28种蔬菜批发价格数据、580个蔬菜重点县数据、蔬菜生产者价格数据、蔬菜全产业链监测数据等现有资源，全面梳理、查漏补缺，补充完善蔬菜产业数据，探索建立蔬菜产业大数据，运用数据挖掘、智能分析等技术，构建分析预测模型，科学研判蔬菜市场形势，进一步提升蔬菜产业宏观调控、微观管理水平。

三、四月蔬菜价格低位运行，部分品种下跌显著

2017年春季，我国蔬菜价格一路走低，呈现季节性回落态势，部分品种蔬菜价格下跌显著，甚至跌破采摘成本价，出现区域性的滞销卖难现象。近日，农业部组织蔬菜全产业链分析预警团队赴河南、山东等地实地调研，并开展电话调度，以准确把握市场形势，研判后市运行。总的来看，我国目前蔬菜价格低位运行，较常年同期小幅下跌，叶类菜、根类菜和花类菜下跌较为显著；下跌的主要原因是，种植面积扩大且单产水平提高，而部分蔬菜品种交叉重叠上市。预计短期内蔬菜市场价格仍将持续小幅下降，6月后价格或将有所回涨。建议从加强信息发布、推进价格保险和促进产销对接等方面着手，积极应对，确保市场平稳运行。

（一）近期蔬菜价格低位运行，局部地区出现滞销卖难

1. 蔬菜价格总体趋降，处于近年较低水平
本时期我国蔬菜价格总体水平持续走低，表现出强烈的季节性波动规律。和往年相

比，环比跌幅较大，同比跌幅剧烈，呈现出低价位运行的态势。据农业部监测，今年4月，28种蔬菜平均批发价格为3.63元/kg，环比跌4.7%，同比跌22.4%，处于近6年来同期价格最低水平，较2012~2016年同期平均价格低8.9%；而580个蔬菜重点县信息监测点蔬菜价格也表现为相同趋势，平均地头批发价为3.04元/kg，环比跌6.5%，同比跌16.9%；2017年第1季度农产品价格指数200显示，"蔬菜200指数"为119.51，同比低34.7个点。

2. 品种间跌幅差异较大，叶类、根类、花类菜巨幅下跌

从六大类蔬菜价格波动情况看，叶类菜、根类菜、花类菜跌幅巨大，同比下跌超30%；果类菜次之，跌幅超20%；茎类菜略跌，跌幅在5%以内；但菌类菜价格不降反升，涨幅近10%。果类菜中的冬瓜价格同比跌幅超70%；叶类菜中的大葱、洋白菜价格同比跌幅超50%；根类菜中的白萝卜、胡萝卜，叶类菜中的大白菜、芹菜，花类菜中的菜花，茎类菜中的葱头价格同比跌幅超40%。据北京新发地批发市场监测，4月第2周大白菜、圆白菜、小葱批发价格分别为0.6~1元/kg、0.8~1.2元/kg和0.6~1元/kg，同比分别跌33.3%、50.0%和63.6%。

3. 个别品种集中上市，局部地区滞销卖难

随着天气逐渐转暖，各地蔬菜陆续进入上市期，局部地区的个别品种出现集中上市情况，导致价格巨幅下跌，甚至出现滞销卖难现象，引起社会的普遍关注。陕西渭南等地4月上旬的芹菜，河南杞县、山东金乡等地4月中下旬的蒜薹，山东德州、河北辛集、河南卫辉等地5月中旬的洋白菜以及河南驻马店等地的大葱，一些蔬菜丢弃路边、烂在地里，或者让居民随意采摘，不仅伤害了菜农利益，而且浪费了自然资源。

（二）蔬菜价格低位运行的原因分析

本时期蔬菜价格的持续低价运行，是由多方面原因造成的。种植面积扩大、单产水平提高是主要因素，信息不畅、重叠上市又加剧了这种态势。

1. 上年蔬菜价格高位运行，今年种植面积扩大

农产品当期种植面积主要取决于上期市场价格，一般而言，上期价格较高，在利益驱动下，当期种植面积就会扩大；反之亦然。2014~2015年，蔬菜价格稳中趋降，菜农种植意愿相对偏弱，2016年年初遭遇寒潮天气，导致当年蔬菜市场价格巨幅上涨，加之农业供给侧结构性改革中，玉米等农产品价格下行趋势明显，蔬菜的种植效益凸显，导致农民去冬今春纷纷扩大蔬菜种植面积。据农业部监测，1月底580个蔬菜重点县信息监测点在田蔬菜面积95万亩，同比增3.1%。其中，大白菜、大葱、冬瓜、花椰菜、蕹菜、丝瓜、苦瓜、姜、莲藕等9种蔬菜在田面积同比增10%以上；普通白菜、南瓜、番茄、大蒜等4种蔬菜在田面积同比增5%以上。

2. 春季气象条件总体向好，单产水平明显提高

据中央气象台监测，2017年1~4月，全国大部分农区气温较常年同期偏高1~4℃，未出现明显异常天气情况，水热条件匹配良好，土壤墒情适宜，利于蔬菜生长，使得蔬菜单产水平普遍提高。调研发现，2017年云南玉溪、红河等地洋葱亩产5000kg，同比增20%以上；山东平度大白菜亩产5000~6000kg，同比约增10%；河南杞县蒜薹亩产

250kg，山东金乡蒜薹亩产 300kg，同比增 20% 以上；山东安丘大葱亩产 5000~6000kg，同比约增 30%。

3. 个别品种采摘交叉重叠，局部地区集中上市

在大市场、大流通背景下，我国蔬菜上市已形成相对稳定的产地转化规律，呈现按纬度供给的特征。但受天气等因素影响，产地转换时常出现重叠交叉或脱节断档现象。一般来讲，春季若天气偏暖，各地蔬菜上市往往提前，上市节奏加快，易交叉重叠，价格下跌；若天气偏冷，各地上市往往推迟，上市节奏延缓，易脱节断档，价格上涨。据北京市新发地批发市场刘通介绍，北京冬季芹菜供给主要来自山东，通常 3 月山东芹菜退市之后，天津、河北芹菜才成为上市主力。2017 年春季天气偏暖，天津暖棚芹菜上市提前，与山东芹菜上市"撞车"，随后天津、河北冷棚芹菜上市，导致芹菜大量集中供给，销售比较困难。

4. 信息调节生产能力较弱，信息服务有待提高

当前，我国农民种植蔬菜的面积多少和种类品种，主要是"跟着感觉走"，往往表现出利益驱动。一是权威信息发布较少。蔬菜市场供需信息总量较多，而且存在着大量虚假信息、炒作信息，但权威信息发布较少，没有发挥真正的引领作用，菜农生产决策经常"随大溜""一窝蜂"。二是农民接受信息能力较弱。菜农总体文化水平不高，运用互联网等现代信息技术的能力不强，获取市场信息的渠道不多，辨别市场信息的能力不足，难以及时有效地获取发布信息。三是信息流引导生产流的格局尚未形成。信息流不仅可以反映农业生产中各项资源要素运动，而且可以引导和控制农业生产相关活动。现阶段，信息流流动传导不畅，引导生产与消费的作用受阻。

（三）政策建议

1. 优化蔬菜品种结构，推进蔬菜供给侧改革

蔬菜品种众多，受季节、天气、市场、生物学特性、上市期等因素影响，品种之间价格波动差异较大属正常现象。要抓住蔬菜品种价格波动差异显著的时机，打好时间差，以"五大"发展理念为引领，加快蔬菜供给侧结构性改革，充分考虑品种之间的替代效应和互补效应，调整蔬菜产业布局，优化蔬菜品种结构，促进蔬菜品种价格保持合理波动。

2. 及时发布市场信息，引导菜农合理安排生产

持续开展蔬菜种植意愿调查，将调控关口前移，提前研判蔬菜市场供需形势，利用互联网、手机 APP、电视、报纸等手段，及时发布监测预警与市场供需信息，有效引导菜农理性安排生产，避免因上期价格过高（低），导致种植面积盲目扩大（缩小）。

3. 稳步推进价格保险，减少价格波动对菜农的损失

充分发挥价格保险制度在蔬菜风险防控中的优势，有序推进蔬菜价格保险试点工作，不断扩大保险覆盖品种和范围，创新蔬菜保险险种，逐步建立国家、地方、企业、农户等多方共担的风险分散机制，确保菜农利益。

4. 加强蔬菜产销对接，促进蔬菜均衡上市

构建蔬菜产销对接平台，利用电子商务等手段，拓展蔬菜销售渠道，减少蔬菜流通环

节。加强产地销地合作，鼓励产地销地批发市场、企业、蔬菜合作社等主体开展长期合作，形成相对稳定的流通渠道，避免蔬菜生产大幅波动。

第二节　2017 年 5 月蒜葱姜市场价格下行压力巨大①

2017 年自 4 月底开始，随着我国北方蒜薹陆续上市，部分地区再现滞销卖难现象，一些农户将蒜薹扔在路边、烂在沟里，蒜葱姜等小宗蔬菜市场形势再次引起关注。为准确把握当前蒜葱姜市场产销形势，研判后市运行状况，农业部近期组织蔬菜全产业链分析预警团队赴河南、山东等地进行了实地调研，同时开展了蔬菜全产业链电话调度分析。总的来看，本时期蒜葱姜等小宗鲜活农产品价格快速下跌，蒜薹呈现滞销卖难态势，种植面积、单产水平大幅增长是主要原因，产地贮存能力制约、储存商规避风险等因素进一步促成蒜薹价格下跌。根据分析推测后市蒜薹价格近期仍将低位运行，2 ~ 3个月后，或许大幅上涨；大蒜上市后，价格或将出现断崖式下跌；大葱、生姜价格下行压力仍会持续。

一、蒜葱姜市场价格显著下降

（一）蒜薹价格巨幅下跌

蒜薹价格波动具有很强的季节性规律，从 2016 年 6 月开始，蒜薹批发价格连续上涨 9个月，至 2017 年 2 月达 9.06 元/kg。2017 年 4 月以来，随着山东、河南等主产区的集中上市，蒜薹价格暴跌，由 4 月 5 日的 9.85 元/kg 跌至 5 月 5 日的 4.40 元/kg，跌 56.3%。田头价格下跌更为显著，据河南省杞县大蒜经纪人孔令远介绍，杞县蒜薹 4 月 5 日上市，价格为 10 ~ 12 元/kg，仅维持 2 ~ 3 天便一路下跌，5 月 1 日降至 2 元/kg 以下，跌81.8%，尚不足蒜薹采摘成本；5 月 9 日，跌至 0.4 ~ 0.8 元/kg。

（二）鲜蒜价格大幅走低

大蒜批发价格暂时高位运行，而鲜蒜田头价格同比明显下跌。大蒜批发价格从 2013年 8 月开始上涨，由 3.32 元/kg 涨至 2017 年 4 月的 13.58 元/kg，涨 3.1 倍。据山东省金乡大蒜专业批发市场信息中心寻广岭介绍，5 月 8 日当地大蒜批发价格仍然维持在 14元/kg 左右。而鲜蒜自 4 月上市以来，田头价格同比明显下跌，河南杞县鲜蒜田头价格为 2.5 ~ 2.8 元/kg，同比跌 20% ~ 30%。

（三）葱姜价格明显下降

最近一个时期，大葱、生姜价格也呈现明显下降的态势，局部地区已经跌破成本价。

---

① 本节内容完成于 2017 年 5 月。

大葱批发价格由 2016 年 3 月的 7.78 元/kg，跌至 2017 年 4 月的 2.20 元/kg，跌 71.7%。生姜批发价格由 2014 年 9 月的 16.16 元/kg，一路走低，跌至 2017 年 4 月的 5.48 元/kg，跌 66.1%；据调度，5 月 8 日山东安丘大葱田头价格为 0.3~0.8 元/kg，同比跌 78.0%；生姜（泥姜）田头价格为 2.4~2.8 元/kg，同比跌幅巨大。

二、蒜葱姜价格下跌原因分析

种植面积与单产同增，引起供给大幅增加，是导致蒜葱姜价格下跌的主要原因。蒜薹价格的骤跌，还与贮存能力不足、储存商规避风险等因素有关。

（一）受上期价格上涨影响，种植面积明显增长

农产品当期种植面积主要取决于上期市场价格，一般而言，上期价格较高，在利益驱动下，当期种植面积就会扩大；反之亦然。2016 年大蒜、大葱价格大幅上涨，生姜价格年初维持高位运行，导致蒜葱姜种植面积明显增加。调研数据显示，2016 年河南杞县大蒜种植约 70 万亩，同比增 30%；杞县周边约 120 万亩，同比增 40%；金乡约 60 万亩，稳中略增。2017 年全国蒜薹收获面积约 570 万亩，同比增 20%。葱姜种植面积也明显增加，主产区安丘市大葱种植面积增 30%，生姜增 10%。

（二）天气等自然条件向好，单产水平大幅提高

2016 年下半年以来我国未出现大面积的极端异常天气，光照、温度、降水等自然气候条件良好，适宜蒜葱姜生长发育，导致单产水平普遍提高。2017 年杞县蒜薹亩产 500 斤，金乡蒜薹亩产 600 斤，同比增 20% 以上；安丘大葱、生姜亩产均达 5000~6000kg，同比增 30%。单产的大幅提高，进一步导致市场供给明显高于往年。

（三）蒜薹收获期较短，冷库容量不足

蒜薹只是大蒜生产的副产品，若不及时拔出，将影响大蒜产量。为确保大蒜正常上市，蒜农必须在大蒜膨大期前完成采摘，收获期较短。自然条件下，蒜薹难以贮存，2~3 天即会发黄，商品性变差，须采用冷库贮存。产地田头保鲜技术缺乏、冷库设施有限，在一定程度上了加剧价格的下跌。调研发现，河南省杞县蒜薹冷库容量仅为 5 万 t，由于近年来蒜薹产量持续增长，2017 年产量已达 17 万 t，难以满足贮存需求。

（四）储存商躲避风险，收购意愿不强

大蒜、蒜薹、生姜具有跨期消费特征，须借助冷库贮存解决生产季节性与消费长期性矛盾。在农民市场参与能力不强、政府市场调控手段有限和市场信息不对称的背景下，储存商借助其有利的市场地位，在农产品短缺时往往囤积货品，谋求暴利；在过剩时往往减少采购，转移风险，加大市场价格波动。据河南省杞县大蒜行业联合会副会长陈新奇介绍，2016 年大蒜、蒜薹储存商获利丰厚，面对 2017 年丰产，大多抱有观望心理，采购意

愿不强，加剧市场价格下跌。

三、后市走势预测及政策建议

展望后市，大蒜、蒜薹、大葱和生姜市场供大于求的格局已基本形成，蒜薹价格近期仍将低位运行，但 2～3 个月后，或出现上涨；大蒜上市后，价格或将出现断崖式下跌；大葱、生姜价格下行压力较大。针对当前蒜葱姜市场形势，应采取有效措施，积极应对。一是要切实加强权威市场信息监测发布。大力推进信息进村入户，利用互联网、手机 APP 等手段，发布监测预警与市场供需信息。加强信息真实度的甄别监控，避免失实报道扰乱市场。持续开展种植意愿调研，将调控关口前移，做到早预警、早发布、早施策。二是要严格落实各项市场调控政策。落实蔬菜调控目录制度相关措施，避免价格巨幅波动。推进大蒜等蔬菜价格保险，健全风险分担机制，切实执行保险政策，保护农户利益，避免价格大跌后再出现大涨。三是要尽快弥补市场建设和产业发展短板。着力加强蔬菜田头市场和跨区域冷链物流体系建设。大力发展精深加工，延长产业链条。加快推进蔬菜品牌建设，促进蔬菜产业迈向中高端。

第三节　2018 年入冬蔬菜价格逆势大跌的原因及对策分析[①]

2018 年入冬以来，蔬菜价格逆势下跌，跌幅巨大，呈现反季节性波动运行的态势，11 月 28 种蔬菜批发价格环比跌 12.8%，比近 10 年蔬菜平均价格低 5.6%。总的来看，本时期蔬菜价格下跌是由重叠上市、利益驱动、单产提高、面积扩大等多因素叠加而成，下一步要加强冬春蔬菜田间管理、加大扶持力度、做好信息监测预警，以确保元旦、春节期间蔬菜供应充足、价格相应稳定。

一、蔬菜价格逆势大跌，反季节波动运行

入冬以来，蔬菜价格不涨反跌，逆季节性波动规律而行，出现大范围的蔬菜滞销卖难问题。

（一）蔬菜价格大幅下降，处于近年较低水平

根据农业部重点监测的 28 种蔬菜批发价格数据，11 月蔬菜平均批发价格为 3.55 元/kg，环比跌 12.8%；而 10 月为 4.08 元/kg，环比跌 5.6%。从 2009～2018 年数据分析，今年 11 月蔬菜价格比近 10 年蔬菜平均价格 3.76 元/kg 低 5.6%，与 2017 年基本持平，比 2016 年低 14.1%。两个月以来，蔬菜价格持续走低，成为新闻媒体、消费者以及菜农普

---

① 本节内容完成于 2018 年 12 月。

遍关注的焦点问题，各地蔬菜滞销卖难、菜价大跌等现象不断见诸报端。

（二）蔬菜价格逆势而行，反季节性规律明显

蔬菜生产具有很强的季节性，蔬菜价格呈现季节性波动规律。从近 10 年数据来看，每年度内蔬菜月度平均价格呈现"V"形或"W"形波动规律。一般来讲，蔬菜价格在经历 6～7 月"夏淡"之后逐步上扬，至秋冬之交的 10～11 月稳中趋升。但今年入秋以来，蔬菜价格呈现一路走低的态势，日度数据显示，从 8 月 27 日 4.30 元/kg 总体下跌至 11 月 23 日 3.46 元/kg，跌幅达 19.5%，呈现反季节性波动规律。

（三）菜价跌幅品种差异较大，叶类蔬菜巨幅下跌

虽然 28 种蔬菜平均批发价格 11 月比 9 月跌 18.4%，但是蔬菜品种之间的跌幅存在巨大差异。叶类菜跌幅巨大，跌幅超过 40%；花类菜次之，跌幅超过 20%；菌类菜跌幅超过 15%，根类菜跌幅超过 10%；果类菜、茎类菜跌幅较小，低于 8%。菠菜、大白菜、生菜、菜花跌幅超过 50%；白萝卜、平菇、黄瓜、芹菜、洋白菜、油菜、莴笋跌幅超过 30%；而韭菜、冬瓜、南瓜、番茄等不跌反涨，涨幅超过 10%。

（四）菜贱伤农再次上演，多地出现滞销卖难

蔬菜价格大幅下跌，对于城乡消费者来讲，是利好消息，丰富了菜篮子，节约了消费支出；但同时也是双刃剑，对于蔬菜生产者来讲，蔬菜滞销卖难不时在多地上演，挫伤了菜农种菜积极性。山东省莒县果庄镇菜农孙师傅种植菜花，今年 7～8 月菜花价格可达 8 元/kg，而最近却跌至 0.2 元/kg，但化肥、种子、人工成本需要 1.0 元，丰产却不丰收，赔了本钱还卖不出去菜花。山东省章丘市高关寨杜师傅种植卷心菜，每亩土地浇水、施肥、配药费用约为 500 元，土地流转费用 480 元，合计成本 980 元；而亩产约 4000kg，按 0.24 元/kg 计算，收入约 960 元，每亩净赔 20 元。

二、菜价逆势暴跌，多因素叠加而成

2018 年秋冬之际的蔬菜价格逆势下跌，品种多、跌幅大、区域广、时间长、反规律，是多种因素共同作用的结果。

（一）利益驱动、多方扶持，提升了种菜积极性

入夏以来，蔬菜价格处于高位运行态势，5 月 28 种蔬菜平均批发价格为 3.54 元/kg，仅次于 2016 年 3.58 元/kg，是 10 年来的第二高价；6～7 月分别为 3.46 元/kg、3.54 元/kg，均创 10 年来新高，在高价位运行的利益驱动下，菜农种菜积极性大幅度增强。同时，随着各级各地始终坚持农产品供给侧结构性改革主线、坚决打赢扶贫攻坚战的相关政策落地，普遍加大了对蔬菜种植的扶持力度，进一步激发了菜农种菜热情。

（二）天气向好、面积扩大，增加了蔬菜供给量

入秋以来，我国天气状况总体向好，光热条件充足，没有发生大面积的自然灾害，可谓风调雨顺。据中央气象台监测，2018 年 11 月以来，全国大部地区气温接近常年同期或偏高，其中长江以北大部地区较常年同期偏高 1~4℃，仅新疆北部、四川和云南局部地区偏低 1~2℃，未出现明显异常天气情况，水热条件匹配良好，土壤墒情适宜，利于蔬菜生长，大幅度提高了蔬菜单产。据农业部 580 个蔬菜重点县监测数据，8~9 月蔬菜在田面积均环比涨 0.1%；据调研，580 个蔬菜重点县以外，蔬菜种植面积大幅度增加，由此蔬菜供给量快速提高，导致供过于求。

（三）产地转换、重叠上市，扩大了蔬菜上市量

近年来，我国蔬菜生产供应与市场消费形成了大市场、大流通的基本格局，按地理纬度吃菜、产地转换供应成为了满足城乡居民蔬菜消费需求的常态供应链。从产地地理气候、区位优势等因素分析，我国蔬菜产区划可分为华南与西南热区冬春蔬菜、长江流域冬春蔬菜、黄土高原夏秋蔬菜、云贵高原夏秋蔬菜、北部高纬度夏秋蔬菜、黄淮海与环渤海设施蔬菜六个优势区域。由于夏季的高温和强降雨，造成秋季蔬菜种植期推迟，在秋季蔬菜正处于上市高峰期时，冬季蔬菜开始上市，形成重叠上市现象。部分冷棚种植户，为防止蔬菜冻坏，采取及早采摘、抢先出售策略，加剧了叠加效应。

三、蔬菜价格后期走势及对策探讨

展望蔬菜价格后期走势，在近 2 周低价位稳中略升的运行之后，将进入季节性上涨区间，尤其是圣诞、元旦期间上升较快。如果不出现大面积的异常天气，元旦、春节期间的蔬菜供应是有保障的。下一步，要做好以下工作。

（一）加强蔬菜田间管理，保障冬季生产供应

针对当前蔬菜种植微利甚至亏本的问题，要积极引导菜农合理安排蔬菜冬季生产，确保冬季蔬菜适度的在田面积；要切实加强蔬菜冬季田间管理，强化天气预报预警，做好防冻、防雪、防寒流的相关物资储备，保障蔬菜产量；统筹谋划六大主产区元旦、春节期间的错峰上市与均衡供应，防止产地转换衔接不畅以及重叠上市现象，实现蔬菜供应充足与价格合理。

（二）强化信息监测预警，完善蔬菜信息服务

采用人工智能、移动终端、感知技术、大数据等现代信息技术，对蔬菜生长发育、病虫害、温湿度等加以实时监测，预测预警蔬菜生产供应量；对蔬菜各个品种的市场价格、销地需求、流通渠道进行信息采集和数据分析，预测预警蔬菜市场需求量；做好信息发布和产销撮合工作，使蔬菜生产供应与市场需求形成有机衔接和良性互动。

（三）加大政府扶持力度，实现冬春菜价合理波动

最近一个时期，不仅蔬菜等生活必需品价格大幅下跌，而且工业品原材料也呈现相同趋势，原油价格不到两个月下跌近 3 成，钢材价格不到一个月每吨下调 600 元，而《全球工资报告》显示，2017 年全球工资增长率为近 10 年增速最低，意味着具有通缩风险。要始终坚持以人民为中心的发展理念，实现蔬菜产业高质量发展，迫切需要政府在投入、保险、贷款、运输等方面加大扶持力度。

第四节　2018 年冬季影响蔬菜滞销卖难的原因分析和措施建议[①]

按照屈冬玉副部长在前期报送的《近期蔬菜价格大幅下跌情况及原因分析》上的批示要求，在做好蔬菜市场形势分析和供应保障工作的同时，组织蔬菜全产业链信息分析预警团队专家，对海南、湖南、山东、河北、辽宁和北京等 6 个省（市）开展了调研。总的来看，近年来蔬菜总体平衡、结构性供需差异较大，跨区域长距离运输导致流通成本和市场波动风险加大，而劳动力成本上涨也使得省工蔬菜面积增加，在此基础上提出继续加强蔬菜生产能力建设、推进田头市场标准化建设、进一步强化"菜篮子"工程建设和促进蔬菜消费提档升级等措施建议。

一、近年来蔬菜产业呈现的新趋势

近年来，蔬菜产业发展较快，特别是在农业供给侧结构性改革、脱贫攻坚战、乡村振兴战略实施推进过程中，由于蔬菜产业的比较优势，许多地区将扩大蔬菜种植面积作为了优先选择。

（一）种植结构调整中蔬菜供给总量呈上涨态势

2017 年，蔬菜种植面积、总产量、单产分别达到 3.0 亿亩、6.9 亿 t、2.3t/亩，近 10 年年均分别增长 2.9%、3.9%、1.0%。由于蔬菜具有良好的比较优势，许多地区在种植业供给侧结构性改革过程中，将调减的玉米、水稻等粮食作物面积用来增加蔬菜，发展蔬菜产业成为增加贫困人口收入的重要抓手。河北省种植业结构调整主要措施是减玉米、压棉花、稳小麦、增蔬菜，2018 年全省蔬菜种植面积 1292.18 万亩，比上年增加 5.1%。为完成脱贫攻坚任务，河北省在保持平原"老菜区"蔬菜面积基本稳定的前提下，增加扶贫工程设施蔬菜 20% ~30%，特别是阜平县、易县、隆化、崇礼、万全、滦平以香菇为主发展食用菌等设施蔬菜生产作为了产业扶贫的重点。在水稻种植收益较低的情况下，湖南省实施"压双扩单"政策，压缩两季稻、扩大单季稻、增加一季蔬菜，使部分蔬菜种植面积显著扩张。

[①] 本节内容完成于 2019 年 1 月。

（二）蔬菜区域性、结构性供需差异加大

随着种植结构调整，蔬菜产能逐渐向六大优势区域集中。西部地区产量增长迅猛，近10年年均增长8%，高于全国平均增速4.1个百分点。"西菜东进"成为"南菜北运"和"北菜南运"的有益补充，区域差异加大。跨区域长距离运输使蔬菜流通成本和市场波动风险相应加大。如山东寿光田头市场到北京市场，仅油费和司机成本支出就约占蔬菜终端零售价格的10%。近几年粮食种植收益有所下降，据测算，2016年蔬菜平均成本收益率49.8%，远高于粮食的-7.3%、油料的-2.6%、甘蔗的18.3%、苹果的16.6%等。一些种粮大县农民改种比较效益较高的蔬菜，但蔬菜品种繁多，菜农生产决策主要考虑上年同期价格和当前价格，"啥贵种啥"继而"种啥啥贱"的盲目决策方式，导致蔬菜特别是大路菜供给增加的同时价格波动风险加大。

（三）蔬菜滞销卖难和优质优价并存

结构性供需差异加大导致大路菜卖难情况多发，特色优质菜则价稳热销。去年入冬以来，全国范围天气向好，有利于蔬菜生长发育，黄淮海与环渤海设施蔬菜和长江流域冬春蔬菜优势区的在田面积稳健增长，作为冬春季节南菜北运"菜篮子"的海南岛，去冬今春瓜菜自上市以来，有别于上一周期的价格快速攀高，价格低开低走，呈现缓慢爬升趋势，其重要原因之一就是来自北方设施蔬菜市场份额的挤兑。同时，许多地区把蔬菜产业作为质量兴农、绿色兴农的重要产业，狠抓特色、优质、绿色、品牌蔬菜。辽宁省2017年新增蔬菜高效经济作物5.1万 hm²；2018年加大扶持力度，设施蔬菜产量又增加60余万吨。湖南省2017年蔬菜产值达1692亿元，占种植业产值的半壁江山；2018年第4季度小拱棚、大中棚蔬菜面积均显著增加，温室蔬菜播种同比增长达9.7%，其中80%为叶菜类、茄果类、瓜类、豆类、根茎类、花菜类等。

二、蔬菜种植面积扩大的深层次原因分析

农业供给侧结构性改革、脱贫攻坚战、乡村振兴战略实施等国家大政方针的落地执行，由于蔬菜产业的比较优势，许多地区将扩大蔬菜种植面积作为了优先选择。

（一）供给侧结构性改革使蔬菜成为种植面积调增的重要品种

2017年以来，各级各地以推进农业供给侧结构性改革为主线全面部署农村工作。在种植业供给侧结构性改革过程中，重点任务之一就是要减少玉米、水稻等大宗粮食作物的种植面积，调减的大部分土地用来种植大豆、小杂粮、薯类、水果等农作物，而许多地区选择了调增蔬菜。河北省种植业结构调整主要措施是减玉米、压棉花、稳小麦、增蔬菜，2018年全省蔬菜种植面积1292.18万亩，比去年增加5.1%。在水稻种植收益较低的情况下，湖南省实施"压双扩单"政策，压缩两季稻、扩大单季稻、增加一季蔬菜，使部分蔬菜种植面积显著扩张。

（二）脱贫攻坚战使蔬菜成为增加贫困人口收入的重要抓手

产业发展是实现脱贫的根本之策，蔬菜种植鉴于具有良好的比较优势，成为许多地区脱贫攻坚的突破口。据测算，2016 年蔬菜平均成本收益率 49.77%，远高于粮食的 −7.34%、油料的 −2.59%、甘蔗的 18.26%、苹果的 16.64% 等。河北省在保持平原"老菜区"蔬菜面积基本稳定的前提下，增加扶贫工程设施蔬菜 20% ~ 30%，特别是阜平县、易县、隆化、崇礼、万全、滦平以香菇为主发展食用菌等设施蔬菜生产作为了产业扶贫的重点。

（三）乡村振兴战略实施使蔬菜成为产业振兴的重要选择

实施乡村振兴战略，产业兴旺既是重点也是难点。许多地区把蔬菜作为了质量兴农、绿色兴农的重要产业，开始发力特色、优质、绿色、品牌蔬菜。湖南省 2017 年蔬菜产值达 1692 亿元，占种植业产值的半壁江山；2018 年第 4 季度小拱棚、大中棚蔬菜面积均显著增加，温室蔬菜播种同比增长达 9.74%，占 80% 为叶菜类、茄果类、瓜类、豆类、根茎类、花菜类等。辽宁省 2017 年调剂资金近 6 亿元用于支持以种植结构调整为重点的农业产业发展，新增蔬菜高效经济作物 5.1 万 hm²；2018 年继续扶持，使设施蔬菜产量增加 60 余万吨。

三、影响蔬菜种植的成本因素

生产者选择蔬菜种植种类、品种以及种植数量，是由当地资源禀赋、行情预期、种植习惯、利益驱动等因素决定，但随着劳动力成本上升，大白菜、萝卜等部分省工蔬菜成为菜农的种植意愿。

（一）劳动力成本上升且在蔬菜总成本中占比最大

据调查，2008 年以来大中城市 14 种重点蔬菜种植总成本累计上升 145%，其中物质和服务成本、人工成本、土地成本分别上升 69%、250% 和 96%。蔬菜生产、加工与流通等环节均属于劳动密集型产业，调研发现大部分蔬菜劳动力成本占总成本的比重超过 50%（不包括租地成本），且呈现不断走高的态势。山东省肥城市种植大白菜每亩投入肥料 100 元、浇水 100 元、农药 60 ~ 70 元，而人工投入按每斤 5 分钱即 400 元，在不计算地租的情况下，每亩总成本 660 ~ 670 元，其中劳动力成本占比达到 60% 以上。辽宁省数据显示，人工成本占生产总成本的 83.3%。

（二）用工成本上涨造成部分蔬菜出现弃收现象

菜农是否弃收主要取决于采摘人工成本和田头收购价格的比较。当某种蔬菜的采摘人工成本大于田头收购价格时，往往出现弃收现象；当采摘人工成本小于田头收购价格时，菜农收获出售热情就会高涨。海南省定安县定城镇谭黎洋李红耀介绍，螺丝椒采摘人工成本每天 80~100 元，折合 0.6 元/kg 左右，调研时田头收购价格为 0.6 元/kg，且是有订单的才收购，否则会出现弃收现象，部分菜地螺丝椒由绿变红、无人采摘；五彩椒种植成本 3.0 元/kg，以前行情好时，每家收入 10 万元，而目前刚刚保本。三亚市崖州区崖城村委会王黄志说，蔬菜种植用工每天 100~120 元，青椒采摘用工成本 0.7 元/kg 左右，而现在田头价格不到 1.3~1.4 元/kg，价格如果再下跌，就撂在田里不收了。

（三）越来越多的农民开始种植省工蔬菜

蔬菜种植用工价格虽然存在地区差异、工种差异，但基本上每天 100 元左右；随着劳动力价格上涨，越来越多的蔬菜生产者开始倾向于选择叶菜类、根茎类等省工蔬菜，而需要不定期定植、整枝打杈、震花授粉等的茄果类，以及需要嫁接、授粉、吊蔓等的瓜豆类等费工蔬菜的种植面积都有所调减。湖南省 2018 年花椰菜、青花菜、苦瓜、丝瓜、蕹菜、芋等 6 类蔬菜同比增长幅度较大，增幅均超过 7%，其中芋头 22.15 万亩，增幅最大，达 12.25%。河北省 2018 年大白菜、萝卜等省工蔬菜种植面积增幅巨大，黄骅市常郭镇推行"订单种植"模式，积极引导农民发展白萝卜种植，种植面积达 9000 余亩；玉田县采取"合作社+农户+市场"产销一体模式，大力发展萝卜种植，种植面积约 25000 亩。

四、相关政策建议

蔬菜生产是农业生产的主要组成部分，是农民收入的重要来源，是实施产业扶贫脱贫攻坚战的重点产业，同时也是城乡居民日常消费的主要副食品，保障蔬菜供应和价格总体稳定才能兼顾种植户和消费者利益。

（一）继续加强蔬菜生产能力建设

完善蔬菜生产布局，研究确定蔬菜供需半径合理尺度，确保蔬菜供应"产地转化""按纬度吃菜"的错峰上市、无缝接驳。鉴于蔬菜产业的劳动密集型属性，针对劳动力成本比重较大且呈现上涨趋势的问题导向，加大扶持蔬菜播种、灌溉、施肥、用药、采摘、加工、冷藏、保鲜等各个环节的智能装备研发力度，降低劳动用工数量，全面提升我国蔬菜产业的机械化、智能化、信息化水平。

（二）推进田头市场标准化建设

围绕蔬菜产业重点县，特别是特色农产品优势区，加快实施蔬菜田头市场建设，加大田头蔬菜商品化处理设施投入，实施蔬菜产地分等分级、清洗包装、预冷处理，减少蔬菜自损率，改善"最先一公里"基础设施，努力实现"净菜进城"。继续推进"订单蔬菜"制度，完善"公司+基地""公司+农户+基地""公司+合作社+农户"等模式的利益衔接机制，防止蔬菜弃收风险。推进蔬菜冷链物流建设，将农产品产地商品化处理装备、冷链物流装备等纳入农机补贴范围。

（三）进一步强化"菜篮子"工程建设

提高大中城市"菜篮子"产品自给率，稳定和增加郊区蔬菜种植面积，科学规划确定常年菜地最低保有量。建立基本蔬菜品种调控目录制度，将当地居民消费的常见品种、不耐储运的叶菜品种纳入基本蔬菜品种调控目录。按照区位、技术和市场优势，采取针对性措施，重点发展基本蔬菜品种生产。

（四）促进蔬菜消费提档升级

我国蔬菜消费量总体稳定，2016 年，我国人均蔬菜占有量 1.6kg/天，远超 0.5kg/天的合理摄入量，是世界平均水平的 3.4 倍。另外，根据《中国居民膳食指南》，正常成年人每人每天蔬菜推荐摄入量为 300～500g，而我国居民钙、铁、维生素 A、维生素 D 等部分营养元素缺乏依然存在。随着我国中高收入家庭比重的增加，重点支持蔬菜均衡供应设施建设，优先扶持发展优质特色蔬菜，实施蔬菜品牌化发展战略，满足市场差异化需求，积极引导城乡居民合理营养搭配蔬菜品种，优化膳食结构，促进蔬菜消费提档升级。

|第十六章| 特色重点蔬菜国内外市场
竞争分析^①

为推进我国农业绿色化、优质化、特色化、品牌化发展，扩大高附加值农产品的出口，推动构建我国农业对外开放的新格局，本章主要针对大蒜、干辣椒、马铃薯、生姜等优势特色重点农产品开展国内外市场竞争分析，并提出有关措施建议，助力提升特色优势农产品出口。

第一节 大蒜国内外市场竞争分析

我国是世界上最大的大蒜生产国和出口国，2016 年大蒜出口量 174.4 万 t，出口额 35 亿美元，为农民增收和农产品贸易平衡发挥了重要作用。未来我国大蒜消费需求总体将呈现稳中有增态势。我国大蒜出口具有较强的国际竞争力，应着力打造质量品牌、稳定国内价格、发展精深加工，促进大蒜出口和消费健康发展。

一、大蒜国内供需基本情况

（一）大蒜生产

近年来，我国大蒜常年种植面积 1170 万亩。2016 年，全国大蒜估计种植面积 1173 万亩，受年初寒潮影响，山东、河南、河北等主产区遭受严重冻害，不同程度减产；大蒜估计总产量 1701 万 t，亩产 1450kg，同比均减少 10% 左右（调研数据）。

（二）大蒜消费

大蒜在国内主要作为调味品使用，以鲜食消费为主。近年来，大蒜加工业有所发展，但加工需求相对较少。2016 年受到大蒜价格高企影响，国内大蒜鲜食消费有所减少，为 1338 万 t；种用消费相对稳定，为 192 万 t。

（三）大蒜进出口

我国大蒜出口量出口额约占蔬菜的五分之一，进口量进口额可以忽略不计。近年来，我国大蒜出口量、出口额总体呈现上升态势。2016 年，我国大蒜出口量 174.4 万 t，出口

---

① 本章内容完成于 2017 年 3 月。

| 167 |

额 35.5 亿美元；与 2012 年相比，分别增 11.1% 和 105.0%。2016 年，大蒜出口量额分别占蔬菜的 17.3% 和 24.1%。

二、大蒜国内消费增长空间分析

（一）大蒜消费数量将稳步增加

未来一个时期，大蒜消费需求还有较大增长空间，需求量将呈现增长的趋势。

（1）经济社会的快速发展，带动大蒜等调味品的需求增加。预计到 2020 年我国总人口将达到 14.2 亿，人口增长将直接带动大蒜需求。随着人口流动，大蒜区域性的消费方式将逐渐扩展，带动大蒜需求增长。

（2）对大蒜保健作用的逐步认识，带动需求增加。随着我国居民健康养生意识的增强，大蒜的保健功效得到不断挖掘，相关食疗菜谱和药品不断增加，将增加大蒜需求。

（3）大蒜加工产品不断丰富，带动需求增长。随着生活节奏加快，大蒜的简便、即食加工食品不断出现，种类不断丰富，将促进其需求增长。

（二）大蒜质量亟须进一步提高

不管国内消费还是国际贸易，对大蒜及其产品质量都提出了更高要求，质量上升空间仍然巨大。主要体现在：

（1）农业供给侧结构性改革为大蒜提档升级提供了机遇。大蒜产业"以量取胜""以廉取胜"特点明显，应借助改革契机，大力提高大蒜质量，促进产业迈向中高端。

（2）国内市场消费日益注重"三品一标"产品。食品质量安全问题受到高度关注，无公害、绿色、有机以及地理标识产品受到消费者越来越多的青睐，大蒜"三品一标"发展有待加强。

（3）国际市场技术壁垒逐渐提高。近年来，日本、印度尼西亚等国相继出台措施，加强进口农产品检验检疫。技术性贸易壁垒的提高，要求大蒜生产更要严把安全关，在质量上下功夫。

（4）我国大蒜出口亟须高质量产品。在大蒜国际市场上，我国大蒜平均出口价格只是国际市场平均价格的 80%，主要占据国际低端市场，缺少高端产品。

三、出口竞争分析

（一）主要出口国家及竞争态势

我国是全球最大的大蒜出口国，出口量额分别占世界的 82.5% 和 68.5%。我国大蒜出口呈现如下特点：

（1）出口量快速增长。2000~2015 年我国大蒜出口量由 36.3 万 t 增至 193.8 万 t，年均增长 11.8%。

（2）出口目的国相对集中。印度尼西亚、越南、马来西亚、菲律宾等东南亚国家在我国大蒜出口中占有较大比重。2016 年，对上述四国出口占我国大蒜出口量的 45.7%。

（3）主要出口目的国发生变化。近年来，我国对越南、马来西亚、美国、巴西等国家大蒜出口占大蒜出口量的比例显著增长。对日本、荷兰、新加坡等国出口占比明显减少。对印度尼西亚大蒜出口占比基本稳定在 25% 左右。

（4）出口价格较低。2013 年西班牙、阿根廷、荷兰等主要大蒜出口国出口价格分别为每吨 2062.9 美元、1897.7 美元和 2569.2 美元，明显高于我国的 859.4 美元。

（二）可拓展的目标市场及展望

未来我国大蒜出口市场的开拓，需要把握以下方面：

（1）巩固传统市场，把优势做大做强。印度尼西亚是我国大蒜传统出口目的国，在我国大蒜出口中占比较为稳定，其市场仍有增长空间，未来应在巩固现有市场地位的基础上，加强对其出口。

（2）扩大新兴市场，把渠道放宽放大。近年来，我国对美国、俄罗斯等国家大蒜增长迅速，2000～2015 年出口量年均增速在 30% 以上，对其周边国家（地区）出口仍然较少。未来应以新兴市场为基点，撬动对周边地区的出口。

（3）瞄准高端市场，提升产品附加值。对日本等国家出口，曾经在我国大蒜出口中占有相当比重，但其国内市场相对有限，趋于饱和，未来应发展高端产品，在保持现有市场份额的基础上，通过提高附加值提高效益。

四、提高竞争力的有关措施建议

（一）打造大蒜质量品牌，提升国际竞争力

面对国外不断增强的技术壁垒，未来我国大蒜生产应从品牌上下功夫，实现大蒜由"中国生产"转向"中国制造"。企业应进一步增强品牌意识，培育和争创省、国家级的著（驰）名商标和国际知名品牌。政府相关部门要搞好帮扶、指导和监督，出台激励措施，严惩假冒伪劣，保护合法、优质品牌。

（二）稳定国内大蒜价格，促进消费健康发展

应综合施策，稳定价格，促进消费平稳发展。

（1）推动大蒜价格保险试点。目前，山东金乡等地已开展大蒜目标价格保险，要不断总结经验，逐步扩大试点范围，形成可推广模式后逐步推开。

（2）推进调控目录制度试点。在调控目录制度试点中，积极促成大蒜主产区参与试点，并针对大蒜制定相应措施。

（3）加强信息监测与发布。持续开展大蒜种植意愿调研，及时发布大蒜生产、加工、

贸易和消费信息，引导生产和流通。

（三）发展精深加工产业，提高产品附加价值

大力推动大蒜加工产业升级，实现大蒜加工由粗加工向精深加工发展。重点加强大蒜素、大蒜油、大蒜粉等精深加工产品研发与生产，进一步加强大蒜简便、即食食品和饮料的开发生产。加大科研投入，强化校（院）企联合，加强大蒜精深加工新工艺的研发力度。

第二节　干辣椒国内外市场竞争分析

干辣椒不仅是重要的调味品，也是食品、生物化学、医药、保健品、化妆品等方面的原料，用途十分广泛，是世界上具有良好发展前景的经济作物之一。我国是世界上主要干辣椒的生产国、消费国和贸易国。总的来看，我国干辣椒比较优势明显，出口快速增加，贸易顺差不断扩大，但是在国际市场上面临来自印度、墨西哥、西班牙等国的有力竞争，未来要重点拓展美国、印度尼西亚和日本等国出口市场。

一、国内供需基本情况

（一）生产稳定发展

近年来，我国干辣椒产业稳定发展，常年种植面积340万亩左右，产量70万t以上。2016年，估计全国种植面积345万亩，同比增7.3%；产量76.25万t，同比增2.1%（调研数据）。我国干辣椒种植范围广泛，南方、北方均适宜辣椒栽培，主要分布在山东、河南、河北、新疆、湖南、湖北、四川、重庆、贵州等地，生产方式以露地种植为主。

（二）消费平稳增长

我国食辣区域不断扩大、食辣人群逐渐增多，辣椒消费持续增加，已成为世界上辣椒主要消费国，食辣人口超过5亿，占全国总人口的40%左右。2016年，辣椒消费量估计67.19万t，同比增2.7%（调研数据）。

（三）贸易发展迅速

我国干辣椒出口增长较快，进口减少，贸易顺差迅速扩大。2016年，出口量、出口额分别为8.02万t、1.58亿美元，同比分别增56.3%、42.7%；进口量、进口额分别为0.15万t、0.03亿美元，同比分别减41.9%、26.2%；贸易顺差为1.55亿美元，同比增45.4%。

二、国内消费增长空间分析

（一）总体消费需求保持增长

近年来，我国干辣椒消费需求呈现连续增加的态势。随着辛辣饮食风俗广泛传播，特别是川菜、湘菜、黔菜等辛辣菜系流行，消费人群不断扩大，干辣椒需求将继续增加。预计 2017 年干辣椒消费量为 72.3 万 t，同比增加 7.6%。未来 5 年内，干辣椒总体消费需求年均增长 5% 左右。

（二）优质加工型干辣椒需求空间较大

随着干辣椒在医疗、保健、美容等方面功能进一步发掘，人们对干辣椒深加工产品的需求量继续增长，干辣椒深加工对原料品质的要求较高。未来，我国对高品质加工型干辣椒品种的消费需求将进一步加大，预计 5 年内消费量年均增长率会保持在 15% 左右。

三、出口竞争分析

（一）中国干辣椒主要贸易国家

我国 2016 年干辣椒前五大出口国分别为马来西亚、泰国、西班牙、墨西哥和美国，出口量分别为 1.69 万 t、1.41 万 t、1.28 万 t、0.99 万 t 和 0.64 万 t；出口额分别为 0.33 亿美元、0.25 亿美元、0.24 亿美元、0.17 亿美元和 0.17 亿美元。对该五国的出口量、出口额占比分别为 74.9%、73%。干辣椒进口主要来自印度，我国从印度进口的干辣椒量、额分别为 0.13 万 t、0.026 亿美元，占比为 88.4%、85.4%。

（二）主要出口国家及竞争态势

我国是全球第二大干辣椒出口国，仅次于印度，与秘鲁、西班牙和墨西哥列世界前 5 位。该 5 国 2013 年干辣椒出口量、出口额分别占全球的 84.3%、77.8%，呈现较高的市场集中度，而全球干辣椒出口量、出口额分别为 58.14 万 t、12.31 亿美元。

分国家来看，印度种植干辣椒具有得天独厚的自然条件，生产成本比较优势明显，国际竞争力较强。近年来，印度干辣椒出口势头强劲，2009~2013 年出口量、出口额年均分别增 7.37%、11.54%，显著高于我国同期水平，目前是我国最大的竞争对手。墨西哥同期出口量、出口额年均分别增 18.91%、24.17%，呈高速增长态势，是我国未来强劲的竞争对手；西班牙同期出口量、出口额年均分别增 4.63%、5.16%，出口规模一直在扩大，是我国未来潜在的竞争对手。

（三）可拓展的目标市场及展望

全球 2013 年干辣椒进口量、进口额分别为 56.38 万 t、11.90 亿美元。进口量位居世界前 10 位的国家分别是美国、泰国、马来西亚、斯里兰卡、西班牙、孟加拉国、墨西哥、德国、印度尼西亚和日本，该 10 国进口量、进口额分别占全球的 71.4%、65.4%。

分国家来看，美国 2013 年干辣椒进口量、进口额分别为 11.52 万 t、2.87 亿美元，占全球的 20.4%、24.1%，均为世界第一位。2009~2013 年干辣椒进口量、进口额年均分别增 1.94%、7.25%。美国是全世界最大的干辣椒进口需求国，而且进口数量几年来一直保持增长，是我国未来重点拓展的目标市场。印度尼西亚同期进口量、进口额年均分别增 4.69%、14.14%，印度尼西亚人口大约 2.48 亿，食辣人口数量多，消费潜力巨大，是我国干辣椒需要拓展的出口目的地；日本同期进口量、进口额年均分别增 1.46%、5.66%，干辣椒进口需求一直保持增长态势，日本距离我国较近，我国干辣椒对日出口具有明显优势。

四、提高竞争力的有关措施建议

（一）大力提高辣椒深加工能力

近年来，世界对辣椒红色素、辣椒碱等辣椒深加工制品的需求增长迅速。而我国在辣椒深加工制品生产和出口上，明显落后于印度、西班牙、美国等国家。要着重提高国内干辣椒深加工技术和工艺水平，获取更高的产业附加值。

（二）积极推广加工专用品种种植

干辣椒精深加工对原料有着严格的要求，要针对不同深加工产品需求，培育、推广专用辣椒品种，例如积极推广味色度高的辣椒品种以适应辣椒色素的加工，扩大种植辣椒碱含量高的辣椒品种以适应辣椒碱、辣椒精的加工。

（三）着力提高国际市场信息采集水平

国际干辣椒市场需求变化快，进口国对干辣椒制品的质量标准要求越来越严格。要提高对干辣椒国际市场需求数量和质量标准信息的即时、动态采集水平，及时发布相关信息，引导企业按照市场需求，调整出口产品的数量和质量。

第三节　马铃薯国内外市场竞争分析

马铃薯营养价值高、适应范围广、加工用途多，是我国第四大主粮作物和优势农产品。中国是世界上最大的马铃薯生产国和消费国，进出口贸易快速增长，但占世界马铃薯贸易市场份额仍很小。总的来看，我国马铃薯出口动力不足，出口量少，产业国际竞争力较弱，但随着马铃薯产业的快速发展，马铃薯出口未来形势比较乐观。

一、国内供需基本情况

（一）种植意愿较强，生产供给充足

近年来，我国马铃薯生产快速发展。初步形成了北方一作区、中原和南方二作区及西南一二季混作区的种植模式，覆盖我国大部分地区，常年种植面积稳定在8500万亩左右，总产量保持在9000万t以上。2016年，估计全国种植面积约8526万亩，同比增3.0%；产量约9201万t，同比减3.0%。预计今后3~5年，马铃薯种植面积将进一步扩大，生产供给比较充足。

（二）消费量稳中有降，结构趋于优化

受宏观经济缓慢复苏、农民工返乡持续增加、北方主要加工产区原料供给量有所减少等因素影响，2016年，马铃薯消费量估计为8571万t，同比减4.7%。食用消费量、淀粉等加工消费量下降，估计分别为5534万t、736万t，同比分别减2.8%、13.8%；种用消费略有增加，估计396万t，同比增约4.3%。

（三）进出口规模较小，去年出口量增额减

2016年马铃薯出口量有所增加，出口额减少；同时，随着脱毒种薯普及率、种植技术和加工水平的不断提高，我国马铃薯及薯条等加工品品质持续提高，马铃薯进口量有所减少。据海关数据，2016年全国累计出口量43.80万t，同比增1.1%，出口额2.68亿美元，同比减3.6%；进口量14.47万t，同比减1.4%，进口额1.76亿美元，同比增0.9%；贸易顺差0.92亿美元，同比减11.1%。

二、国内消费增长空间分析

（一）马铃薯消费数量持续增长

我国马铃薯消费需求呈现连续增加的态势。预计2017年消费量为8987万t，同比增4.9%。随着国家马铃薯主食化战略推进，人们对马铃薯营养价值认识提高，估计鲜食消费小幅增加，加工消费有望快速增加，2017年分别达5895万t、823万t，同比增6.5%、11.8%。

（二）产品质量提升需求

我国多使用自留种种植马铃薯，导致产量低、病虫害多、良种普及率低，无法生产高品质马铃薯，难以满足欧美发达国家餐饮、加工等行业标准要求。当前，我国需要大范围

推广使用脱毒种薯，改良加工薯品种，实施品牌化战略，以提高马铃薯品质。

三、出口竞争分析

（一）主要出口国家及竞争态势

近年来，我国马铃薯出口保持健康稳定的发展趋势。2012～2016年，累计出口量215.59万t、出口额12.18亿美元，年均分别增3.2%、11.1%；进口量67.03万t、进口额8.02亿美元，年均分别增2.4%、4.2%；贸易顺差4.16亿美元，年均增36.9%。

从国际市场占有率看，我国马铃薯仅占6%左右，与30%的临界点有较大差距。我国马铃薯出口量的80%集中在亚洲地区，其中马来西亚是最大目的地，约占我国出口总量的30%。2012年以来，我国马铃薯在马来西亚进口市场上的占有率保持较高份额，基本稳定在55%以上，明显高于马来西亚其他马铃薯进口来源国。

从贸易竞争力指数看，我国马铃薯国际竞争力较弱。贸易顺差占进出口贸易总额的比重2014年为10.2%，近五年的其他年度均在6%以下。综上所述，我国马铃薯产业在亚洲市场具有较强竞争力，但在国际市场上竞争力较弱。

（二）可拓展的目标市场及展望

我国马铃薯出口可拓展的目标市场为：稳定扩大现有的马来西亚、越南等亚洲市场；开拓延伸比利时、荷兰、德国等欧洲市场。

欧洲马铃薯市场需求潜力巨大。比利时、荷兰、德国、意大利、西班牙等欧洲国家，2009年以来占据了世界马铃薯进口量的前5位，2013年分别进口156.34万t、141.50万t、106.12万t、69.36万t、66.83万t，年均分别增4.16%、16.39%、3.77%、7.86%、-1.21%。最近几年，我国对上述5国出口量均处于较低水平，仅2016年突破20t，出口德国28.55t，比利时0.01t，其他为0。如果提升我国马铃薯质量，出口欧盟市场的份额有望进一步扩大。

四、提高竞争力的有关措施建议

（一）加快发展马铃薯淀粉加工业，促进一二三产业融合发展

马铃薯加工业一头连着农业和农民，一头连着工业和市民，是马铃薯产业化和现代化的关键所在。当前，国家正在加大力度推进马铃薯加工主食化战略，一批以马铃薯全粉为主要原料的食品加工技术不断涌现，有效延长了产业链，提高了附加值，促进一二三产业融合。

（二）创新综合服务方式，增强经营主体市场把控能力

充分利用全球农业调查数据信息系统，构建权威、高效的信息发布平台，定期开展市

场供需形势研判，及时发布涵盖生产、价格、消费、贸易等多环节数据信息，完善"走出去"战略咨询服务，为"走出去"企业提供更全面、更精准、更高效的政策咨询服务，切实提高马铃薯产业国际竞争力。

（三）提高质量安全水平，促进国际贸易稳定增长

进一步加强马铃薯质量全程追溯体系，完善规格品质标准体系，推动国内国际标准对接统一，促进国际贸易稳定增长。强化质量安全全程监管，加强"三品一标"认证工作，打造一批国内著名、国际知名的产业品牌，大幅提升马铃薯产业国际竞争力。

第四节 生姜国内外市场竞争分析

生姜用途广泛，是主要香辛保健蔬菜之一，也是食品、医药及化工产品的重要原料。我国是世界上生姜产量最多的国家，也是最大出口贸易国。未来，生姜消费在国内外仍具有一定的增长空间，尤其是高品质产品需求更加旺盛，应从品质提升、品牌培育、标准化建设等方面入手，切实提高我国生姜产业竞争力。

一、国内供需基本情况

（一）生产供给充足

近年来，我国生姜产业稳定发展，常年种植面积300万亩左右，产量800万t以上，亩产超过2800kg，其中北方主产区面积约占35%，而产量占到65%。2016年，全国种植面积预计349万亩，同比增8.0%；产量938万t，同比增2.6%（调研数据）。预计今后3~5年，我国生姜生产供给仍然相对充足。

（二）消费稳定增长

随着居民膳食结构的升级，生姜鲜食消费量稳定增加，2016年预计达380万t。生姜加工消费在生姜总消费中所占比例不高，近2年稳定在130万t左右，随着对生姜保健功能认识加深，带动生姜加工消费增加。总的看来，近年来生姜消费总量增加明显，2015年与2016年均在780万t以上。

（三）出口增加迅速

我国是全球最重要的生姜出口国，出口产品主要以保鲜姜为主，其次为风干姜、腌渍姜、脱水姜、冷冻姜等。近年来，生姜出口迅速增加，2016年生姜出口量达53.78万t，同比增27%，是2014年出口量的2倍。我国生姜进口规模很小，2016年仅有63t。

二、国内消费增长空间分析

（一）消费数量仍有一定的增长空间

经过 2011 年的高峰后，我国生姜产量出现过下滑，目前仍处于恢复期，近年来国内鲜食消费几乎同步于产量的增加，预计这种趋势在近期不会改变。从长期趋势看，生姜主要作为调味刚需品，需求价格弹性小，人均消费刚性明显，加上未来人口的增长，预计未来生姜鲜食消费还将稳中有增。

加工方面，随着人们对健康饮食的日益关注，生姜的保健功能得到了更多认可，姜茶、姜膏、姜精油等生姜制品需求不断增大，预计加工消费将继续增加。未来，我国生姜国内消费需求仍有一定的增长空间，预计"十三五"内仍有年度 2% 左右的需求增幅。

（二）消费品质提升是未来的必然趋势

我国城乡居民消费结构正在由生存型消费向发展型消费转变，对生姜消费品质要求的提高是一种必然趋势。一方面，鲜食消费会更加注重高品质生姜，绿色生姜、有机生姜等会更加得到市场青睐，目前有机生姜市场价格能达到普通生姜的 2 倍；另一方面，将来生姜作为姜茶、姜膏、姜精油等一批食用、医用和保健类产品原料需求增加，这会对生姜的标准化、品质水平等提出更高的要求。

三、出口竞争分析

（一）主要出口国家及竞争态势

我国生姜出口地区主要包括中东、东南亚以及欧美、东亚等地区，出口国家相对集中，2016 年出口量前 5 位的国家是巴基斯坦、孟加拉国、美国、荷兰、阿联酋，共出口 29 万 t，占我国出口总量的 54%。整体来看，我国生姜出口贸易占全球比例超过 60%，在全球生姜贸易中占据绝对主导地位，主要竞争国家包括泰国、尼泊尔、荷兰、印度、印度尼西亚等，尤其是荷兰、印度、印度尼西亚等国出口增长较快，对我国形成了冲击。

从出口地区来看，中东等国家对品质要求不高，对日本和韩国出口具有得天独厚的区位优势，我国生姜占有着这些市场的多数份额；欧美等国家对品质要求高，运输时间较长，且运输过程中质量不稳定，影响到了我国生姜在欧美市场的竞争力，近年来巴西、泰国、秘鲁等凭借较好的品质不断冲击我国的市场份额，尤其随美国特朗普政府的上台，中美贸易壁垒可能加大，也会影响到生姜出口。

（二）可拓展的目标市场及展望

首先，"一带一路"已经上升为国家战略，中国与沿线国家的经济联系将更加紧密，如巴基斯坦、孟加拉国等国家，对生姜的需求量大，且国内供给不足，随着"一路一带"的推进，将会为生姜出口带来可观的增长。其次，欧美国家，尤其是欧洲冬季生姜需求旺盛，我国生姜在品质化、标准化等方面继续提升后，可以去竞争附加值更高的出口贸易份额。最后，生姜在埃及、阿尔及利亚等非洲国家日益受到欢迎，随着中非贸易的加深，这里可成为生姜出口的新动力。

四、提高竞争力的有关措施建议

（一）加强质量监控，提升产品品质

规范农资使用，加强生姜种植、加工和流通等环节的农残检测与全程质量监控；加快生姜储运、加工等技术和设备的开发、推广和应用，支持发展无公害、绿色、有机等高品质生姜。

（二）树立品牌意识，提高产品价值

树立品牌意识，注重生姜品牌建设，加强高品质生姜的认证，打造一批安全放心的鲜食生姜品牌和生姜制品品牌；重点加强龙头企业建设，推动龙头企业带头实行品牌化经营战略，以品牌作为区域、企业产品质量的"名片"。

（三）推动标准建设，加强国际接轨

推动生姜质量标准体系的修订，不断提高我国在国际标准中的参与度和话语权；重视国际市场对产品质量和加工产品类型多样化要求，由初级加工向精深加工和高附加值产业迈进。

第十七章 "菜篮子"市长负责制政策解读

2017 年 1 月 3 日，国务院办公厅印发了《"菜篮子"市长负责制考核办法》（国办发〔2017〕1 号）（简称《办法》），明确提出建立健全"菜篮子"市长负责制考核机制，全面实施"菜篮子"市长负责制考核办法，进一步强化责任、量化考核、促进建设。该《办法》的出台与实施，体现了党中央、国务院对"菜篮子"工程建设的高度重视，是新时期"菜篮子"工程建设的迫切需要，是落实"菜篮子"工程建设主体责任的重要举措，是加快农业现代化建设的战略选择。现就《办法》的出台背景、形成过程、考核内容和具体工作等相关政策解读如下。

第一节 "菜篮子"工程措施得力、成效显著

小小"菜篮子"，事关民生大计，一头系着农民的"钱袋子"，一头系着市民的"餐盘子"，是农业现代化发展水平的重要标志，是党中央、国务院高度关心的头等大事。近年来，围绕"菜篮子"工程建设，我国出台了一系列的政策措施，开展了卓有成效的建设工作，取得了可喜可贺的阶段性成果。

1988 年由农业部提出、经国务院批准在全国实施"菜篮子"工程。2002 年温家宝总理出席全国"菜篮子"工作会议并作重要讲话。2010 年国务院办公厅印发了《关于统筹推进新一轮"菜篮子"工程建设的意见》（国办发〔2010〕18 号）。2012 年中央 1 号文件提出要狠抓"菜篮子"产品供给，提升"菜篮子"产品整体供给保障能力和质量安全水平。2013 年中央 1 号文件指出要加大新一轮"菜篮子"工程实施力度，扩大园艺作物标准园和畜禽水产品标准化养殖示范场创建规模。2014 年中央 1 号文件提出要健全"菜篮子"市场负责制考核激励机制。2015 年中央 1 号文件提出要继续开展园艺作物标准园创建，加大对生猪、奶牛、肉牛、肉羊标准化规模养殖场（小区）建设支持力度，推进水产健康养殖，保障主要"菜篮子"产品有效供给。

与此同时，农业部出台了《新一轮"菜篮子"工程建设指导规划（2012—2015 年）》《全国蔬菜重点区域发展规划（2009—2015 年）》《畜禽养殖标准化示范创建活动工作方案》《全国农产品产地市场发展纲要》和《关于开展 2015 年全国水产健康养殖示范创建活动的通知》等系列文件。2014 年农业部组织召开全国都市现代化农业暨"菜篮子"工程现场交流会，韩长赋部长指出"加快推进新一轮'菜篮子'工程建设，核心是保障城乡居民'菜篮子'产品有效安全供给，关键是落实好'菜篮子'市长负责制"。

经过 20 余年的发展，"菜篮子"工程在保障农产品有效供给、稳定市场价格、满足居民消费需求等方面取得了显著成效，"菜篮子"产品产量大幅度增长，品种日趋多元，质

量不断提高,市场供应愈发丰富。具体表现在:

1. "菜篮子"产品生产能力切实增强

据统计,2015 年我国蔬菜、水果、肉类、禽蛋、水产品、奶类和茶叶产量分别为 7.69 亿 t、2.71 亿 t、8625.04 万 t、2999.22 万 t、6699.65 万 t、3870.31 万 t 和 227.8 万 t。"菜篮子"产品生产结构更加优化,产业布局更加明晰,主要"菜篮子"产品供应数量充足、品种丰富、价格合理,市场均衡供给能力显著提升。

2. "菜篮子"产品质量安全水平稳步提升

2015 年全国农产品质量安全例行监测,针对 152 个大中城市五大类产品 117 个品种 94 项指标,共抽检样品 43998 个,总体合格率达到 97.1%。"菜篮子"产品质量安全水平继续保持稳定,质量安全形势稳中向好。

3. "菜篮子"产品流通和市场体系建设日趋完善

目前,全国农产品批发市场总数已达 4952 家,农业电子商务进入爆发式发展阶段。据统计,目前我国农产品在线经营企业和商户已达 100 万家,2015 年全国农产品电商交易额突破 1505 亿元,占整个电商交易额的比重的 4.6%。

4. 农产品品牌建设加快推进

各地积极开展无公害农产品、绿色食品、有机农产品和农产品地理标志的"三品一标"申报认证,加快推进农产品区域公用品牌建设。目前,我国"三品一标"产品总数达到 10.7 万个。

第二节 《"菜篮子"市长负责制考核办法》的出台意义及形成过程

一、《"菜篮子"市长负责制考核办法》出台意义

"重农固本,是安民之基"。"米袋子"、"菜篮子"始终是广大群众最关心的问题。"菜篮子"自实施以来,虽然取得了重大进展,但是和党中央国务院的要求相比,和城乡人民群众的热切期盼相比,和供给侧结构性改革的任务相比,和农业现代化发展的需要相比,还有很大差距。近期,国务院办公厅出台了《"菜篮子"市长负责制考核办法》,可谓恰逢其时、意义重大。

(一) 加快推进"菜篮子"工程建设的决策部署需要

党中央、国务院高度重视"菜篮子"工作,1988 年启动"菜篮子"工程,20 世纪 90 年代提出"菜篮子"市长负责制,2010 年实施新一轮"菜篮子"工程,近年来国务院领导多次提出要健全"菜篮子"市长负责制考核激励机制。李克强总理在 2014 年中央农村工作会上强调,要健全和落实"菜篮子"市长负责制,强化责任制度落实情况的督查评估,形成长效机制;在 2016 年 4 月国务院常务会议上,再次强调要落实"菜篮子"市长

负责制，提出方便社区农产品交易、保障市场供应等具体要求。汪洋副总理在 2016 年 4 月全国都市现代农业现场交流会上指出，市长对"菜篮子"产品供给保障、质量安全、应急管理、市场调控负有主体责任。该《办法》的出台，标志着"菜篮子"市长负责制考核制度正式建立，是党中央、国务院加快推进"菜篮子"工程建设的重大举措，是促进地方政府落实主体责任的有效方法。

（二）推进农业供给侧结构性改革的基础工作需要

2015 年中央经济工作会议和中央农村工作会议对农业供给侧结构性改革做出全面部署，要求提高农业供给体系质量和效率，使农产品供给数量、品种和质量更加契合消费者需求，形成结构合理、保障有力的农产品有效供给。各大中城市积极贯彻落实中央决策部署，在推进"菜篮子"产品供给侧结构性改革方面做了大量有益的实践，但仍然缺乏全局性的工作指南和统一的评价机制。特别是在产量逐年提高、供给有较大保障的背景下，一些大中城市落实"菜篮子"市长负责制的意识有所淡化，存在把生产交给主产区、把供应甩给大市场的问题，"菜篮子"产品自给率下降、产销对接不畅、市场建设滞后、流通成本过高、价格异常波动频繁等供给侧矛盾未得到根本改善，满足群众对"菜篮子"产品数量与质量需求的压力有所上升。该《办法》从现实问题出发设计考核内容和指标，准确把握"菜篮子"产品生产、流通等供给环节的关键问题，指明了政府"菜篮子"工作的主要方向，能够有效增强各大中城市政府工作的主动性和紧迫性，为推进"菜篮子"产品供给侧结构性改革奠定了良好基础。

（三）加强"菜篮子"工程保供稳价的民生现实需要

我国"菜篮子"产品市场放开最早，相对而言，市场化程度较高。近年来，由于缺乏统筹规划和长效调控机制，部分品种价格大起大落，区域性、季节性、结构性的"菜篮子"产品供需失衡现象时有发生，农民"卖菜难"和市民"买菜贵"现象并存，影响产业持续健康发展。党的十八届三中全会明确指出，要使市场在资源配置中起决定性作用和更好发挥政府作用。今年初，我国蔬菜、猪肉等价格持续大幅上涨，引起社会广泛关注，暴露出一些城市落实"菜篮子"市长负责制责任意识不强，有关调控手段和措施相对缺乏等问题。进一步强化"菜篮子"市长负责制、落实政府主体责任已成为社会广泛共识，迫切需要建立健全"菜篮子"市长负责制考核机制。该办法《代拟稿》将"菜篮子"生产能力、市场流通能力、质量监管能力、调控保障能力、保障市民满意能力纳入考核内容，有利于强化大中城市"菜篮子"工程建设力度，特别是设置了低收入人群补贴、市民满意度等指标，对惠民生具有重要意义。

二、《"菜篮子"市长负责制考核办法》形成过程

本《办法》的形成过程，经过了许多单位专家学者、国家与地方政府及管理部门的多次研究论证、征求意见、修改完善。可以说，本《办法》是相关领域专家学者、各级各地

各部门共同参与、群策群力的结果,是集体智慧的结晶。

(一)广泛征求专家意见

2014 年以来,农业部做了大量基础性研究工作。组织中国农业科学院、中国农业大学、上海交通大学、北京农学院、北京市农林科学院等单位专家,对建立健全"菜篮子"市长负责制考核机制的必要性和可行性,考核的主要内容等进行专题研究,初步形成了《关于建立健全"菜篮子"市长负责制考核机制的指导意见(征求意见稿)》(以下简称《指导意见》)。两年来,农业部多次派专家组赴大中城市,针对各地"菜篮子"产品生产流通、质量安全、市场调控等考核相关内容进行深入调研,不断修改完善。

2016 年以来,蔬菜价格持续上涨,引起中央领导同志高度关注。农业部按照韩长赋部长指示精神,将《指导意见》调整为《"菜篮子"市长负责制考核办法(试行)(征求意见稿)》(以下简称《征求意见稿》)。5 月,组织国家发展改革委产业研究所、国家行政学院公共管理事业部、农业部农村经济研究中心、农业部信息中心、中国农业科学院农业信息研究所等单位专家,围绕考核步骤、指标设置、分值设定等核心环节开展研究,同时邀请北京、天津、上海、杭州、南京、南宁等城市农业部门专家,研讨指标合理性和落地问题,确保《征求意见稿》科学客观、有理有据。截至目前,共召开专家研讨会 10 余次。

(二)广泛征求地方与相关部门意见

2014 年 4 月,在《指导意见》起草过程中,农业部利用全国都市现代农业暨"菜篮子"工程现场交流会召开时机,向 42 个大中城市征求了对"菜篮子"市长负责制考核工作的意见;7 月,将《指导意见》发送部分省农业部门征求意见;8 月,组织召开了联席会议成员单位座谈会,听取相关部委意见和建议;12 月,向 31 个省(区、市)人民政府书面征求修改意见和建议。至此,"菜篮子"市长负责制考核工作的框架思路基本形成,为《征求意见稿》的制定奠定了坚实基础。2015 年,农业部围绕"菜篮子"市长负责制实施中的核心问题,重点调研了上海、北京、青岛、成都、武汉等 10 个城市,基本摸清了"菜篮子"市长负责制考核的工作基础情况。

2016 年 7 月,农业部修改完成《征求意见稿》,并发部分城市书面征求意见。各地反响热烈,在考核指标、数据来源、实施步骤等方面提出了很多宝贵建议。8 月,农业部将《征求意见稿》发送联席会议其他 12 个成员单位征求意见。各部门均表示该文件对促进地方政府落实主体责任,推进"菜篮子"保供稳价惠民生具有积极作用,并依据本部门职能提出了修改意见。农业部将有关部门和地方的意见建议进行认真对比分析,按照"统筹全局、突出重点"的原则吸收采纳,未能采纳的均做出详细说明。

(三)农业部常务会议专题研究

2016 年 9 月,农业部召开常务会议,专题审议《"菜篮子"市长负责制考核办法(试行)(代拟稿)》。农业部办公厅、产业政策与法规司、发展计划司、财务司、种植业管理司、畜牧业司、渔业渔政管理局、农产品质量安全监管局等司局参会,对该文件出台的必要性、可行性等进行了全面评估。会议认为目前文件出台条件具备、时机成熟，对于稳定市场供应、创新调控手段、保障食品安全、提高民生水平具有重要意义。韩长赋部长指出必须充分认识"菜篮子"市长负责制考核的重要意义，注重考核结果应用，通过考核进一步强化市长对"菜篮子"工程建设的责任意识和工作力度。

第三节　《"菜篮子"市长负责制考核办法》考核内容解读

国务院办公厅《"菜篮子"市长负责制考核办法》（国办发〔2017〕1号）正文共11条，包括考核原则、考核主体及对象、考核内容、考核时间、评分制度、考核步骤、结果应用等。其中，明确了考核工作由农业部牵头，会同联席会议成员单位实施。联席会议直接考核直辖市、计划单列市和省会城市等36个城市"菜篮子"市长负责制落实情况。现逐条解读如下：

第一条　为强化"菜篮子"市长负责制，全面加强"菜篮子"工程建设，根据党中央、国务院有关文件规定，制定本办法。

第一条内容解读：

开宗明义，言简意赅，直接阐述制订该《办法》的基本目的，就是要强化大中城市"菜篮子"市长负责制，从而全面推进我国"菜篮子"工程建设步伐，满足城乡居民对"菜篮子"数量、质量、品种的基本需求。制订本《办法》体现了党中央国务院对"菜篮子"工程的高度重视，对民生问题的极大关切，并采取了切实可行的工作部署和具体措施，表明了要下大力气落实大中城市人民政府主要负责人责任意识的决心和意志。

第二条　考核工作坚持重点考核与全面推进相结合、自评自查与综合评定相结合、过程监管与结果考评相结合、定量评价与定性评估相结合的原则。

第二条内容解读：

本条短短数语、言简意赅，但全面阐述了"菜篮子"市长负责制考核机制的基本原则，内涵非常深刻。

（1）坚持重点考核与全面推进相结合原则。"菜篮子"市长负责制考核的基本内容与具体指标，要统筹考虑，兼顾点与面的统一于协调。在考核指标的度量上，对于基础性、关键性、决定性的指标赋予较大权重，通过考核夯实"菜篮子"工程基础；对于提升性、辅助性、引领性指标赋予较小权重，通过考核提升产业发展质量。随着"菜篮子"工程不断深入，指标考核体系将适时修改完善。

（2）坚持自评自查与综合评定相结合原则。本《办法》第七条对本原则作了全面科学的阐述。自我评价是指36个大中城市对"菜篮子"市长负责制落实情况进行全面总结和自评，并形成自评报告。依据36个大中城市的自评报告、联席会议的初评报告、抽查考核报告，联席会议确定考核结果等级，形成综合评价报告。

（3）坚持过程监管与结果考评相结合原则。《办法》在设置考核指标时，不仅包括了蔬菜面积、蔬菜产量、肉类产量、零售网点密度、"菜篮子"产品质量安全水平等结果考核指标；而且包括了批发市场规划布局、批发市场建设、"菜篮子"产品质量安全监管、

"菜篮子"工程调控政策、"菜篮子"产品储备制度建设、信息监测预警体系和信息发布平台建设和"菜篮子"工程管理体系建设等过程监管指标。本《办法》大而言之的结果考评，还包括自我评价、初步评定、抽查考核、综合评定、信息通报等具体内容。因此，本《办法》将过程监管和结果考评有机地结合起来，既注重事后评价也注重事中控制，既注重工作结果也注重工作过程，避免急功近利，从而保障"菜篮子"市长负责制考核机制的正确方向。

（4）坚持定量评价与定性评估相结合原则。"菜篮子"市长负责制考核实行评分制，通过量化考核指标，达到评优罚劣的目的，对指标进行科学合理的量化，稳步提升"菜篮子"工程质量同步发展；对于机构设置、制度建设等指标，进行定性评估，加强"菜篮子"工程基础制度建设，提升管理水平。

第三条 由农业部牵头，会同国家发展和改革委员会、财政部、国土资源部、环境保护部、交通运输部、商务部、国家卫生计生委、工商总局、食品药品监管总局、银监会、证监会、保监会等"菜篮子"食品管理部际联席会议（以下简称联席会议）其他成员单位，负责考核直辖市、计划单列市和省会城市等36个城市"菜篮子"市长负责制落实情况。

第三条内容解读：

本条包括两层含义。首先，明确了"菜篮子"市长负责制考核的工作主体和任务分工。为扎实推进"菜篮子"工程建设工作，落实"菜篮子"工作的协调和配合，经国务院同意，在21世纪伊始，建立了由农业部牵头的"菜篮子"食品管理部际联席会议制度，由国家发展和改革委员会、财政部、国土资源部等13个部门组成。经过10余年的磨合与发展，联席会议建立健全了工作机制，基本形成了相互协商和协调制度，不断强化对全国"菜篮子"工作的检查和指导，为国务院进行"菜篮子"工作决策提供了一系列政策建议。本《办法》的出台，进一步丰富了联席会议的工作内容，能够切实推动"菜篮子"工作13个部门之间的联席联动与合力效应，为更好地发挥联席会议作用提供了良好平台。其次，明确了联席会议按照本《办法》直接考核的考核范围。直接考核范围是直辖市、计划单列市和省会城市等36个大中城市，具体是北京、上海、武汉、天津、广州、南京、沈阳、哈尔滨、大连、太原、重庆、青岛、成都、西安、济南、长春、长沙、杭州、深圳、乌鲁木齐、郑州、昆明、兰州、贵阳、合肥、石家庄、福州、南宁、宁波、呼和浩特、厦门、南昌、海口、西宁、银川、拉萨。

第四条 考核内容包括"菜篮子"产品生产能力、市场流通能力、质量安全监管能力、调控保障能力和市民满意度五个方面。生产能力考核蔬菜播种面积、产量和肉类产量等；市场流通能力考核批发市场规划布局、建设和零售网点密度等；质量安全监管能力考核"菜篮子"产品质量安全监管情况、质量安全水平和追溯体系建设等；调控保障能力考核"菜篮子"工程调控政策、价格涨幅、储备制度建设、管理体系建设、信息监测预警与发布平台建设等；市民满意度考核市民对"菜篮子"工程建设的满意程度。

第四条内容解读：

本条包括两层含义。首先，明确了具体考核内容。按照层次分析法的理念，分为目标层、准则层和方案层。目标层为"菜篮子"市长负责制考核得分；准则层（一级指标，本书没有使用严格意义上的学理用语）为产品生产能力、市场流通能力、质量安全监管能力、调控保障能力和市民满意度等5个指标，即5个能力建设；方案层（二级指标）为蔬菜播种面积、蔬菜产量、肉类产量、批发市场规划布局、批发市场建设、零售网点密度、"菜篮子"产品质量安全监管情况、"菜篮子"产品质量安全水平、肉类蔬菜追溯体系建设情况、"菜篮子"工程调控政策、"菜篮子"价格涨幅、"菜篮子"产品储备制度建设、"菜篮子"工程管理体系建设、信息监测预警与发布平台建设、市民对"菜篮子"工程建设的满意程度等15个考核指标和1个否决项。其次，指标设置体现了可获得性、成熟性、创新性、可操作性等特点，确保考核工作科学公正高效。一是可获得性。尽量采用统计部门和行业部门的公开数据，降低数据获得成本，同时保证了可比性。二是成熟性。产量、面积、质量安全、工作落实等方面的指标直接改造自农业部实行多年的"稳定发展'菜篮子'延伸绩效考核"，成熟度高，可靠性好。三是创新性。突破性地设置了"零售网点密度""市民满意度"等创新性指标，通过实地调研和广泛征求大中城市意见，保障新指标设置的科学合理。四是可操作性。为验证指标和计算方法的可操作性，农业部采用多个城市的数据进行了模拟，根据结果对指标和计算方法进行优化调整，在保证指标体系真实反映工作绩效的同时，尽可能简便易操作。

本条重点诠释了考核指标的基本内涵，具体如下：

（1）一级指标"菜篮子"产品生产能力包括蔬菜播种面积、产量和肉类产量3个二级指标。蔬菜播种面积指本市各种蔬菜（含食用菌，不含西甜瓜、马铃薯、草莓）的播种面积。蔬菜产量指本市生产的各种蔬菜（含食用菌，不含西甜瓜、马铃薯、草莓，也不含蔬菜加工产品）的产量。肉类产量指本市猪肉或牛羊肉产量。

（2）一级指标市场流通能力包括批发市场规划布局、建设和零售网点密度3个二级指标。批发市场规划布局指本市对"菜篮子"产品批发市场进行科学合理规划布局，将其纳入城市建设规划并按规划实施。批发市场建设指本市年交易额前两位的"菜篮子"产品批发市场功能建设和管理情况。零售网点密度：指本市每个行政社区平均建有的"菜篮子"产品零售网点数量。

（3）一级指标质量安全监管能力包括"菜篮子"产品质量安全监管情况、质量安全水平和追溯体系建设3个二级指标。"菜篮子"产品质量安全监管指本市开展"菜篮子"产品质量安全监管情况。"菜篮子"产品质量安全水平指农业部抽检本市"菜篮子"产品质量安全例行监测总体合格率。肉类蔬菜追溯体系建设情况：指本市肉类和蔬菜等食用农产品追溯体系建设和运行情况。

（4）一级指标调控保障能力包括"菜篮子"工程调控政策、价格涨幅、储备制度建设、管理体系建设、信息监测预警与发布平台建设5个二级指标。"菜篮子"工程调控政策主要指本市制定实施"菜篮子"产品生产扶持、市场流通、消费者补贴和应急预案等方面的调控政策。生产扶持政策指支持"菜篮子"产品生产基础设施建设、技术推广、政策性保险、生产者补贴等方面的政策；市场流通政策指支持流通基础设施建设、产销对接、应急促销等方面的政策；消费者补贴政策指当价格过高时减免进场费、发放低收入人群补贴等;应急调控预案指市政府制定"'菜篮子'市场供求应急调控预案"。"菜篮子"价格涨幅指根据年度城市居民消费价格指数(CPI)中的鲜肉、畜肉、水产品、蛋、鲜果价格变化,按权重计算形成"菜篮子"价格指数。"菜篮子"产品储备制度建设指根据本市"菜篮子"产品生产消费实际情况,确定"菜篮子"产品储备品种(含蔬菜和肉类)和储备量。"菜篮子"工程管理体系建设指本市成立"菜篮子"工作领导小组情况。信息监测预警体系和信息发布平台建设指本市"菜篮子"产品信息监测预警体系建设及信息发布工作开展情况。

(5)一级指标市民满意度包括市民对"菜篮子"工程建设的满意程度1个二级指标。市民对"菜篮子"工程建设的满意程度指"菜篮子"食品管理部际联席会议委托权威第三方评估机构,制定并公开评估办法,统一对36个大中城市"菜篮子"工作市民满意度进行科学评估,根据评分结果同比例计算得分。让群众满意更是我们党做好一切工作的价值取向和根本标准,将市民满意度作为重要考核指标,而且通过第三方评估进行量化测度,体现了国家实施"菜篮子"工程察民情、解民忧、知民意、惠民生的宗旨。

第五条 考核工作每两年开展一次。考核采用评分制,满分为100分。考核结果分为4个等级,得分90分以上为优秀,75分以上90分以下为良好,60分以上75分以下为合格,60分以下为不合格(以上包括本数,以下不包括本数)。考核期内发生"菜篮子"产品质量安全突发事件的,考核结果为不合格。

第五条内容解读:

本条包括四层含义。首先,确定了考核频率,考核频率为两年1次。其次,表明本《办法》采用评分制。制订本《办法》的出发点就是所有考核指标能够量化的就尽量量化处理,使用客观的定量标准,防止人为因素的干扰。本《办法》考核满分为100分。考核采取"基础分+绩效分"的评分方式,根据工作完成情况按评分标准计算得分。再次,本《办法》定量划分了考核等级。考核结果分为优秀、良好、合格和不合格4种等级。优秀为得分90分以上,良好为得分75分以上90分以下,合格为得分60分以上75分以下,不合格为得分60分以下。最后,阐述了不合格项的含义。考核年度内发生"菜篮子"产品质量安全突发事件的,考核结果为不合格,强调了"菜篮子"产品质量安全的重要性,实行了一票否决制。

第六条 考核采取以下步骤:

(一)自我评价。各直辖市、计划单列市和省会城市对考核期内"菜篮子"市长负责制落实情况进行全面总结和自评,形成自查报告,于次年5月底前按程序报送农业部。

(二)初步评定。联席会议对自查报告进行评估,并结合日常监督检查情况,形成初评报告。

(三)抽查考核。联席会议按照20%的比例确定抽查城市,并组成若干工作组,进行实地考核,形成抽查考核报告。

(四)综合评定。联席会议对初评报告和抽查考核报告进行审议,确定考核结果等级,形成综合考核报告,于7月底前由农业部向国务院报告。

(五)结果反馈。考核结果由农业部向各省(区、市)人民政府反馈,并抄送中央组织部。

第六条内容解读：

本条明确了"菜篮子"市长负责制考核步骤，包括两层含义。首先，明确了自我评价的步骤。各直辖市、计划单列市和省会城市对考核期内"菜篮子"市长负责制落实情况进行全面总结和自评，形成自查报告，于次年5月底前按程序报送农业部。其次，明确了联席会议在考核中的具体作用。如具体如何开展初步评定、抽查考核、综合评定和结果反馈工作事宜，《办法》规定得非常清晰，不再赘述。明确的考核程序和考核步骤，能够有效防止考核走过场，流于形式。

第七条　考核结果纳入市政府绩效考核，作为市政府主要负责人和领导班子政绩考核的内容之一。考核结果为优秀的城市，由联席会议通报表扬。连续两次考核结果为优秀的，授予全国"菜篮子"工程建设先进市称号。对考核中发现的问题，由联席会议向其反馈改进建议。考核结果作为市政府主要负责人和领导班子政绩考核的内容之一。对连续两次考核结果为优秀的城市，给予通报表扬。考核结果为不合格的城市，要提出限期整改措施。

第七条内容解读：

本条解释了考核结果的具体应用，回答了考核结果的基本作用。手握各地"菜篮子"工程建设的"成绩单"，国家从何处发力、发多大的力将直接关系到政策实施效果。将考核结果纳入市政府绩效考核，作为市政府主要负责人和领导班子政绩考核的内容之一，体现了党中央、国务院对"菜篮子"工程的高度重视。对连续两次考核结果为优秀的城市，给予通报表扬，总结经验、树立典型，从而构建正向引导机制；考核结果为不合格的城市，要提出限期整改措施，有利于构建有效反馈机制。通过注重考核结果应用，实现奖励先进，鞭策后进，进一步强化地方政府对"菜篮子"工程建设的责任意识和工作力度。

第八条　被考核城市要对所提供的有关文件和资料的真实性负责。对在考核中弄虚作假的城市，经调查核实后取消考核成绩并在全国范围内通报批评，对直接责任人依法依规追究责任。

第八条内容解读：

本条包括两层含义。首先，考核前提是必须保证数据的真实性。如果数据不真实，考核结果的真实性也就无从谈起，比起将导致考核混乱、难以服众、难以持续的问题。被考核城市对考核中提供的有关文件和资料的真实性负全部责任，明确了数据不真实的责任主体，为有责必究提供了理论基础和法定依据。其次，明确了责任明确的惩罚机制。对在考核中弄虚作假的城市，有针对性地提出了处罚手段和措施，调查核实后取消当年考核成绩并在全国范围内通报批评，对直接责任人依法追究责任，从而形成了科学的责任制与责任追究制，是建立健全"菜篮子"市长负责制及其考核机制的重要保障。

第九条　农业部会同联席会议其他成员单位根据本办法，制定实施细则，进一步明确各项考核指标计算方法和评分标准，细化考核流程和要求，确保考核工作公平公正。

第九条内容解读：

本条包括两层含义。首先，本《办法》配备实施细则。实施细则对每个考核指标的计算方法和评分标准等进行详细说明。为发挥引导激励作用,采取"基础分+绩效分"的形式,根据工作完成情况按评分标准计算得分。实施细则构建农业、发展和改革委员会、财政、商务、统计等多部门合力推进的考核机制,是建立"菜篮子"市长负责制考核制度的核心内容,重点强调打分评价的客观性、公正性。其次,考核程序公正是考核结果公正的前提和基础。犹如程序法与实体法的内在逻辑,只有联席会议严控考核流程,才能确保考核工作公平公正。

第十条 各省(区)人民政府参照本办法,结合当地实际制定考核办法,负责考核本行政区域内其他地级城市"菜篮子"市长负责制落实情况。

第十条内容解读:

本条包括两层含义。首先,本条明确了本《办法》的考核范围:全国地级以上城市都要建立"菜篮子"市长负责制考核机制,地级以上城市人民政府都要接收本《办法》或各省(区)人民政府参照本《办法》制定考核办法的考核。其次,对各省(区)做好除36个大中城市以外地级以上城市"菜篮子"市长负责制考核机制提出了具体要求。"菜篮子"市长负责制不仅仅是36个大中城市,而是全国所有地级以上城市,只有联动起来,才能形成全国一盘棋,从根本上保障全国"菜篮子"工程建设的顺利推进。《办法》明确要求各省(区)人民政府要参照本《办法》,结合自身的实际情况制定相应的《考核办法》,要自行考核本行政区域内其他地级城市"菜篮子"市长负责制的落实情况。

第十一条 本办法自印发之日起施行。

第十一条内容解读:

本条明确了本《办法》的生效日期即自发布之日起。

第四节 《"菜篮子"市长负责制考核办法》实施可行性及下一步工作重点

一、《办法》实施可行性

"菜篮子"市长负责制考核工作是全面加强新一轮"菜篮子"工程建设的一项紧迫任务,要按照中央指示精神抓紧抓好。总的来看,目前出台实施本《办法》,现实需求强烈、工作基础扎实、内容科学合理,能够转变政府管理方式,优化"菜篮子"调控手段,具有很强的可行性。

(一)农业信息监测预警体系不断完善提供了数据支撑

当前,发展和改革委员会、农业、统计等部门已经建立了自上而下的信息监测预警体系,能够及时准确把握"菜篮子"产品生产和流通动态。农业部建立了包括蔬菜、水果、牛羊肉、生猪、蛋、奶制品等各种鲜活农产品在内的21套统计报表制度,涵盖产量、面积、价格、成本收益等多类数据体系,还组建了近3000人的基层信息员队伍。农业部与财政部共同开展了"现代农业产业技术体系"建设,将数据信息统计监测作为重要内容之一,涵盖大宗果蔬品种以及生猪、奶牛、肉羊等"菜篮子"产品。日益系统完善的信息统计工作,为推进考核工作提供了坚实的数据支撑。

(二)各地"菜篮子"工作的探索实践提供了有益借鉴

20余年来,各地不断完善机制、强化措施,"菜篮子"工程建设取得显著成效。特别是2010年新一轮"菜篮子"工程实施以来,各大中城市不断加大扶持力度、创新调控手段。例如,上海和成都分别建立绿叶菜价格保险和蔬菜价格指数保险制度,杭州、济南等城市开通社区"菜篮子"直通车,北京、青岛等城市建立稳定的外埠生产基地合作机制。北京、广东、福建、宁夏等省(区、市),吉安、平顶山等市都先后印发了"菜篮子"工程建设实施方案或"菜篮子"市长负责制考核办法。各地实践为全面实施"菜篮子"市长负责制考核积累了丰富经验。调研中,各地农业部门对文件起草提出许多切实可行的思路和建议,为完善"菜篮子"市长负责制考核办法提供了有益借鉴。

(三)《办法》考核指标体系兼具科学性和可操作性

本《办法》在起草过程中,充分考虑了指标设置及评价方法的科学性和可操作性。在科学性上,指标体系经过宏观经济、农业经济、政府绩效评价等多领域专家学者反复研究论证,同时吸收多部门和地方意见,目标指向明确,框架结构合理,指标设置精准,数据来源可靠。在可操作性上,按照定量与定性相结合、简便易操作的原则,整个考核指标体系仅设置5个一级指标和15个二级指标,并且考核工作每两年开展1次,较大程度地减轻了各地政府考核工作强度。采用多个城市的数据进行模拟,对部分指标的得分标准和计算方法进行优化调整,在保证指标体系真实反映工作绩效的同时,尽可能易于实施。

二、下一步工作重点

"菜篮子"市长负责制是一项复杂的系统工程,考核《办法》及评分标准是"指挥棒"。如何确保政策的精准落地,需要做好以下重点工作。

(一)加大宣传报道,形成实施氛围

近期,农业部将组织"菜篮子"食品管理部际联席会议成员单位,共商考核工作,协调落实责任分工,共同做好政策宣传引导工作。通过中央农业影视频道制作相关宣传片,宣传"菜篮子"市长负责制考核工作重要举措,介绍各地经验和做法。通过农业部部属新媒体,开展多种形式宣传,对文件出台背景、指标体系、操作方法等进行系列宣传报道,提升社会共识。组织专家学者深入开展"菜篮子"市长负责制考核落实情况调研,积极宣传考核工作成效。通过实施多种形式的宣传引导,增进社会各界对政策的理解和支持,确保考核工作顺利推进。

（二）做好舆情引导，防范负面风险

依靠农业农村部信息中心舆情监测处及其专业监测网络平台、工作人员，农业部将制定详细的舆情应对方案，重点加强对"菜篮子"市长负责制考核工作的舆情监测，集中收集相关舆情信息，分析研判舆情发展趋势。针对可能出现的负面信息或失实报道，及时调查传播源头和路径，掌握传播范围，在对舆论态度、评论和诉求等信息深入分析的基础上，采用通告通知、专家解读、网络评论等方式，引导舆情向正确、积极的方向发展。同时，协调中央网信办，共同制定应对预案，必要时将商请中央网信办对失实或不良报道予以及时处置。

（三）加强调研指导，推动地方进程

《办法》实施伊始，要加强调研指导，密切关注政策落地实效，防止各种风险的发生，确保政策精准实施，发挥政策预期效能。要加强对 36 个大中城市以及各省（区、市）的指导监督，引领政策实施的正确轨道，动员各方力量，尤其是调动各级各地联席会议成员单位的积极性，形成"菜篮子"工程建设合力。指导敦促各省（区、市）人民政府参照本《办法》，因地制宜，从自身的实际情况出发，发挥积极性、主动性和创造性，制定富有地方特色、切实可行的考核办法，建立健全地方"菜篮子"市长负责制考核机制。

（四）强化实效评估，及时纠偏完善

考核工作开展两年后，农业部将会同其他联席会议成员单位对直接考核的 36 个大中城市进行抽查，综合评估考核指标和考核过程的科学性、考核结果的公平性等，对政策实施效果和落实情况进行全面总结，形成政策实施效果评估报告上报国务院办公厅。结合考核工作中第三方开展的"菜篮子"市民满意度测评工作，委托第三方评估机构设置相应政策评价指标，对"菜篮子"市长负责制考核落实情况进行调查，及时发现问题、改进工作。在考核实施一定时间后，将根据实施效果进一步调整和完善考核指标体系，推动各地更好地推进"菜篮子"工程建设。

参 考 文 献

曹洪玉，颜忠诚. 2015. 雾霾对农作物的影响. 生物学通报，50（9）：10-12.

曹姗姗，张建华，孔繁涛，等. 2018. 国内外兽药监管信息化建设现状及趋势. 中国兽药杂志，52（10）：11-19.

陈晨，赵紫英. 2015. 雾霾天气对交通运输影响的分析. 科技视界，（1）：206.

陈楚天，雷娜. 2012. 我国大蒜价格波动特征及对策研究. 价格理论与实践，（6）：42-43.

陈磊. 2015. 雾霾天气对农业的影响及其应对策略研究——以安徽省为例. 农业灾害研究，5（10）：50-53，76.

陈永福，马国英. 2012. 日本稳定蔬菜价格的制度机制评价及启示. 日本学刊，（1）：65-77.

丁娇娇，吴建寨，孔繁涛. 2018. 大蒜价格波动规律及短期预测. 贵州农业科学，46（3）：153-157.

高铁梅. 2009. 计量经济分析方法与建模（第二版）. 北京：清华大学出版社.

耿丽艳. 2013. 雾霾天气对番茄苗期的影响及应对措施. 河北农业，（12）：41-42.

郭力野. 2014. 我国蔬菜价格周期性波动规律分析. 中国蔬菜，1（1）：41-45.

郭宁. 2016. 浅析郑州雾霾天气对农作物的影响. 农业开发与装备，（3）：80.

韩旭东，杨慧莲，郑风田. 2018. 乡村振兴背景下新型农业经营主体的信息化发展. 改革，（10）：120-130.

胡延松. 2010. 农产品价格形成机制和波动性. 经济导刊，（9）：22-23.

淮建军，刘金昌. 2016. 中国农产品价格波动分析：价格粘性的视角. 农村经济，（3）：55-60.

黄晨. 2015. 浅析雾霾对农作物的危害. 河北农业，（3）：35-36.

孔繁涛，白玲，王堃嚣，等. 2018. 农产品市场流通现状分析及发展思路. 农业展望，14（11）：106-110，133.

孔繁涛，陈萍，王平，等. 2016. 我国农业信息化建设的实践和思考——基于"辽宁模式"的探索与启示. 农业现代化研究，37（3）：416-422.

孔繁涛，李辉尚，王盛威，等. 2016. 我国蔬菜市场2015年形势分析与后市展望. 中国蔬菜，（1）：8-12.

孔繁涛，沈辰，王盛威，等. 2014. 理性看待当前的蔬菜价格波动. 农业展望，10（5）：34-37.

孔繁涛，沈辰，余玉芹. 2014. 我国蔬菜价格运行及产销匹配研究——以大白菜为例. 中国蔬菜，6：1-5.

孔繁涛，王东杰，吴建寨，等. 2013. 建立健全鲜活小宗农产品市场监测和调控机制的思考——基于山东省大葱、生姜的调查. 中国食物与营养，19（7）：43-47.

孔繁涛，吴建寨，沈辰，等. 2016. 近期"菜篮子"重要农产品价格分析与预测. 农业展望，12（7）：7-11.

李崇光，包玉泽. 2010. 我国蔬菜产业发展面临的新问题与对策. 中国蔬菜，（15）：1-5.

李崇光，包玉泽. 2012. 我国蔬菜价格波动特征与原因分析. 中国蔬菜，（9）：1-7.

李崇光，宋长鸣. 2016. 蔬菜水果产品价格波动与调控政策. 农业经济问题，37（2）：17-24，110.

李春，郭晶．2014. 2013-2014 年冬季天津地区连续雾霾天气对设施农业生产的影响．天津农林科技，（3）：36-37.

李斐斐，周向阳，秦朗，等．2019. 基于 Benford-SVR 的数据异常检验模型构建及其应用．山东农业科学，51（7）：136-142.

李干琼，许世卫，李哲敏，等．2013. 蔬菜市场价格短期波动影响因素分析——基于 VAR 模型的实证研究．中国食物与营养，19（3）：45-49.

李辉尚．2013. 我国农业市场化的制约因素与策略选择．中国食物与营养，（11）：45-48.

李辉尚，李里特．2012. 关于我国粮食价格及其调控措施的几点思考．河南工业大学学报（社会科学版），（2）：16-23.

李辉尚，沈辰，孔繁涛．2016. 基于 X12-HP 模型的水产品价格波动分解研究．广东农业科学，43（11）：175-183.

李建平，王娇，高艳，等．2017. 蔬菜价格波动特征的实证研究——以河北省蔬菜价格数据为例．价格理论与实践，（2）：70-72.

李京栋，李先德，王士海．2017. 主粮化背景下马铃薯价格波动的金融化因素分析．华中农业大学学报（社会科学版），（4）：13-21，145-146.

李京栋，张吉国．2015. 中国小品种农产品价格波动特征及其影响因素——基于 2005—2014 年大蒜价格数据的实证分析．湖南农业大学学报（社会科学版），16（4）：8-15.

李伟伟．2017. 不同品种间蔬菜价格相关性及其传导路径分析．价格理论与实践，（8）：24-27.

刘芳，王琛，何忠伟．2012. 果蔬产品产销间价格传导机制研究．农业技术经济，（1）：99-108.

刘继芳，孔繁涛，吴建寨，等．2107. "互联网+"现代农业发展探讨．贵州农业科学，45（3）：167-170.

刘继芳，吴建寨，张建华，等．2018. 信息进村入户工程进展与对策分析——来自河南、贵州两省的调研报告．农业展望，（10）：65-69.

刘玲，岳书铭．2016. 蔬菜产销价格波动差异与非对称性传导分析．价格理论与实践，（9）：111-114.

刘瑞涵，赵安平．2015. 北京与周边市场芹菜价格传导关系研究．中国农学通报，（35）：178-285.

刘文元，方晨，蔡璐．2016. 雾霾污染对粮食作物的影响．科学世界，（9）：4.

刘雨枫．2014. 城乡流通模式差异产生的原因及分析．甘肃农业，4（22）：17-18.

吕孟雨，李晓煜，董福双，等．2016. 雾霾天气对农作物的影响因素研究．绿色科技，（21）：43-44.

罗玲，田振，张启森，等．2017. 基于全产业链的京津冀蔬菜协同发展探析．农业展望，13（10）：47-51.

罗云峰，周秀骥，李维亮．1998. 大气气溶胶辐射强迫及气候效应的研究现状．地球科学进展，13（6）：572-581.

马海伟，胡适，王志刚．2012. 近期我国大蒜价格异常波动的原因分析．中国集体经济，（1）：33-34.

毛艺林．2014. 雾霾环境对设施农业的影响及应对策略．河南农业科学，7（7）：76-79.

穆月英．2012. 关于蔬菜生产补贴政策的探讨——基于稳定蔬菜价格视角．中国蔬菜，（19）：1-7.

农业农村部市场预警专家委员会．2018. 中国农业展望报告（2018-2027）．北京：中国农业科学技术出版社．

钱克明．2012. 我国主要农产品供求形势与市场调控的对策建议．农业经济问题，1：11-14.

邱书钦．2013. 我国大蒜价格波动周期和特征分析．统计与决策，（15）：97-100.

邵兵家，陈永福．1997. 日本蔬菜价格稳定措施及其借鉴．农村经济，（2）：35-36.

邵作昌 . 2011. 农产品价格波动的经济学解释——以大蒜价格波动为例研究稳定对策 . 农业经济，（1）：23-25.

沈辰，穆月英 . 2015. 基于 SVAR 模型的我国蔬菜市场价格纵向传导分析 . 中国农业大学学报，20（5）：271-278.

沈辰，吴建寨，王盛威，等 . 2015. 中国蔬菜调控目录制度的展望 . 中国食物与营养，21（9）：19-23.

沈辰，周向阳，李凯，等 . 2018. 农产品供需协调发展国际经验及对中国的启示 . 农业展望，（8）：13-18.

宋长鸣，徐娟，章胜勇 . 2013. 蔬菜价格波动和纵向传导机制研究——基于 VAR 和 VECH 模型的分析 . 农业技术经济，（2）：10-21.

随学超，周应恒 . 2014. 蔬菜零售价格对上游市场价格波动的反应机制——基于零售渠道差异的比较分析 . 价格理论与实践，（6）：59-61.

孙倩，穆月英 . 2011. 我国蔬菜价格波动原因及其影响因素分析 . 农村金融研究，（8）：21-25.

孙占刚 . 2018. 上海新型蔬菜营销模式的调研与发展对策 . 中国蔬菜，（11）：12-17.

田春雨 . 2014. 大气污染对农业生产的危害分析 . 农业开发与装备，（4）：85.

王广印，张建伟，王胜楠，等 . 2016. 冬季持续雾霾阴（雪）天气对河南省设施蔬菜的影响及预防对策——基于 2015-2016 年冬春季雾霾天气影响的调查 . 农业科技通讯，（9）：271-275.

王静，牛生杰，许丹，等 . 2013. 南京一次典型雾霾天气气溶胶光学特性 . 中国环境科学，33（2）：201-208.

王丽娟，贾宝红，信丽媛，等 . 2016. 天津市田头市场建设情况的调查与分析 . 天津农业科学，22（4）：46-49.

王女华 . 2016. 设施农业应对雾霾天气的技术措施 . 中国农技推广，（10）：29-30.

王盛威，沈辰，李辉尚，等 . 2015. 我国蔬菜市场 2014 年形势分析及后市展望 . 中国蔬菜，（1）：5-8.

王双进 . 2016. 近期蔬菜价格波动特征、主要影响及成因分析 . 价格理论与实践，（4）：102-105.

王新华，王克飞，陈月玲 . 2018. 我国蔬菜出口的现状、问题及对策 . 农村经济与科技，29（20）：149-151.

王钊，姜松 . 2013. 我国蔬菜价格变动的空间计量分析 . 农业技术经济，（11）：4-14.

王志刚，李腾飞，孙云曼 . 2013. 日本蔬菜价格稳定制度探析 . 现代日本经济，（5）：20-26.

吴建寨，沈辰，王盛威，等 . 2015. 中国蔬菜生产空间集聚演变、机制、效应及政策应对 . 中国农业科学，48（8）：1641-1649.

吴建寨，张建华，孔繁涛 . 2018. 中国粮食生产与消费的空间格局演变 . 农业技术经济，（11）：46-52.

吴建寨，张建华，宋伟，等 . 2016. 中国蔬菜区域生产优势度演变分析 . 中国农业资源与区划，37（4）：154-160.

吴建寨，张晶，彭华，等 . 2017. 美国农业保险的近期动向与未来展望 . 世界农业，（11）：124-128.

习佳林，黄宝勇，周洁，等 . 2014. 雾霾对设施草莓生产危害的研究 . 农产品质量与安全，6：62-64.

徐磊，张峭，许世卫 . 2012. 2009 年以来中国蔬菜价格上涨分析 . 中国食物与营养，18（1）：39-44.

许世卫 . 2014. 农业大数据与农产品监测预警 . 中国农业科技导报，16（5）：14-20.

杨昂，孙波，赵其国，等 . 1999. 中国酸雨的分布、成因及其对土壤环境的影响 . 土壤，（1）：13-18.

杨海成，沈辰，吴建寨，等 . 2018. 北京市猪肉市场价格传导机制分析及展望 . 农业展望，（3）：22-29.

杨军，牛忠清，石春娥，等 . 2010. 南京冬季雾霾过程中气溶胶粒子的微物理特性 . 环境科学，31（7）：1425-1431.

杨媛媛 . 2017. 蔬菜价格波动影响因素的结构及调控机制研究 . 农业经济，（4）：124-125.

姚升, 周应恒. 2012. 我国大蒜价格波动特征分析——基于 ARCH 类模型的实证分析. 价格理论与实践,
　　（10）：54-55.

叶亚丽. 2016. 优化河南省农村流通体系建设研究. 当代经济,（14）：74-75.

易丹辉. 2017. 数据分析与 Eviews 应用（第二版）. 北京：中国人民大学出版社.

俞元春, 丁爱芳. 2001. 模拟酸雨对酸性土壤铝溶出及其形态转化的影响. 土壤与环境, 10（2）：87-90.

喻峥嵘, 杨春. 2016. 雾霾天气对交通运输的影响及应对措施. 科技视界,（7）：245-257.

张成铭, 王富邦. 2012. 推进农村现代流通服务网络科学发展初探. 中国合作经济,（9）：51-53.

张洪宇, 张晶, 吴建寨, 等. 2019. 乡村治理科技 2050 发展战略研究. 江苏农业科学, 47（5）：276-280.

张建华, 孔繁涛, 吴建寨, 等. 2018. 农业物联网技术发展趋势预测. 农业展望,（9）：70-74.

张晶, 孔繁涛, 吴建寨, 等. 2019. 我国蔬菜市场 2018 年运行分析与 2019 年展望及对策. 中国蔬菜,
　　359（1）：13-18.

张晶, 赵俊晔, 张峭. 2018. 农业电子商务发展现状及展望. 农业展望,（3）：110-116.

张磊, 王娜, 赵爽. 2013. 中小城市居民消费行为与鲜活农产品零售终端布局研究——以山东省烟台市蔬
　　菜零售终端为例. 农业经济问题, 6：74-81.

张利庠, 张喜才, 陈姝彤. 2010. 游资对农产品价格波动有影响吗——基于大蒜价格波动的案例研究. 农
　　业技术经济,（12）：60-67.

张淑敏, 刘跃峰, 杨亚利, 等. 2015. 铜川市雾霾污染对农业生产的影响探讨. 现代农业科技,（8）：
　　248-249.

张兴旺. 2013-05-28. 我国农产品市场调控亟待深化认识和创新方法. 农民日报.

张颖, 杨兰英. 2005. 时间数列分析中的加法模型与乘法模型. 统计与信息论坛,（4）：45-47.

赵翠萍. 2012. 我国城乡蔬菜价格联动机制实证分析. 农业技术经济,（6）：80-86.

赵晓飞. 2015. 蔬菜价格波动的规律、影响因素与调控对策研究. 当代经济管理, 37（2）：37-42.

赵义平, 马兆义, 胡志刚. 2013. 雾霾天气对设施蔬菜生产的影响及对策. 中国蔬菜,（5）：1-3.

郑新乾. 2010. 我国大蒜价格波动原因分析及政策调控. 大连：东北财经大学.

钟鑫, 张忠明. 2014. 我国蔬菜生产区域特征及比较优势研究. 中国食物与营养, 20（6）：24-28.

周洁. 2015. 浅析北京市雾霾天气对农业生产的影响. 科技展望,（7）：62.

周望军, 赵俊强, 杜庆彬. 2013-05-09. 以价调基金为资金依托从国家层面构建蔬菜价格长期稳定机制.
　　中国经济导报,（B05）.

周向阳, 张晶, 孔繁涛, 等. 2019. 宁夏西吉马铃薯特色优势产业发展情况及启示. 中国马铃薯,
　　33（1）：63-67.

周向阳, 张晶, 彭华, 等. 2018. 2017 年马铃薯市场形势分析及 2018 年前景展望. 中国蔬菜,（2）：6-9.

朱聪. 2014. 马铃薯产销价格传导效应研究. 北京：中国农业科学院.

Twomey S. 1984. 大气气溶胶. 王明星, 王庚辰, 等译. 北京：科学出版社.

Aguiar D R D, Santana J A. 2002. Asymmetry in farm to retail price transmission：evidence from Brazil.
　　Agribusiness, 8（1）：7-48.

Chameides W L, Yu H, Liu S C, et al. 1999. Case study of the effects of atmospheric aerosols and regional haze
　　on agriculture：an opportunity to enhance crop yields in China through emission controls? Proceedings of the
　　National Academy of Sciences of the United States of America, 96（24）：13626-13633.

Daniel H, Michel S. 2002. Price linkage and transmission between shippers and retailers in the french fresh
　　vegetable channel. Доклад на 10 конгрессе EAAE, exploring diversity in the european agri- food
　　system. Zaragoza, Spain.

Dubovik O, King M D. 2000. A flexible inversional gorithm for retrieval of aerosol optical properties from Sun and sky radiance measurements . J Geophys Res, 105 (20): 673-696.

Hassan Z, Aarts M G. 2011. Opportunities and feasibilities for biotechnological improvement of Zn, Cd or Ni tolerance and accumulation in plants . Environmental and Experimental Botany, 72 (1): 53-63.

Kong F T, Xu S W, Wang S W, et al. 2012. An analysis of agricultural risk and intelligent monitoring technology: METMG 2012//2012 International conference on manufacturing engineering and technology for manufacturing growth. San Diego, Wwitzerland: Trans Tech Publications ltd.

Luo Z X, Gao M, Luo X S, et al. 2016. National pattern for heavy metal contamination of top soilin remote farm land impacted by haze pollution in China . Atmospheric Research, (170): 34-40.

Mike B. 2002. The influence of aerosols on plant growth. Honolulu: Georgia Institute of Technology.

Nicholas J. 1995. Powers private consultant sticky short-run prices and vertical pricing: evidence from the market for ice berg lettuce. Agribusiness, 11 (1): 57-75.

Oliver W. 2018. Disruptionin fruitand vegetable distribution. Fruit logistica trend Report 2018. Germany Berlin: Messe Berlin GmbH.

Roby G, Bergin M H, Jin X, et al. 2006. The influence of aerosols on crop production: astudy using the CERES crop model . Agricultural Systems, 89: 390-413.

Roderick M L, Farquhar G D, Berry S L, et al. 2001. On the direct effect of cloud sand atmospheric particles on the productivity and structure of vegetation. Oecologia, (129): 21-30.

Schwartz S E. 1996. The white house effect-short wave radiative forcing of climate by anthropogenic aerosols: an overview. Journal of Aerosol Science, 27 (3): 359-382.

Vencelides Z, Hrkal Z, Novakova H, et al. 2011. To what extent can atmospheric deposition influence the natural background of metals in ground waters ? A case study in the Czech Republic . J Atmos Chem, (68): 127-138.

Yan X, Shi W Z, Zhao W J, et al. 2014. Impact of aerosol sand atmospheric particles on plant leaf proteins. Atmospheric Environment, 88: 115-122.

|附录一| 农业部关于开展鲜活农产品调控目录制度试点工作的指导意见

（农市发〔2016〕4号）

各省、自治区、直辖市及计划单列市农业（农牧、农村经济）、畜牧兽医厅（局、委、办），新疆生产建设兵团农业局：

鲜活农产品调控目录制度是政府在市场经济条件下，运用综合性政策工具，对居民消费影响较大的重要鲜活农产品进行供需均衡调控的制度安排。农业部为推动建立我国鲜活农产品调控目录制度，指导各地做好试点工作，现提出如下意见。

一、充分认识建立鲜活农产品调控目录制度的重要意义

（一）建立鲜活农产品调控目录制度是现代农业管理的基础性工作。现代农业管理的核心是推动产销充分对接、促进生产有序发展、实现资源有效利用。市场经济成熟的国家普遍把鲜活农产品市场调控作为现代农业管理的重要内容，建立完备的数据监测体系、政策支持保障体系和系统的调控机制，保障鲜活农产品市场供需基本均衡。我国很多鲜活农产品生产量和消费量都居世界第一，鲜活农产品在农民家庭经营性收入和城乡居民消费支出中占重要地位。通过建立鲜活农产品调控目录制度，从数据、政策、机制等方面推动制度创新，不仅有利于增强农产品市场调控的前瞻性、主动性和协同性，而且能够调整当前政府调控中的缺位与越位，逐步建立"放管结合、优化服务"的现代农业管理体系，为农业发展提供持续动力。

（二）建立鲜活农产品调控目录制度是推进农业供给侧结构性改革的重要措施。2015年中央经济工作会议和中央农村工作会议对农业供给侧结构性改革作了系统部署，要求提

高农业供给体系质量和效率，使农产品供给数量、品种和质量更加契合消费者需求，形成结构合理、保障有力的农产品有效供给。近年来，由于缺乏统筹规划和长效调控机制，部分品种价格大起大落，区域性、季节性、结构性鲜活农产品供需失衡现象时有发生，不仅给农民造成重大经济损失，而且影响产业健康发展，应是农业供给侧结构性改革关注的重点。鲜活农产品调控目录制度以详实全面的数据为基础、以事关国计民生的重要品种为调控对象、以"一揽子"调控政策为手段，通过联动调控机制推动鲜活农产品供给侧结构性改革，使异常价格波动快速合理回归，促进产业可持续健康发展。

（三）建立鲜活农产品调控目录制度是完善农产品价格形成机制的重要方面。党的十八届三中全会指出要"使市场在资源配置中起决定性作用和更好发挥政府作用"，"完善农产品价格形成机制"。《中共中央国务院关于推进价格机制改革的若干意见》（中发〔2015〕28 号）明确提出要对不同品种实行差别化支持政策，要合理运用法律手段、经济手段和行政手段，形成政策合力。玉米、棉花、大豆等大宗农产品价格改革措施正在逐步推进，试点工作已取得较好成效。我国鲜活农产品市场放开最早，但缺乏系统有效的调控措施，与美国、日本、欧盟等市场经济成熟的国家和地区相比，政府精准调控能力亟待提升。按照中央完善农产品价格形成机制的总体要求，应抓紧建立规范有效的鲜活农产品调控目录制度，补齐鲜活农产品价格形成机制这块"短板"，形成大宗与鲜活并重、政府与市场互补的农产品价格形成机制。

二、明确鲜活农产品调控目录制度建设的总体要求

（四）指导思想。以党的十八大和十八届三中、四中、五中全会精神为指导，深入贯彻习近平总书记系列重要讲话精神，按照中央经济工作会议、中央农村工作会议的有关要求，充分发挥市场在资源配置中的决定性作用和更好发挥政府作用，以实现鲜活农产品市场供需均衡为目标，以试点示范为突破口，以制度创新为动力，探索建立和完善中国特色的鲜活农产品调控目录制度，形成前瞻、联动、系统、规范的鲜活农产品市场调控机制。

（五）基本原则

——坚持多元实施，稳步推进。按照自愿原则，有条件且有必要的地区应积极开展试点，不断总结经验、边试边推，逐步扩大试点范围和品种。在试点区域上，以市或大县作为试点主体，主产区和主销区可独立开展，也可联合实施；在试点品种上，可在蔬菜、羊肉、鸡蛋、生鲜乳中选择一类，也可多类品种同时进行。

——坚持因地制宜，鼓励创新。鼓励试点地区结合当地农业特点、经济发展水平、政府财力和市场发育程度，大胆探索、勇于实践，自主选择纳入调控目录的品种，不断创新完善调控措施和工作机制，创建各具特色、行之有效的"一揽子"鲜活农产品调控政策。

——坚持市场导向，政府支持。充分发挥市场在价格形成中的作用，激发市场主体活力，主要运用商业保险、期货期权、基金等市场化手段，鼓励民间资本、公益组织通过多

种方式广泛参与；政府要发挥基础性支撑作用，加大生产扶持力度，并通过收储、补贴等方式调节市场供需。

——坚持统筹协调，分工合作。试点工作涉及多部门、多环节、多主体，试点地区政府要积极协调推动建立协作协同工作机制，及时准确掌握市场动态，建立以农业部门为主导、多部门密切配合、各负其责、反应迅速、共同推进的工作格局，确保各项调控措施精准到位。

（六）总体目标。"十三五"期间，积极引导地方开展试点工作，形成一批各具特色的地方鲜活农产品调控模式，总结提炼鲜活农产品调控目录制度的理论方法和实践经验，到"十三五"末，形成一批可复制可推广的市场调控机制。在推广典型模式和扩大试点的基础上，探索建立具有中国特色的国家级鲜活农产品调控目录制度。

三、把握鲜活农产品调控目录制度试点的主要内容

（七）合理选择试点品种。试点品种即纳入地方试点调控目录中的鲜活农产品品种，对纳入目录的品种，其价格波动超出正常区间，政府要采用调控政策进行干预调控；未纳入目录的品种完全由市场调节，政府不再干预。试点地区应根据当地实际情况，科学合理选择生产规模大，以地产为主；消费比重高，对当地农民增收和居民生活影响较大；生产供应季节性、区域性显著，市场价格易发生大幅波动；生产经营以规模化为主的鲜活农产品品种，纳入调控目录。先选择条件相对成熟的品种开展试点，探索完善调控机制，再逐步向其他品种拓展。

（八）科学确定价格区间。为提高政府调控的准确性和有效性，应合理确定正常和异常价格波动区间，并根据价格波动情况确定警情警级。当鲜活农产品供需基本稳定时，价格处于正常波动区间，应完全由市场调节；当供过于求或供不应求持续一段时间时，价格处于异常波动区间，政府应采取相应调控措施，使该品种市场价格尽快回归到正常范围内，确保调控品种供需基本平衡。试点地区根据调控品种历史价格数据，制定一个基准价格，结合当地生产成本和居民消费承受度等因素，以基准价格为基础，确定正常波动区间的上限和下限。考虑价格涨幅和跌幅造成的社会影响程度，制定相应警情警级。

（九）积极创新调控政策。鼓励试点地区根据不同的警情警级，按照简便易行、综合配套的要求，大胆创新、积极探索，不断丰富政策"工具箱"，逐步建立多层次、多样化的调控政策体系。坚持市场化调控手段为主，设计对应小幅波动到剧烈波动不同等级、层次分明的调控政策，要防止调控力度不足或过大。灵活运用信息引导、生产补贴、消费补贴、产业扶持、产销对接、农业保险、金融信贷、调节基金、期货期权、收储调节、营养计划、贸易调节等措施。

（十）同步建立触发机制。触发机制是指调控品种价格达到某一警情警级并持续一段时间时，应直接启动对应这一警情警级调控政策的机制。试点地区要建立调控预案，根据价格波动的警情警级，合理制定配套的调控政策，确定实施政策的牵头部门。建立健全调控品种价格监测预警体系，增强信息监测与发布的精准性、及时性，把握好调控

时机；严格设定启动和结束条件，避免触发机制的随意性。建立联席会制度，实行多部门各负其责、协同推进的工作机制，及时启动相应调控预案，逐步实现调控机制的常态化、规范化。调控政策主要支持家庭农场、农民合作社、产业化龙头企业等新型农业经营主体。

四、强化鲜活农产品调控目录制度试点的配套措施

（十一）建立多元化投融资机制。试点地区农业部门应积极协调相关部门整合现有项目资源和财政支出渠道，提升财政资金使用效率，撬动社会资本广泛参与，探索建立"政府引导、市场运作、社会参与"的多元化投融资机制。要加大在基础设施建设、生产能力扶持、新型经营主体培育、营销促销补助、金融信贷补贴、价格调节基金等方面的财政投入力度，不断改进补贴方式；要鼓励价格保险、救助基金、期货期权、小额贷款等金融政策创新，不断丰富调控手段；要广泛动员社会力量通过公益救助、慈善捐赠等方式参与调控，推动社会资本与试点工作深度融合。

（十二）建立全链条基础数据平台。鼓励试点地区农业部门建立和完善目录品种的生产、价格、流通、消费、成本等数据采集、分析和应用体系，推进相关部门数据共享共用，构建基础数据平台，建立调控品种农产品质量安全追溯体系。建立生产主体、生产信息、补贴信息等为内容的生产基地档案登记管理制度，实现精细管理、有序上市、精准调控。依托基础数据平台，面向生产者、流通者和消费者积极开展有效信息服务。试点地区应建立规范的指标体系和数据信息系统，鼓励建立试点工作信息管理平台，增强部门协同性，提高调控效率。

（十三）建立多层级营销体系。鼓励试点地区加强田头市场、区域性批发市场、物流配送中心、冷链仓储设施等物流硬件建设，提高农产品流通效率。大力发展鲜活农产品分级分类、田头初加工和精深加工产业。积极探索定向销售、农超对接、社区直供、个性定制等营销模式，提高农户营销能力，推进产品分类销售、产需精准对接，逐步向以销定产方向发展。以消费为导向实施鲜活农产品品牌战略，重点加强产品品牌与区域公用品牌的塑造、培育、营销、推介。鼓励发展鲜活农产品电子商务，培育电子商务市场主体，构建公共服务平台，创新发展模式，不断扩大消费市场。

（十四）提高农业组织化程度。鼓励试点地区大力发展各类专业协会，充分发挥协会的桥梁和纽带作用，使之成为调控的重要载体。通过规范引导、政策扶持、金融信贷等措施，大力发展家庭农场、专业大户、农民合作社等新型农业经营主体，充分发挥生产规模化、经营组织化优势。大力发展农业产业化龙头企业，加强农村经纪人、农产品经销商队伍规范化建设，充分发挥他们在订单农业、平衡产销方面的优势，发展成为调控的主要力量。建立新型农业经营主体诚信档案制度。

五、加强鲜活农产品调控目录制度试点的组织领导

（十五）建立组织领导机制。各地要把建立鲜活农产品调控目录制度作为落实"菜篮

子"市长负责制的重要抓手，市（县）长要切实肩负统筹协调责任。试点地区农业部门要把试点工作纳入重要工作日程，积极组织开展试点工作，及时向地方政府汇报工作开展情况。

（十六）建立部门协调机制。开展鲜活农产品调控目录制度试点工作期间，由农业部全国"菜篮子"工程办公室统筹推进。试点地区应探索建立部门协调机制，各有关部门要在当地政府统一领导下，建立健全联席会制度，加强部门协作，形成工作合力，扎实推动试点工作。

（十七）建立工作落实机制。试点地区农业部门于每年 10 月 31 日前将下年度实施方案报送至全国"菜篮子"工程办公室备案，自行开展试点工作。每年 12 月 31 日前报送本年度试点工作总结，全国"菜篮子"工程办公室撰写年度总报告，报"菜篮子"食品管理部际联席会审议。

（十八）建立试点评估机制。全国"菜篮子"工程办公室组织成立全国鲜活农产品市场调控专家委员会，对试点方案进行论证指导，每两年对试点工作进行一次评估，对试点成效显著的地区认定"'菜篮子'产品市场调控示范市（区、县）"。

农业部
2016 年 5 月 10 日

附录二 国务院办公厅关于印发"菜篮子"市长负责制考核办法的通知

(国办发〔2017〕1号)

各省、自治区、直辖市人民政府,国务院各部委、各直属机构:

《"菜篮子"市长负责制考核办法》已经国务院同意,现印发给你们,请认真贯彻执行。

国务院办公厅
2017年1月3日

(此件公开发布)

"菜篮子"市长负责制考核办法

第一条 为强化"菜篮子"市长负责制,全面加强"菜篮子"工程建设,根据党中央、国务院有关文件规定,制定本办法。

第二条 考核工作坚持重点考核与全面推进相结合、自评自查与综合评定相结合、过程监管与结果考评相结合、定量评价与定性评估相结合的原则。

第三条 由农业部牵头,会同国家发展改革委、财政部、国土资源部、环境保护部、交通运输部、商务部、国家卫生计生委、工商总局、食品药品监管总局、银监会、证监会、保监会等"菜篮子"食品管理部际联席会议（以下简称联席会议）其他成员单位，负责考核直辖市、计划单列市和省会城市等36个城市"菜篮子"市长负责制落实情况。

第四条　考核内容包括"菜篮子"产品生产能力、市场流通能力、质量安全监管能力、调控保障能力和市民满意度五个方面。生产能力考核蔬菜播种面积、产量和肉类产量等；市场流通能力考核批发市场规划布局、建设和零售网点密度等；质量安全监管能力考核"菜篮子"产品质量安全监管情况、质量安全水平和追溯体系建设等；调控保障能力考核"菜篮子"工程调控政策、价格涨幅、储备制度建设、管理体系建设、信息监测预警与发布平台建设等；市民满意度考核市民对"菜篮子"工程建设的满意程度。

第五条　考核工作每两年开展一次。考核采用评分制，满分为100分。考核结果分为4个等级，得分90分以上为优秀，75分以上90分以下为良好，60分以上75分以下为合格，60分以下为不合格（以上包括本数，以下不包括本数）。考核期内发生"菜篮子"产品质量安全突发事件的，考核结果为不合格。

第六条　考核采取以下步骤：

（一）自我评价。各直辖市、计划单列市和省会城市对考核期内"菜篮子"市长负责制落实情况进行全面总结和自评，形成自查报告，于次年5月底前按程序报送农业部。

（二）初步评定。联席会议对自查报告进行评估，并结合日常监督检查情况，形成初评报告。

（三）抽查考核。联席会议按照20%的比例确定抽查城市，并组成若干工作组，进行实地考核，形成抽查考核报告。

（四）综合评定。联席会议对初评报告和抽查考核报告进行审议，确定考核结果等级，形成综合考核报告，于7月底前由农业部向国务院报告。

（五）结果反馈。考核结果由农业部向各省（区、市）人民政府反馈，并抄送中央组织部。

第七条　考核结果作为市政府主要负责人和领导班子政绩考核的内容之一。对连续两次考核结果为优秀的城市，给予通报表扬。考核结果为不合格的城市，要提出限期整改措施。

第八条　被考核城市要对所提供的有关文件和资料的真实性负责。对在考核中弄虚作假的城市，经调查核实后取消考核成绩并在全国范围内通报批评，对直接责任人依法依规追究责任。

第九条　农业部会同联席会议其他成员单位根据本办法，制定实施细则，进一步明确各项考核指标计算方法和评分标准，细化考核流程和要求，确保考核工作公平公正。

第十条　各省（区）人民政府参照本办法，结合当地实际制定考核办法，负责考核本行政区域内其他地级城市"菜篮子"市长负责制落实情况。

第十一条　本办法自印发之日起施行。

附录三 农业部等13部委局关于印发《"菜篮子"市长负责制考核办法实施细则》的通知

（农市发〔2017〕1号）

各省、自治区、直辖市人民政府：

按照《国务院办公厅关于印发"菜篮子"市长负责制考核办法的通知》（国办发〔2017〕1号）要求，农业部会同"菜篮子"食品管理部际联席会议其他成员单位制定了《"菜篮子"市长负责制考核办法实施细则》。现印发给你们，请遵照执行。

农业部　国家发展和改革委员会　财政部　国土资源部
环境保护部　交通运输部　商务部
国家卫生和计划生育委员会　国家工商行政管理总局
国家食品药品监督管理总局　中国银行业监督管理委员会
中国证券监督管理委员会　中国保险监督管理委员会

2017年2月16日

"菜篮子" 市长负责制考核办法实施细则

第一章 总 则

第一条 根据《国务院办公厅关于印发 "菜篮子" 市长负责制考核办法的通知》（国办发〔2017〕1 号），制定本实施细则。

第二条 本实施细则适用于考核各直辖市、计划单列市和省会城市 "菜篮子" 市长负责制落实情况。

第三条 考核采取 "基础分+绩效分" 的方式，满分为 100 分，结果分为 4 个等级。得分 90 分以上为优秀，75 分以上 90 分以下为良好，60 分以上 75 分以下为合格，60 分以下为不合格（以上包括本数，以下不包括本数）。

第四条 考核工作每两年为一个考核期，考核得分根据考核期内第二年各项指标数据计算。2017 年 1 月 1 日至 2018 年 12 月 31 日为首个考核期。

第二章 生 产 能 力

第五条 蔬菜面积（8 分）。指本市各种蔬菜（含食用菌，不含西甜瓜、马铃薯、草莓）的播种面积。考核年度蔬菜播种面积达到或超过前 3 年平均值的 98% 得基础分 6 分。每降低 1 个百分点扣 1 分，最多扣 6 分；每提高 1 个百分点得绩效分 0.5 分，直至满分。

数据来源：省级统计局数据

第六条 蔬菜产量（8 分）。指本市生产的各种蔬菜（含食用菌，不含西甜瓜、马铃薯、草莓，也不含蔬菜加工产品）的产量。考核年度蔬菜产量达到或超过前 3 年平均值的 98% 得基础分 6 分。每降低 1 个百分点扣 1 分，最多扣 6 分；每提高 1 个百分点得绩效分 0.5 分，直至满分。

数据来源：省级统计局数据

第七条 肉类产量（8 分）。指本市猪肉或牛羊肉产量。考核年度猪肉或牛羊肉产量达到或超过前 5 年平均值的 95% 得基础分 6 分。每降低 1 个百分点扣 1 分，最多扣 6 分；每提高 1 个百分点得绩效分 0.4 分，直至满分。被考核城市确因农业产业结构调整需要，按照国务院有关部门或省级人民政府出台的畜牧养殖调整规划，如产量（或按出栏量折算）处于规划调整范围内，得基础分 6 分；降幅每超过 1 个百分点扣 1 分，最多扣 6 分。乌鲁木齐、银川、西宁、拉萨、呼和浩特等城市考核牛羊肉，其他城市考核猪肉。

数据来源：省级统计局数据、政府规划文件

第三章 市 场 流 通 能 力

第八条 批发市场规划布局（4 分）。指本市对 "菜篮子" 产品批发市场进行科学合理规划布局，将其纳入城市建设规划并按规划实施。已纳入规划并实施得 4 分，未纳入或未按规划实施不得分。

数据来源：政府规划文件和相关材料

第九条 批发市场建设（10分）。指本市年交易额前两位的"菜篮子"产品批发市场功能建设和管理情况。批发市场场地布局合理得基础分2分，交易厅（棚）、冷藏保鲜等设施齐全得基础分2分，开展质量安全检测得基础分2分，市场管理规范、收费合理得基础分2分，每项未做到不得分。批发市场具有公益性得绩效分2分。公益性是指政府通过投资入股、产权回购回租、公建配套等方式参与"菜篮子"产品批发市场建设和改造。

数据来源：政府及有关部门文件、批发市场相关证明材料

第十条 零售网点密度（6分）。指本市每个行政社区平均建有的"菜篮子"产品零售网点数量。每个行政社区平均建有2个"菜篮子"产品零售网点得基础分4分，低于2个不得分；平均每增加1个零售网点得绩效分1分，直至满分。"菜篮子"产品零售网点包括生鲜超市、农贸市场、菜市场（含早、晚市）、社区菜店、平价商店、蔬菜社区直通车等。

数据来源：政府及有关部门文件或材料、工商登记

第四章 质量安全监管能力

第十一条 "菜篮子"产品质量安全监管（10分）。指本市开展"菜篮子"产品质量安全监管情况。落实地方政府属地管理责任得基础分1分，在力量配备、条件保障等方面加大支持力度得基础分1分，全面推进标准化生产得基础分1分，建立完善农产品质量安全监管制度得基础分1分，每项未做到不得分。加强农产品质量安全执法监管，每年开展市级农产品质量安全执法监督抽查2次得基础分2分，少开展1次或查出问题未处理各扣1分；每增加1次得绩效分0.5分，最多得1分。强化检打联动机制，监督抽查中每发现1例使用禁用物质的不合格产品并跟进开展执法得绩效分0.4分，最多得2分。获得国家食品安全示范城市命名的城市，得绩效分1分。

数据来源：政府及有关部门文件或材料

第十二条 "菜篮子"产品质量安全水平（9分）。指农业部抽检本市"菜篮子"产品质量安全例行监测（风险监测）总体合格率。考核年度蔬菜、畜禽产品、水产品质量安全监测总体合格率平均值达到或超过95%得基础分7分。每降低0.1个百分点扣0.2分，最多扣7分；每提高0.1个百分点得绩效分0.1分，直至满分。

数据来源：农业部例行监测（风险监测）数据

第十三条 肉类蔬菜追溯体系建设情况（5分）。指本市肉类和蔬菜等食用农产品追溯体系建设和运行情况。对于中央财政支持开展肉菜追溯体系建设的试点城市，重点抽查本市批发市场、菜市场、农贸市场、超市追溯体系覆盖率，覆盖率达到50%，每增加1个百分点得0.1分，直至满分；低于50%不得分。未列入试点的城市，建设肉菜追溯体系并能稳定运行的，覆盖率每1个百分点得0.1分，达到50%得满分。

数据来源：政府及有关部门文件或材料

第五章　调控保障能力

第十四条　"菜篮子"工程调控政策（8分）。主要指本市制定实施"菜篮子"产品生产扶持、市场流通、消费者补贴和应急预案等方面的调控政策。生产扶持政策指支持"菜篮子"产品生产基础设施建设、技术推广、新型职业农民培育、政策性保险、生产者补贴等方面的政策；市场流通政策指支持流通基础设施建设、促进产销对接等政策；消费者补贴政策指当价格过高时实施减免进场费、发放低收入人群补贴等政策；应急调控预案指市政府制定"'菜篮子'市场供求应急调控预案"。制定实施每类政策各得2分，未制定或制定未实施不得分。

数据来源：政府及有关部门文件或材料

第十五条　"菜篮子"价格上涨幅度（4分）。指根据年度城市居民消费价格指数（CPI）中的鲜菜、畜肉、水产品、蛋、鲜果价格变化，按权重计算形成"菜篮子"价格指数。对36个大中城市的"菜篮子"价格指数从低到高进行排名，排名结果同比例计算得分，排名第一得4分，排名最后不得分。

数据来源：国家统计局

第十六条　"菜篮子"产品储备制度建设（4分）。指根据本市"菜篮子"产品生产消费实际情况，确定"菜篮子"产品储备品种（含蔬菜和肉类）和储备量。各市自行确定耐贮蔬菜、肉类的储备品种和数量，建立规范可行的储备制度并执行得4分；未建立储备制度或建立未执行均不得分。

数据来源：政府及有关部门文件

第十七条　信息监测预警体系和信息发布平台建设（4分）。指本市"菜篮子"产品信息监测预警体系建设及信息发布工作开展情况。根据本市产销实际情况，建立蔬菜、水果、肉、蛋、奶、水产品等主要"菜篮子"产品信息监测预警队伍，构建监测指标体系得基础分3分，未建立不得分；建立信息发布平台，开展信息采集、分析和发布得绩效分1分。

数据来源：政府及有关部门文件、工作报告或记录

第十八条　"菜篮子"工程管理体系建设（4分）。本市成立"菜篮子"工作领导小组，下设办公室且配置专职人员，得4分；未成立领导小组扣2分，未设立办公室或人员配置不到位各扣1分。

数据来源：政府文件

第六章　市民满意度

第十九条　市民满意度（8分）。联席会议委托权威第三方评估机构，制定并公开评估办法，统一对直辖市、计划单列市和省会城市"菜篮子"工程建设的市民满意度进行科学评估。根据评分结果同比例计算得分。

数据来源：第三方评估机构

第七章　否　决　项

第二十条 否决项。考核期内发生"菜篮子"产品质量安全突发事件，响应级别达到三级及以上的，该次考核结果评定为不合格。"菜篮子"产品质量安全突发事件等级界定参照《农产品质量安全突发事件应急预案》（农质发〔2014〕4 号）有关规定。

第八章　附　　则

第二十一条 各直辖市、计划单列市和省会城市对本市"菜篮子"市长负责制落实情况进行全面总结和自评，按要求形成自查报告，于每个考核期次年 5 月底前，经本省（区、市）人民政府主管负责同志审核并盖章后报送农业部。

第二十二条 各省（区）人民政府参照《国务院办公厅关于印发"菜篮子"市长负责制考核办法的通知》（国办发〔2017〕1 号）和本实施细则，结合当地实际制定考核办法，自行考核本行政区域内其他地级城市"菜篮子"市长负责制落实情况。

第二十三条 本实施细则由农业部负责解释，自发布之日起施行。